제2, 제3의 붓다, 선사스님들의 어록 산책

선어록과 마음공부

법상 지음

선어록과 마음공부

선어록과

마음공부

법상 지음

이 책은 앞서 펴낸 『불교경전과 마음공부』의 후속으로, 불교의 역사 속에 등장한 조사(祖師), 선사(禪師)스님들 중에 핵심적인 인물을 뽑고, 그 스님의 어록 가운데에서도 핵심적인 어구(語句)들을 모아 해설을 붙인 것이다.

인도에서 초기불교 경전과 대승불교 경전들이 발간된 이후 중국으로 넘어와 한역되면서 중국에서는 대승경전의 영향을 받아 선불교(禪佛敎)가 시작된다. 혹자는 선불교는 중국 노장사상(老莊思想)의 영향을 받아 만들어진 것이 아니냐는 말을 하기도 하는데, 선불교의 뿌리는 분명히 대승불교의 경전에 있으며, 나아가 초기불교의 가르침과 근원을 같이 하고 있다.

선(禪)의 초조(初祖)인 보리달마(菩提達磨, ?~495)가 2조 혜가(二祖慧可, 487~593)에게 법을 전할 때 『능가경(楞伽經)』을 전해준 것에서도 볼 수 있듯이 『능가경』은 초기 선종(禪宗)의 소의경전(所依經典)이라고 할 만하다.

이후 6조 혜능(六祖慧能, 638~713)과 하택신회(荷澤神會, 670~762) 이후로 가면 『금강경』이 선종의 주요 경전으로 등장한다. 혜능은 『금강경』의 '응무소주 이생기심(應無所住 而生其心)'이라는 말을 듣고 깨달았으며, 『금강경』을 수지하는 것만으로도 그 자리에서 견성(見成)할 수 있다고도 했다.

『유마경(維摩經)』 또한 선불교에 미친 영향은 지대하다. 선어록에서 조사 스님들이 『유마경』을 인용하는 경우도 많았는데, 『달마어록』에서는 14회, 『육조단경』에서는 16회를 인용할 정도로 선불교에서는 『유마경』의 영향이 크다.

『유마경』의 '직심(直心)이 바로 보살의 도량', 혹은 유마의 침묵 등은 선불교에 각별한 영향을 끼쳤다. 한국 사찰의 총림(叢林)에서 최고의 어른스님을 방장(方丈)스님이라고 부르는데, 이 유래 또한 유마거사가 살던 작은 방인 방장에서 유래된 것이다.

그 외에도 선불교는 『금강경』, 『열반경』, 『능가경』, 『유마경』, 『승만경』, 『법화경』, 『대지도론』, 『화엄경』, 『원각경』, 『능엄경』, 『대승기신론』 등 다양한 대승불교 경전의 영향을 받았다.

『법화경』의 '일체중생이 모두 성불할 수 있다'거나, 『열반경』의 '일체중생 실유불성(一切衆生 悉有佛性)'이 선불교에서는 본래성불과 본래면목(本來面目), 돈오견성의 사상적 근거가 되고 있다.

대승경전의 불성은 조주종심(趙州從諗, 778~897)의 '구자무불성(狗子無佛性)'으로 차용되고, 『화엄경』의 초발심시변정각(初發心是便正覺)도 돈오(頓悟) 사상에 영향을 미친다.

이처럼 대승경전의 가르침은 중국에 와서 선불교를 통해 틀에 박힌 경전의 문자에 머무는 것이 아니라 활활발발하게 깨달음을 곧바로 드러내 주는 돈오(頓悟) 견성(見性)의 실천적인 수행으로 변모한다.

대승 경전에서 지속적으로 가리키고 있는 불성(佛性), 여래장(如來藏), 아뢰야식(阿賴耶識), 본각(本覺), 진여심(眞如心), 불이법(不二法), 일불승(一佛乘), 원각(圓覺), 일심(一心) 등의 참성품을 선불교에서는 본래면목(本來面目), 마음, 법(法)이라고 하여 곧바로 마음을 가리켜 그 마음을 깨닫게 하는 직지인심 견성성불(直指人心 見性成佛)의 실천으로 생생하게 깨어나게 한다.

불교의 역사를 살펴보면 대부분의 시대는 현학적이고 사상적인 논의와 교리적인 발전이 이루어지거나, 혹은 부파(部派)와 종단이 난립하며 나름의 교리와 체계를 구축해가거나, 온갖 사찰을 짓고 종단을 세우며 불법의 명맥을 이어가는 그런 평이한 시대를 보내게 된다.

그러나 그런 경전이나 연구, 수행과 신행 등의 시대가 아닌, 두드러지게 깨달은 각자(覺者)가 수많은 스님들뿐 아니라 심지어 재가자에게까지 대중적으로 일어나는 두 시대를 주목해 볼 수 있다.

그것은 첫 번째가 부처님 당시이고, 두 번째가 중국 선의 황금기라고 불리는 때다.

먼저 부처님 당시를 살펴보면 초기경전에서 볼 수 있듯이 부처님께서는 매일 스님과 재가자를 위해 법문을 설하셨고, 경전에서는 언제나 법을 설하신 뒤에는 몇 명에서 몇 십 명, 심지어 한 번에 수백 명에 이르는 재가자와 스님들이 깨달음을 얻는 장면이 등장한다. 초기 경전에서는 언제나 부처님은 법을 설하시고, 스님과 재가자는 그 법문을 듣고 깨닫는다. 깨달음은 신비한 일이거나, 아주 어려운 일이거나, 수행을 열심히 하는 소수 엘리트 스님들에게만 일어나는 기적 같은 일이 아니다.

이처럼 부처님 당시에 이루 헤아릴 수없이 많은 재가자와 스님들이 깨달음을 얻었지만, 이후 부파불교나 대승불교로 가면 이렇다 할 깨달음을 얻은 제2, 제3의 부처님은 좀처럼 출현하지 않는다. 물론 깨달음을 얻은 수행자들은 어느 시대에나 있어왔겠지만 부처님 당시처럼 무수히 많은 불자들이 당연하게 깨달음을 얻는 시대는 없었다.

그런데, 그러한 오랜 역사의 침묵을 깨고, 다시금 부처님 당시와 같은 놀라운 대중의 견성시대가 있었으니, 그때가 바로 중국 당나라 때인 선의 황금기다.

선의 황금기는 보통 6조 혜능(慧能, 638~713)스님으로부터 시작해 마조도일(馬祖導一, 709~788), 백장회해(百丈懷海, 749~814), 황벽희운(黃檗希運, ?~850), 임제의현(臨濟義玄, ?~867), 청원행사(青原行思, ?~740), 석두희천(石頭希遷, 700~790), 덕산선감(德山

宣鑑, 782~865), 운문문언(雲門文偃, 864~949), 위산영우(潙山靈祐, 771~853), 앙산혜적(仰山慧寂, 803~887), 조주종심(趙州從諗, 778~897) 등의 이름만 들어도 고개가 끄덕여질 만한 선사스님들의 시대다.

바로 이때에 비로소 불법은 경전 안에만 틀어박혀 있는 문자화되고 화석화된 가르침이 아니라, 사람들에게 직접 바른 법을 깨닫게 해주어 누구나 깨닫도록 이끌어 주는 살아있는 가르침이었다.

이때는 한 선사의 문하에서만 수십에서 때로는 백여 명을 넘는 견성 도인이 배출되기도 했으며, 스님들뿐 아니라, 배휴(裴休)나 방거사(龐居士) 등 수많은 재가 견성자들도 생겨났다.

그리고 또다시 당나라 이후에는 간헐적으로 도인들이 꾸준히 있어 왔지만, 그 이후의 시대로부터 오늘날에 이르기까지는 저 두 시대처럼 깨달음이 무수히 많은 수행자들에게로까지 이어지는 놀라운 깨달음의 시대는 없었다.

도대체 선의 황금기 때 선사들의 가르침은 무엇이었기에 그런 놀라운 일이 가능했을까?

바로 그 의문이 이 책을 집필하게 된 이유가 되었다. 선의 황금기라 불리는 시대를 이끌어 갔던 초조달마로부터 6조까지, 그리고 6조로부터 황벽, 백장, 조주, 임제스님으로 이어지는 조사선의 거장들, 그리고 이후 꺼져가던 조사선의 불씨를 대중들 모두를 위한 선으로 회향될 수 있도록 새롭게 간화선이라는 수행법을 창시한 대혜종고로부터 고봉원묘, 그리고 몽산과 지눌까지 선에서 가장 중요한 핵심적인 인물들과 그 인물의 저서를 중심으로 살펴보고자 한다.

이 책에 나오는 선사스님들의 가르침은 인류가 남긴 정신문명의 최고봉이며, 글로 쓸 수 있는 최고의 가르침이라고 할 만하다. 실제 승찬스님의 '신심명'에 대해 학자들은 불법이 전해진 이후 '문자로써는 최고의 문자'라고 격찬하기도 했다.

만약 당신이 인류 역사 최고의 가르침과 만나고 싶다면, 그것은 바로 여기에 있다. 그러나 많은 사람들은 이 말에 동의하지 않을지도 모른다. 왜 그럴까? 사람들은 머리로 이해하는 것만 할 수 있다 보니, 이 가르침을 머리로 이해하려 들 것이기 때문이다. 이 가르침은 머리로 이해할 수 있는 범주 그 너머의 것이다. 세간이 아닌 출세간이며, 분별이 아닌 무분별의 가르침이다. 그러니 이 가르침을 당신은 이해할 수 없다.

그저 머리가 아닌 가슴으로, 온 존재로써 이 가르침의 울림을 편안히 허용해 보라. 어쩌면 이 선어록의 가르침이 당신을, 아니 현 인류를 새로운 시대로 옮겨가게 해줄지도 모른다. 선어록이야말로 인류 정신 문명의 '오래된 미래'다.

어쩌면 저 두 시대를 이어 지금의 시대야말로 다시 한 번 대중들이 무수하게 깨어나는 제2의 선의 황금기가 시작되는 시대일지도 모른다.

보통 사람들은 선어록 하면 너무 어렵다고 느끼고, 더욱이 선공부를 한다는 것은 최상승의 대근기(大根機) 수행자가 아니면 어렵다고 여긴다. 그런 점이 선을 엘리트 수행자 위주의 불교로 위축시킨 것이 아닌가 싶다.

선은 전혀 그런 것이 아니다. 선처럼 쉽고 단순한 것이 없다. 해야 할 것이 아무것도 없기 때문이다. 다른 공부나 수행은 열심히 갈고 닦으며 노력해야 하겠지만, 많은 사람들의 예상과는 달리, 참된 선은 열심히 좌선을 하거나, 갈고 닦고, 장좌불와(長坐不臥)하면서 노력하는 수행이 아니다.

말 그대로 무위법(無爲法)이다. 이보다 더 쉬울 수는 없다. 이 책을 통해 선이 얼마나 쉽고, 단순하지만 직관적이고 체험적인 것인지를, 또 삶과 직접적으로 연관된 것이고, 바로 내가 공부해야 할 최고의 공부임을 깨닫게 될 수 있을 지도 모른다.

괴로움을 여의는 공부, 현실적인 문제를 해결하는 공부가 바로 선이기 때문이다. 다른 치유방법들은 일시적으로 괴로운 문제를 해결해 줄 수 있겠지만, 선은 삶의 전반에 걸쳐 노병사(老病死)라고 하는 일생일대의 모든 괴로움을 뿌리째 뽑아버리도록 이끌어 준다.

선은 대장부가 하는 공부지, 왕후장상(王侯將相)이 하는 공부가 아니라는 말이 있다. 생사를 해결하겠다는, 괴로움을 근원에서부터 완전히 해결한 대자유의 삶을 살겠노라는 발심이 있는 대장부만이 이 공부를 할 수 있다.

그러나 그것은 어려운 일이 아니지 않은가? 괴로움을 해결하고 싶지 않은 사람이 어디 있는가? 누구나 해야 할 인생의 중요도 1번이 이 문제다. 그리고 이것은 누구나 가능하다. 선 앞에서는 아무런 차별이 없다. 불성은 누구에게나 평등하게 갖추어져 있기 때문이다.

왕후장상은 아무나 할 수 있는 것도 아니고, 엄청난 노력이 필요하며, 운도 따라 주어야 한다. 얻고 난 뒤에도 잃지 않으려고 끊임없이 노력해야 한다. 그러나 더 중요한 점은, 그런 노력에도 불구하고, 언젠가는 반드시 결단코 사라질 수밖에 없다.

그러나 선공부는 누구나 가능하다. 선공부에 엘리트, 자격요건, 오래 앉아 있을 수 있는지 여부도 필요 없고, 머리가 좋아야 하거나, 불교를 오래 공부한 사람에게 가산점이 주어지는 것도 아니다. 괴로움을 해결해야겠다는 마음이 있는 사람이라면 바로 그가 선을 공부할 사람이다.

인생 내내 괴로움에 시달려 왔지 않은가? 힘들게 괴로움을 해결하더라도 머지않아 또 다른 괴로움이 찾아오지 않는가? 한 가지를 성취하면, 또 다른 성취해야 할 일들이 쌓여 있지 않은가? 이렇게 성취를 쌓아가고, 괴로움은 줄여가는 삶에 성공했다고 할지라도, 그 결과는 어차피 늙고 병들고 죽는 것을 피해갈 수 없다.

어차피 생사 문제와 언젠가는 대적해야 한다. 그러나 늙고 병들었을 때는 대적할 힘이 없다. 바로 지금, 지금 해야 하는, 인생 일대에서 가장 중요한 공부가 바로 선공부다. 그래서 일대사인연(一大事因緣)이라고 한다.

이 중요한 일대사인연을 그동안 많은 이들은 선공부가 어렵다는 이유로, 혹은 선문답이나 공안(公案) 등이 도대체 무엇을 뜻하는지 모른다는 이유 등으로 너무 어렵게만 느껴왔다. 그래서 선은 나 같은 평범한 범인이 할 공부가 아니라고만 여겨왔다.

이 책에서는 그런 점으로 인해 선어록을 어렵게만 느껴왔던 분들을 위해, 처음 선을 공부하는 분들에게 조금 쉽게 선을 가까이 할 수 있도록 쓰고자 노력했다. 선 관련 책들로는 특히 공안집 같은 것들이 무수히 많다보니, 여기에서는 선문답이나 공안보다는 선의 입문서라는 느낌으로 일반인들이 쉽게 이해할 수 있도록 쓰려고 노력했다.

이 선어록을 통해 어렵게만 느껴지던 선 공부가 얼마나 쉽고, 단순하며, 당장에 내가 해야 할 가장 중요한 삶의 공부임을 깨닫게 될 수 있기를 바란다.

서울 용산 원광사에서

법 상

목차

01

초조달마 初祖達磨

(?~495)

(1) 혈맥론(血脈論)

☯ 상(相)을 취하지 말라

『금강경』에서 말하기를 '무릇 모습 있는 것은 전부 허망하다(凡所有相 皆是虛妄)'고 하였다.

만약 모습을 취한다면 곧 마구니에게 사로잡히게 되어 사도(邪道)에 떨어진다.

모든 모습은 전부 허망하니 단지 모습을 취하지만 말라.

만약 부처라는 견해, 법이라는 견해, 부처라는 모습, 보살이라는 모습을 내어 공경하고 귀중히 여긴다면 스스로 중생의 지위로 떨어지는 것이다. 다만 진실로 알고자 한다면, 다만 어떤 모습도 취하지 않으면 될 뿐, 달리 할 말은 없다.

참으로 진리를 알고자 한다면, 어떤 모습, 어떤 상(相)도 취하지 말라. 『금강경』에서는 '범소유상 개시허망 약견제상비상 즉견여래(凡所有相 皆是虛妄 若見諸相非相 卽見如來)'라 하여, 상이 있는 것은 전부 허망하니, 만약 모든 상이 상이 아님을 보면 곧 여래를 본다고 했다. 그 어떤 상이나, 견해라도 취하고 집착하면 중생의 지위로 떨어진다.

상(相)이란 곧 모양, 모습인데, 이것과 저것을 서로 구분하려면 이것은 이것의 모양이, 저것은 저것대로의 모양이 서로 구분되어야 한다. 바로 그 두 가지를 나누어 구분해 주는 서로 다른 모양을 상(相)이라고 한다.

불교에서는 분별심만 타파해 버리면, 곧 부처라고 설한다. 우리는 이미 깨달아 있는 부처이지만 분별심으로 인해 부처를 보지 못하고, 분별된 대상만을 헛되게 인식한다고 한다.

분별심이란, 둘로 분별하여 나누어 대상을 인식하는 마음이다. 이것과 저것을 나누는 마음이다. 크고 작다고 인식하고, 잘났거나 못났다고 인식하고, 나와 너를 둘로 나누어 인식하고, 이것은 좋고 저것은 나쁘다고 인식한다. 둘로 나누어야만 그 두 가지 대상이 서로 구별되어 우리의 마음속에 인식되는 것이다.

이처럼 우리의 모든 생각, 인식은 전부 다 둘로 나누는 분별심이다.

분별심이 생기는 이유는 곧 세상 모든 것들은 모양, 모습, 상(相)을 지니고 있기 때문이다. 서로 다른 모양, 상이 있으니, 서로 다르게 인식하는 것이다. 그래서 이러한 상을, 분별하게 해주는 모양이라고 하여 분별상(分別相)이라고도 부른다.

상에는 물질적인 상만 있는 것이 아니라, 정신적인 상, 마음속에 그려진 이미지와도 같은 상도 있다. 사랑과 미움은 하나의 마음속 개념이지만, 이 또한 상이며, 분별된 모습이다. 예쁘다, 잘생겼다는 것도 내 마음속에 내 나름의 틀을 세우고, 스스로 분별하는 하나의 개념이고, 분별상이다.

어떤 사람에게는 예쁜 사람이 다른 사람에게는 예쁘지 않을 수도 있다. 서로에게 다른 상이 세워져 있기 때문이다. 이처럼 마음속에 세워진 하나의 개념 또한 상이며, 모든 상은 이와 같이 고정된 실체인 것이 아니기에, 저마다 마음속에 새겨둔 상은 다 다르다.

어떤 사람은 키가 170인 사람을 '크다'는 상으로 받아들이고, 어떤 사람은 '작다'고 받아들인다. 어떤 특정한 연예인을 어떤 사람은 잘생겼다고 여기고, 어떤 사람은 못생겼다고 여긴다. 이것이 바로 저마다 분별상이 다르기 때문이다. 분별상은 전부 다 이와 같이 정해진 실체가 아닌, 자기 안에서 만들어낸 하나의 개념이기에 허망하다.

내가 연봉을 5,000만원을 받는다는 것이 많이 받는 것인지 적게 받는 것인지, 그로 인해 내가 행복한지 불행한지는 정해진 실체일까? 그 5,000만원 연봉이라는 상(相)은 허망하여 실체가 아니다. 거기에는 그 어떤 진실도 없다. 내가 인식하는 대로 인식되는 것이다.

어떤 사람은 그 연봉을 많다고 인식하고 또 다른 사람은 적다고 인식한다. 많다고 인식하면서 풍요를 느끼고 행복해하는 사람도 있고, 적다고 느끼면서 비참하고 궁핍해하면서 불행을 느끼는 사람도 있다. 그렇다면 그 두 사람 중 어느 쪽이 진실할까?

그 연봉 자체에는 많거나 적다는 그 어떤 실체가 없다. 허망하다. 진실이 없다. 그저 있는 그대로의 사실일 뿐, 좋거나 나쁘다고, 많거나 적다고 분별할 수 있는 것이 아니다. 그럼에도 불구하고 어리석은 중생들은 그 중립적인 현실에 자기 식대로 분별하여 좋다거나 나쁘다고 말하면서 행복하거나 불행하다고 여긴다. 이것이 바로 중생의 괴로움이다.

만약 애초부터 그 연봉 5,000만원에는 그 어떤 실체도 없고 진실도 없어서, 분별할 필요 없이 있는 그대로를 있는 그대로 받아들였다면, 그로 인해 괴로울 것도 없었을 것이다. 5,000만원 연봉을 받는 사람이 한 명은 너무 많다며 행복해하고, 또 한 명은 적다고 불행해한다면 그것은 5,000만원에는 정해진 많거나 적음, 부자이거나 가난, 행복이나 불행이라는 실체가 없다는 것을 의미한다.

이처럼 분별된 상을 지닌 모든 대상은 고정된 실체가 없지만, 우리 마음속에서 진짜라고 여기며 분별한다. 그 분별은 진실이 아님에도 사람들은 자기 마음속에서 인식되고 분별된 것을 진실이라고 여긴다. 모든 대상을 좋다거나 싫다, 크다거나 작다, 마음에 든다거나 안 든다, 옳다거나 그르다 등으로 나눈 뒤에, 좋은 것은 취하려고 하고 집착하고, 나쁜 것은 버리려고 하며 거부한다.

좋아서 집착하는 것이 내 것이 되지 않을 때도 괴롭고, 싫어서 버리려고 하는 것이 자꾸만 내게 나타나도 괴롭다. 사랑하는 사람을 만나지 못해도 괴롭고, 미워하는 사람과 어쩔 수 없이 함께 살아야 할 때도 괴롭지 않은가?

이처럼 둘로 나누는 분별심을 일으키면 취하거나 버리고자 하는 취사간택심(取捨揀擇心)이 생긴다. 분별심은 곧 취사심이 되고, 취사심은 곧 괴로움으로 이어지는 것이다. 분별심이 곧 괴로움인 것이다.

그러나 그 분별심은 중생 스스로가 만든 상일 뿐, 진실이 아니다. 그러니 진실이 아닌 허망한 분별상에 집착할 필요가 없지 않은가? 분별하지 않고, 분별상에 집착하지 않으며, 취사선택하지 않으면 삶의 모든 괴로움은 사라진다.

이처럼 상에 치우치지 않고, 특별한 분별상에 얽매여 판단분별, 취사간택(取捨揀澤)하지 않는다면 삶에는 더 이상 아무런 문제도 없다.

중생은 모든 현상에 이처럼 분별상을 세워서, 좋거니 나쁘거니 하면서 취사간택하고, 그로 인해 괴로워하지만, 부처는 일체의 현상에 그 어떤 상도 세우지 않고, 그 상이 허망하다는 진실을 알기에 그저 있는 그대로 받아들인다. 그러니 아무런 괴로움도 없다.

진실을 알고자 한다면, 다만 어떤 모습도 취하지 않으면 될 뿐, 달리 할 말이 없다.

⊛ 조작하지 말라

　　외도(外道)는 부처의 참뜻을 알지 못하기에 힘써 공부하는 것을 최고로 삼으니, 성인의 뜻과는 어긋난다. 하루 종일 바쁘게 염불하고 경전을 뒤져도 신령스런 본성에 어두우면 윤회를 면치 못한다. 부처는 한가한 사람인데, 무엇 때문에 바삐 두루 명성과 이익을 찾겠는가? 그래가지고 나중에 어디에다 쓰겠는가?

　　본성을 보지 못한 사람은 경을 읽고 염불하고 늘 배우면서 열심히 공부하고, 하루 종일 도를 행하고, 늘 배우면서 앉아서 눕지 않고, 두루 배우고 많이 듣는 것을 불법으로 삼는다. 이러한 중생들은 모두가 불법을 비방하는 사람들이다.

　　조작(造作)하지 않는 것이 가장 좋다. 조작하면 생사윤회를 면치 못한다.

　　나는 이제 이 땅에 와서 오직 돈교(頓敎) 대승(大乘)의 즉심시불(卽心是佛)만을 전할 뿐, 지계(持戒)나 보시(布施), 정진(精進)과 고행(苦行)은 말하지 않는다.

　　부처의 참뜻을 알지 못하는 외도는 '힘써 공부하는 것'을 최고로 삼는다. 아니, 이게 무슨 말인가? 우리들도 이 불교 공부에 힘써 노력하고 공부하고 있지 않은가. 열심히 갈고 닦으며 수행하지 않는가?

　　바로 이 지점에서 우리는 마음을 비우고, 기존의 불교에 대한 고정 관념을 잠시 내려놓고, 이 선어록에서 끊임없이 강조하고 있는 대목에 집중할 필요가 있다.

힘써 공부하는 것은 유위(有爲)의 공부일 뿐, 이 불법의 참맛인 무위(無爲)는 아니다. 불법은 무위법이지 유위법이 아니다. 열심히 갈고 닦으면서 힘써 수행해야지만 깨달을 수 있다는 것이야말로 우리들이 가지고 있는 대표적인 편견이다.

하루 종일 바쁘게 염불하고, 경전을 뒤져 독송하더라도 신령스러운 본성에 어두우면 윤회를 면치 못한다. 부처는 한가한 사람, 한도인(閑道人)이다. 바쁘게 뛰어다니고 열심히 수행하는 분이 아니다. 모든 것을 푹 쉬었는데, 바쁠 것이 무엇이 있겠는가? 할 일을 다해 마쳤는데, 더 해야 할 일이 무엇이 있겠는가? 사실은 바로 우리가 그렇다.

지금 이대로의 우리들 또한 할 일을 다해 마친 한도인이요, 부처다. 바삐 뛰어다니며 무언가를 구할 필요가 없다. 염불하고 공부하고 앉아서 좌선하고 두루 배우는 것을 공부로 삼지 말라. 그것은 불법을 비방하는 사람들이다.

모름지기 본성을 보는 것, 견성하는 것이 중요하지, 기도하고 수행하는 것이 중요한 것이 아니다. 견성공부, 마음공부, 이 선의 공부는 애써서 열심히 하는 것도 아니고, 피나는 노력을 통해 갈고 닦는 것도 아니다.

그저 간절한 발심(發心)과 스승의 법 아래에 나를 완전히 내려놓고 힘을 쭉 뺀 채 오로지 법에만 관심을 기울이고 법문을 듣는 것이다. 그것은 억지로 하는 것이 아니다. 그저 안에서 우러나와서 저절로 되는 것이다. 저절로 되는 공부가 진짜 힘이 있지, 억지로 하는 공부에는 힘이 없다. 발심도 시절인연이 무르익으면 저절로 되는 것이지, 억지로 하는 것이 아니다.

그래서 '조작하지 않는 것이 가장 좋다'고 했다. 조작하거나, 새로운 것을 만들어 내거나, 억지로 갖추어야 할 필요가 없다. 지금 이대로, 그대로 두어도 언제나 완전한데, 왜 애써 조작함으로써 긁어 부스럼을 만들고자 하는가?

당신은 지금 이대로도 충분하다. 충분히 완전하고, 충분히 사랑받을 만하며, 충분히 괜찮다. 어떤 무언가를 갖추어야지만 더 나아지고, 어떤 것을 이뤄야지만 훌륭한 사람이 되는 것이 아니다. 지금 이렇게 살아있다는 그 사실만으로도 이미 완전하고 충분하다. 더 나아지기 위해서 그 어떤 것도 따로 하지 않아도, 지금 이것만으로 충분히 아름답다.

부처님께서는 오직 돈교(頓敎)의 즉심시불(卽心是佛), 즉 곧장 이 마음이 바로 부처임을 전하실 뿐, 지계나 보시, 정진과 고행은 말하지 않는다. 오로지 우리에게 본래부터 있던 것을 드러내실 뿐, 없던 것을 애써서 보시나 지계, 정진과 고행을 통해 만들어 내라고 말하지는 않는다.

⊙ 재가자도 깨달을 수 있다

만약 자기 마음이 곧 부처임을 보면 머리를 깎을 필요가 없으니, 세속인 또한 부처이다. 만약 본성을 보지 못하면 머리를 깎아도 역시 외도이다.

"세속인은 처자(妻子)가 있고 음욕(淫慾)도 없애지 않는데 어떻게 성불할 수 있겠습니까?"

"다만 견성을 말할 뿐, 음욕을 말하지는 않는다... 견성하기만 하면 음욕은 본래 공적하니 끊어 없앨 필요도 없고 그렇다고 즐겨 집착하지도 않는다. 비록 남은 습기가 있더라도 해가 되지 않는다... 만약 본성을 본다면, 찬다라(도살업 등에 종사하는 최하층 천민)도 성불할 수 있다."

"찬다라는 살생을 업(業)으로 삼는데 어찌 성불할 수 있겠습니까?"

"단지 견성(見性)을 말할 뿐, 업 짓는 것을 말하지 않는다... 본성을 깨닫게 되면 끝내 업을 짓지 않는다."

머리를 깎고 출가하여 스님이 되어야지만 견성할 수 있는 것이 아니다. 견성만 하면 세속인도 똑같은 부처이며, 세속에서도 충분히 이 공부를 할 수 있다.

본성을 보지 못하면, 머리를 깎고 열심히 수행하며 기도한다고 해도 역시 외도일 뿐이다. 스님이 되어서 본성을 보고자 하는 정진을 하지 않으면, 다만 기도하여 복을 구하거나, 수행하여 삼매를 구하려는 등의 행위를 신심을 다해 한다고 하더라도 그는 외도일 뿐, 참된 수행자는 아니다.

요즘 수행자들은 말 그대로 견성은 내 일이 아니며, 너무 어려운 일이니 그저 기도하고 복을 지으며 보시행을 실천한다면 그 또한 좋은 일이라고 여기거나, 심지어는 깨달음보다 보시의 실천과 사회적인 회향이 더 큰 수행자의 할 일이라고 여기는 이들이 많다. 정말 큰일 날 소리다. 견성 공부를 하지 않고, 깨닫고자 하지 않는다면, 아무리 복을 짓고, 보시를 하고, 사회복지관을 운영하고, 기도를 열심히 해도 '외도'일 뿐이라고 하지 않았는가?

그 이유는 정말 열심히 하는 수행자도 깨닫지 못하는 것을 보고는, 의례히 저런 분도 안 되는데, 내가 깨달을 수 있겠는가 하고 미리부터 겁을 먹고 포기를 하는 수행 풍토에 있다고 보여진다. 그런 풍토 속에서 깨달음을 포기해 버리면, 그것은 발심이 없는 것이기 때문에 결실이 있을 수가 없다.

깨달음은 열심히 하는 것이 아님에도 열심히 하는 사람이 안 되는 것을 보고 포기한다는 말 자체가 어리석지 않은가. 간절한 발심, 진정 어린 깨달음에 대한 발심만 있으면 모든 것은 저절로 뒤따라온다. 스승을 만날 복도 주어지고, 이 법에 대한 모든 것들은 이미 있기 때문에, 내 마음에서만 간절하면 그 모든 것을 받게 된다.

정말 열심히 공부하는 어떤 한 재가자가 견성한 뒤에 한 말이 있다. 자신은 처자식이 있어서, 스님들과 다르기 때문에 깨닫지 못하는 줄 알았다는 것이다. 그런데 성품을 확인하고 보니, 결코 그런 것이 아니었음을 깨달았다고 한다.

세속인은 처자식도 있고, 음욕도 없애지 않는데 어떻게 성불할 수가 있느냐고? 이 불법에서는 다만 견성을 말할 뿐, 음욕을 말하지는 않는다. 처자식을 말하지도 않는다. 그런 것은 전혀 상관할 바가 아니다. 이 깨달음 공부에 그리 큰 영향을 미치지는 않는다. 그것은 핵심이 아니다.

음욕은 있어도 그만 없어도 그만이다. 마치 식욕이 조금 더 있는 사람도 있고 덜한 사람도 있는 것처럼, 아무 문제가 되지 않는다. 생각을 끊어 없애야 하는 것이 아니라, 생각은 당연히 일어나기에, 생각이 일어나도 생각에 끌려가지만 않으면 되는 것과 같다.

음욕은 본래 공하니 끊어 없앨 필요가 없다. 그렇다고 즐겨 집착할 것도 없다. 견성하고 나면 음욕은 아무런 문제가 되지 않으며, 비록 남은 습기(習氣)가 있다고 할지라도 그것은 전혀 해가 되지 않는다.

출가인이 아닌 재가인은 이 공부를 하기 어렵다고 여긴다면, 그것이야말로 가장 큰 상(相)이다. 그런 생각을 가지고 있다면, 결코 깨달을 수 없다. 그 어떤 차별도 없다. 출재가인은 겉모습에서 그저 헤어스타일과 패션의 차이 정도가 있을 뿐, 내면에서는 그 어떤 차이도 차별도 없다.

무분별(無分別), 불이법(不二法), 둘이 아닌 이 법에 어찌 출재가의 차별이 있단 말인가? 그 차별을 인정하는 사람은 여전히 이법(二法)에 빠져 있기 때문에 결단코 성불하지 못한다.

어디 재가자뿐인가? 도살업(盜殺業) 등에 종사하는 인도의 최하층 천민인 찬다라도 성불할 수 있다. 찬다라는 살생의 업이 많아서 성불할 수 없다고? 그렇지 않다. 이 법에서는 오로지 견성을 말할 뿐, 업을 말하지 않는다. 업 짓는 것이 깨달음에 방해가 되지 않는다는 뜻이다. 어떤 직업을 가지고 있는지, 과거에 어떤 악업을 지었는지는 큰 결격사유가 아니다.

⊙ 마음이 곧 부처

삼계(三界)가 뒤섞여 일어나지만 함께 한마음으로 돌아간다.

그대가 나에게 묻는 것이 곧 그대의 마음이고, 내가 그대에게 답하는 것이 곧 나의 마음이다.

나에게 묻는 것이 곧 그대의 마음이니, 시작 없는 아득한 과거로부터 움직이고 행동하는 것이 언제든지 어디서든지 모두가 그대로 본래 마음이고 모두가 그대의 본래 부처다.

이 마음을 제외하고 얻을 수 있는 다른 부처는 결코 없으며, 이 마음을 떠나 밖에서 깨달음과 열반을 찾을 수는 절대로 없다. 자신의 본성은 진실하여 원인도 아니고 결과도 아니다. 법은 곧 마음이라는 뜻이다. 자신의 마음이 바로 깨달음이며 그 마음이 바로 열반이니 마음 밖에서 부처와 깨달음을 얻을 수 있다고 말하지 말라.

삼계(三界)란 욕계(欲界)·색계(色界)·무색계(無色界)로, 윤회하는 중생이 살고 있는 이 세계를 말한다.

세상 모든 것, 삼계(三界)라는 이 우주 전체가 하나의 '마음' 위에 그려진 환상이다. 우리가 삼라만상이라고 여기는 이 모든 것은 하나의 꿈같고, 그림자 같으며, 환상 같은 것일 뿐이다. 그러나 사람들은 이러한 삶의 진실을 모르기 때문에 나도 있고 세상도 진짜로 있다고 여긴다.

불교에서는 이 모든 것들이 진짜로 있는 것이 아니라 다만 인연 따라 생겨나고 사라지는 허망한 것이라고 설한다. 생겨났다가 사라지는 것은 생멸법(生滅法 : 생겨나고 사라지는 존재)이라고 하여 진실이 아니다. 불생불멸하는 오고 가지 않는 것, 그것이 참된 진실이다. 이 마음, 법, 자성은 곧 불생불멸법(不生不滅法)이다.

그렇다면 오고 가지 않는 것, 불생불멸하는 것은 무엇일까? 나도 태어났다가 죽는 것이니 생멸법의 허망한 존재일 뿐이고, 세상 모든 것들도 전부 다 생노병사(生老病死), 생주이멸(生住異滅), 성주괴공 (性住壞空)하니 전부 다 왔다가 가는 허망한 것일 뿐이다. 우리가 인식할 수 있는 모든 것들은 전부 다 생겨나면 사라진다.

그렇기에 생멸법(生滅法), 생사법(生死法)이 아닌, 생겨나고 사라지는 것이 아닌, 참된 성품은 우리의 인식을 넘어선다. 우리가 인식할 수 있는 어떤 대상이 아니다. 그것은 우리가 인식할 수 있는 것이 아니기 때문에 도저히 이름 붙일 수도 없고, 볼 수도 없고, 만질 수도 없고, 소리를 들을 수도 없다. 느껴볼 수도 없고, 생각할 수도 없다.

편의상 선에서는 이 이름 붙일 수 없는 '무엇'에 대해 방편으로 '이것'이라고 설한다. 그리고는 '이것'을 조금 더 자세히 방편으로 설명하기 위해서 어쩔 수 없이 이름 붙여서는 안 되는 것을 이름을 붙이고 있다. 그 이름이 바로 법(法), 마음, 참나, 진리, 해탈(解脫), 반야 (般若), 열반(涅槃), 참마음, 진아(眞我), 본래면목(本來面目) 등으로 이름 붙여진 것이다.

이 가운데 선에서는 주로 '마음', '법'이라는 용어를 자주 사용한다. 이 마음은 인식의 대상도 아니고, 특정한 무언가가 아니라 억지로 설명하자면, 이 우주 삼라만상의 배경을 이루는 근본이며, 본체이고, 바탕이다. '이것' 위에서 삼라만상이 등장하고 퇴장을 한다. 마음바탕 위에서 세상 모든 것이 생겨났다가 사라진다.

그럼에도 우리는 '이것'을 볼 수 없다보니, 인식할 수 없다보니 '이것'을 직접 확인하지는 못한 채, '이것' 위에 드러난 온갖 삼라만상만을 볼 뿐이다. 삼라만상이라는 왔다가 가는 허망한 생멸법을 보지 말고, 곧바로 삶의 진실인 '이것'을 확인하게 되면 삼라만상의 실체, 진실을 확인하게 된다.

'이것'은 무엇인가? '이것'은 둘이나 셋으로 쪼개지는 어떤 물건이 아니며, 물질적인 무언가가 아니고, 더욱이 멀리 있는 것도 아니며, 내 밖에 별도로 있는 것도 아니기에 '한마음'이라고 부른다. 이 우주 삼라만상, 삼계는 전부 일심(一心), 한마음에서 나왔고, 한마음으로 돌아간다.

무엇이 한마음일까? 한마음이 무엇이냐고 질문하는 그것이 곧 한마음이고, 답변하는 것이 바로 한마음이다. '이것', '이 자리'에서 질문도 하고 답변도 한다. 무엇이든 일어났다 하면 전부가 다 '이것' 아닌 것이 없다. 마치 꿈속의 모든 사람, 사건, 내용이 전부 다 다른 것 같지만 하나의 꿈인 것과 같이, 이 우주 삼라만상의 온갖 것들이 다 드러나고 사라지지만 사실은 이 하나의 '한마음'일 뿐이다. 움직이는 것, 말하는 것, 행동하는 것, 그 모든 것이 전부 다 본래마음이고 본래부처다.

마음이 바로 부처요, 마음이 바로 본성이고 깨달음이고 열반이다. 이 마음을 떠난 다른 부처는 없다.

⊛ 본성, 마음, 이것

본래 마음이 늘 앞에 드러나 있지만, 그대 스스로가 보지 못하는 것일 뿐이다.

이 마음은 헤아릴 수 없는 과거로부터 지금과 다르지 않아서, 생기거나 사라진 적이 없다. 생기지도 소멸하지도 않고, 증가하거나 감소하지도 않으며, 더럽지도 깨끗하지도 않고, 좋지도 나쁘지도 않고, 오지도 가지도 않으며, 옳고 그름도 없고, 남녀의 모습도 없고, 승속(僧俗)이나 노소(老少)도 없고, 성인도 범부(凡夫)도 없고, 부처도 중생도 없고, 닦아서 깨닫는 것도 없고, 원인도 결과도 없고, 근력도 용모도 없다. 마치 허공과 같아서 가질 수도 버릴 수도 없고, 산이나 강이나 석벽(石壁)이 가로막을 수도 없다. 나타나고 사라지고 가고 옴에 자재하고 신령스럽게 통한다. 오온(五蘊)의 산을 통과하고 생사의 강을 건너니 어떤 업이라도 이 법신(法身)을 구속할 수 없다. 이 마음은 미묘하여 보기가 어려우니, 이 마음은 색심(色心)과 같지 않기 때문이다.

마음의 크기는 광대하고, 인연에 응하여 작용함은 끝이 없다. 눈에 응해서는 색을 보고, 귀에 응해서는 소리를 듣고, 코에 응해서는 냄새를 맡고, 혀에 응해서는 맛을 알고, 나아가 움직이고 동작하는 것이 모두 자신의 마음이다. 늘 언어의 길이 끊어지기만 하면 곧장 자기 마음이다.

기연(機緣 : 깨달음을 얻을 만한 근기와 인연)에 응하고, 사물을 대하며 눈썹을 찡그리고 눈을 깜빡이며, 손을 움직이고 발을 움직이는 이 모든 것이 자기의 신령스럽게 깨어 있는 본성(本性)이다. 본성이 곧 마음이고 마음이 곧 부처이며 부처가 곧 도(道)이고 도가 곧 선(禪)이다.

본성을 보는 것이 선이다.

단지 본성을 보기만 하면 한 글자도 몰라도 된다.

도는 본래 원만하게 이루어져 있으므로, 닦아서 깨달을 필요가 없다.

만약 행위와 동작의 신령스런 깨달음의 본성을 알아차릴 수 있다면, 그대가 곧 모든 부처요, 마음이다.

마음 마음 하지만 마음은 찾기가 어려우니, 넓을 때는 법계(法界)에 두루 하고, 좁을 때에는 바늘도 들어갈 틈이 없다.

만약 부처를 찾고자 한다면 다만 마음을 찾을지니, 단지 이 '마음 마음' 하는 이 마음이 바로 부처다.

'마음'은 무엇인가? 선에서는 불성, 본래면목, 해탈, 열반, 반야, 참나, 주인공, 법 등을 다른 말로 '마음'이라고 표현한다.

마음은 언제나 우리에게 가까이 있는 것이고 늘 쓰고 있는 것이기 때문이다. 다른 이름은 내 바깥에 있고, 저 고귀한 부처님에게나 있는 것 같은 이름인데 반해, 마음은 가장 친근하고 가까운 것이다. 불성, 해탈, 열반, 반야 이렇게 표현하면 너무 어렵고 나에게는 없는 것처럼 느껴지지만, '마음'은 늘 여기에 있고 내가 늘 쓰고 있지 않은가.

이 마음은 늘 눈앞에 드러나 있지만, 우리 스스로가 보지 못하는 것일 뿐이다. 언제나 눈앞에 드러나 있고, 단 한 번도 없어진 적이 없다. 이것은 불생불멸하는 것이기에, 생기고 소멸되는 것이 아니다.

또한 증가하거나 감소할 수도 없고, 더럽거나 깨끗하지도 않다. 오지도 가지도 않고, 옳고 그름도 없고, 남녀, 노소, 범성(凡聖), 부처와 중생도 아니다. 마치 허공과도 같아서 그 어떤 것으로도 표현할 수 없고, 헤아릴 수 없다.

이 마음은 닦아서 깨닫는 것이 아니다. 이미 본래 구족되어 있으며, 단 한 번도 사라진 적이 없기 때문에 닦음이나 수행을 통해야지만 드러나는 것이 아니다. 언제나 드러나 있다. 그렇기에 이것은 원인도 결과도 없다. 수행이라는 원인을 제공해야지만 깨달음이라는 결과가 오는 것이 아니다. 인과법(因果法)이 아니다.

마치 허공과 같아서 가질 수도 없고, 버릴 수도 없다. 세상 만법(萬法)에 신령스럽게 통한다. 이 법신(法身)을 구속할 수 있는 것은 어디에도 없다.

이 마음은 이처럼 미묘하여 보기도 어렵고, 이해하기도 어렵고, 만질 수도 없다.

마음이 늘 드러나 있다고 하는데 그것을 어떻게 증명할 수 있을까? 인연에 응하여 작용하는 것을 통해 알 수 있다. 눈에 응하면 색(色)을 보고, 귀에 응해서는 소리를 듣고, 코에는 냄새를 맡고, 혀에는 맛을 알고, 나아가 움직이는 것이 모두 자신의 마음이다.

눈이 있다고 다 볼 수 있는 것은 아니다. 두 눈을 멀쩡히 뜨고 있으면서도 다른 생각에 깊이 빠져 있을 때는 보지 못한다. 사람들은 주로 자기가 관심 있는 분야만 바라보다 보니, 자기의 인식에 걸러진 것들만을 주로 보지 나머지 것들은 눈이 있어도 보지 못한다. 눈이 있다고 다 볼 수 있는 것이 아니다.

그러면 '보는 것'은 무엇이 보는 것일까? 눈알이 볼까? 그렇다면 눈알을 쑥 빼놓고 보라고 하면 봐야 한다. 시신경(視神經)이 본다면, 시신경만 분리해 놓으면 그 시신경이 봐야 하지만 그렇지 않다. 뇌가 보는 것도 아니다. 정작 '보는 놈'은 누구일까?

'듣는 자'는 누구일까? 귀가 듣는 것도 아니고, 뇌가 듣는 것도 아니다.

마치 아프리카의 원주민들에게 하늘에서 뚝 떨어진 라디오 소리와 비슷하다. 라디오에서는 무수히 많은 사람들의 소리가 들린다. 원주민들은 그 라디오에 분명히 작은 사람들이 숨어 있을 것이라고 여긴다. 그래서 라디오를 하나하나 조심스럽게 해체해 보지만, 그 어디에도 소리는 없다. 라디오 자체에는 전혀 소리가 없다. 그럼에도 불구하고 라디오에서는 소리가 나온다.

귀나 사람 몸에는 전혀 소리가 없다. 소리를 듣는 자도 없다. 그러나 인연이 화합하면 소리가 나고, 소리를 듣는다. 바로 그때, 소리를 듣는 자는 누구인가? 귀가 듣는 것이 아니다. '듣는 자', '듣는 놈' 그것이 바로 마음이다.

물론 이렇게 설명하는 것은 하나의 방편이다. 이 말을 듣고 '듣는 놈'을 찾으려고 애쓰고 노력해 본다고 할지라도 그 노력은 헛되다. 깨닫고 보니 이렇게도 말할 수 있겠구나 하는 것이 방편일 뿐, 이것은 마음을 보기 위한 수행법을 알려 주기 위함이 아니다.

언어는 최대한 근사치로 '이것'을 설명해 주려고 하겠지만, 그 어떤 언어도 '이것', '마음'을 완전하게 설명해 줄 수는 없다. 사실 그 언어 너머에, 언어가 가리키고자 하는 본체(本體), 당처(當處), 낙처(落處), 귀결점(歸結點)이 있다. 그렇기에 모든 언어는 '달을 가리키는 손가락'일 뿐이다.

그래서 진리를 설명해 주고, 가리켜 주기 위한 모든 말과 언어를 세속제(世俗諦)라고 부른다. 진짜 진리는 아니지만 진리를 드러내 주기 위해 어쩔 수 없이 사용하는 진리를 가리키는 것이기 때문에 방편의 진리를 세속제, 즉 세속의 진리라고 한다. 달을 가리키는 모든 손가락이 전부 방편의 진리이며, 세속제다.

언어를 보면 달을 볼 수 없다. 언어의 길이 끊어진 곳에 자기 마음이 있다. 달을 가리키는 손가락을 볼 것이 아니라, 그 손가락이 가리키는 낙처(落處)인 '달'을 보아야 하는 것과 같다. 그 손가락 끝이 가리키는 곳, 언어의 길이 끊어진 곳, 바로 그곳에 마음이 있다.

인연에 응하고, 사물을 대하며, 눈썹도 찡그리고, 눈도 깜빡이고,

손도 발도 움직이며, 숨도 쉬고, 말도 하고, 매 순간 이 몸을 끌고 다니는 놈, 그것이 신령스러운 자기의 본성이다.

본성이 곧 마음이고, 마음이 곧 부처이며, 부처가 곧 도(道)이고, 도가 곧 선(禪)이며, 선이 바로 '이것'이다.

그대가 행위 하는 그 모든 동작의 신령스런 깨달음의 본성을 알아차릴 수 있다면, 그 행위의 본체, 행위 하는 놈을 알아차릴 수 있다면, 그대가 곧 부처요, 마음이다.

⊙ 선지식을 찾으라

만약 부처를 찾고자 한다면, 반드시 본성(本性)을 보아야 하니, 본성이 곧 부처이다. 만약 본성을 보지 못한다면 염불하고 독송하고 재(齋)를 지내고 계(戒)를 지켜도 이익 될 것이 없다.

만약 스스로 밝게 깨닫지 못했다면, 반드시 선지식(善知識)을 찾아가 생사의 근본을 밝혀내야 한다.

오늘날 사람들이 서너 권의 경론(經論)을 강의할 수 있는 것으로 불법이라고 여긴다면 그는 어리석은 사람이다. 자기 마음을 보지 못하고 글만 외운다면 아무런 쓸모가 없다.

죽고 사는 일이 크니, 헛되이 시간을 보내지 말라.

만약 급히 스승을 찾지 않는다면, 헛되이 인생을 보낼 것이다. 불성은 자신에게 있지만, 스승을 말미암지 않고는 끝내 밝힐 수가 없다. 스승을 말미암지 않고 깨닫는 자는 매우 희귀하다.

"만약 본성을 보지 않더라도, 염불(念佛)하고 독경(讀經)하고 보시하고 계를 지키고 정진하고 널리 이로운 일을 한다면 성불(成佛)할 수 있습니까?"

"성불할 수 없다."

"어찌하여 성불할 수 없습니까?"

"얻을 수 있는 조그마한 법이라도 있다면, 그것은 유위법(有爲法)이고 인과법(因果法)으로써 과보를 받는 것이니 곧 윤회(輪回)하는 법이다. 생사를 벗어나지 못하고서 어느 때 불도(佛道)를 이루겠는가?"

부처는 업(業)을 짓는 사람이 아니니, 부처에게는 인과(因果)가 없다.

부처에게는 지키거나 범할 것이 없다.

모든 법은 닦을 것도 없고, 깨달을 것도 없고, 원인도 없고, 결과도 없다. 부처는 계율을 지키지도 않고, 선을 닦지도 않지만 악을 짓지도 않고, 정진하지도 않지만 게으르지도 않다. 부처는 만드는 일이 없는 사람이다.

부처는 부처가 아니니 부처라는 견해를 만들지 말라.

성불(成佛)한다는 것, 깨닫는다는 것은 곧 이 마음, 법, 한마음, 본성을 보는 것이다. 본성을 본다고 하여 견성(見性), 견성성불(見性成佛)이라고 한다. '이것'이 바로 본성이다.

본성을 보려면 어떻게 해야 할까? 본성을 보려고 애쓰는 내가 바로 본성이기에 본성을 보려는 것은 곧 눈이 눈을 보는 것과 같고, 머리를 달고 머리를 찾는 것과 같다.

본성은 찾는다고 해서 찾아지지 않는다. 내가 바로 그것이기 때문이다. 그러니 본성을 찾는 수행법이나 방법 따위는 없다. 방법은 여기에서 저기로 가기 위해 있는 것인데, 내가 나를 확인하는 것이니 따로 방법이 있을 리가 없다. 서울에서 서울로 가는 방법을 묻지만 이미 서울에 있으니 방법이 필요가 없는 것과 같다.

그러나 중생은 어리석은 분별심에 휩싸여 있기 때문에 스스로 본성을 보지 않고, 자신의 분별심만을 볼 뿐이다. 세상을 볼 때 있는 그대로의 세상을 있는 그대로 보는 것이 아니라, 자기의 편견과 분별이라는 색안경, 중생심의 필터로 걸러서 세상을 자기 식대로 해석하는 것이다. 목전(目前)에 진리가 펼쳐져 있음에도 진리를 보지 않고 자기 안에 있는 분별의 필터로 걸러진 중생의 세간만을 본다.

중생이 본성을 확인할 수 있는 방법, 부처가 되는 방법은 무엇일까? 방법은 없지만 그렇다고 아무것도 하지 않을 수도 없다. 길 없는 길, 방법 아닌 방법이 바로 불교의 수행의 길이니 그것은 오로지 선지식을 만나는 것이다.

아무리 경론을 읽고 공부한다고 해서 공부가 되는 것이 아니다. 모름지기 선지식을 보는 안목이 이 공부의 전부라고 할 수 있다. 바른 선지식만 만난다면 깨닫는 것은 멀지 않다. 그저 바른 선지식을 만나고, 그 선지식의 회상에 깃들어 가르침에 젖어드는 것이 이 공부의 가장 중요한 방법 아닌 방법이다.

선지식을 찾아가 생사의 근본을 밝혀내는 것, 그것이야말로 인간으로서 할 수 있는 가장 최상의 길이다. 선지식을 만나지 않는다면 백년의 세월을 헛되이 보낼 수밖에 없다.

불성, 한마음, 본래면목, 법은 자기 자신에게 이미 드러나 있지만, 스스로 자신이 본래 깨달았음을 모르니, 어쩔 수 없이 선지식에게 의지할 수밖에 없다.

염불하고 독경하고 보시하고 지계(持戒)를 잘 지킨다고 해서 성불할 수 있을까? 없다. 그런 기도방법, 수행법을 아무리 열심히 갈고 닦는다고 해서 본성을 보는 것은 아니다.

특정한 수행법을 갈고 닦는 것을 통해 특정한 결과를 얻고자 한다면 그것은 인과법으로써 과보를 받는 것이고 윤회하는 법일 뿐이다. 이 공부는 비인비과(非因非果)다. 특정한 수행법이라는 원인을 통해 이루어지는 결과가 아니다. 이미 결과로써 있는데 또 다른 결과를 얻을 필요는 없지 않은가.

지금 여기에 100% 완전하게 드러나 있다. 그럼에도 특정한 수행법을 통해 열심히 갈고 닦아서 깨달음을 얻고자 하는 마음을 낸다면, 그것 자체가 유위법일 뿐이다. 이 공부는 무위법(無爲法)이다. 무언가를 열심히 행해서 얻을 수 있는 공부가 아니라, 이미 완전하게 주어져 있기에 아무것도 할 필요가 없는 공부다. 공부 아닌 공부다.

불교 경전을 공부하는 이유는 바른 선지식을 알아볼 수 있는 안목을 갖추기 위함이다. 이 공부를 통해 다만 바른 선지식을 만나고, 그

선지식을 자주 찾아뵙고 법문을 들으라. 그것이 이 공부의 전부다.

깨달음을 얻은 이에게 제자들이 묻는다.

"스승님은 어떻게 깨달음을 얻으셨습니까?"

스승은 답한다.

"나는 아무것도 하지 않았다. 내가 한 것이라고는 스승님을 믿고, 스승님의 곁에 있었을 뿐이다."

이것이 바로 모든 깨달은 이들이 종종 말하는 방식이다. 서둘러 선지식을 찾으라. 죽고 사는 일이 크니 헛되이 시간을 보내지 말라.

(2) 무심론(無心論)

⊙ 마음은 없다

제자가 화상에게 묻는다.

"마음은 있습니까? 없습니까?"

답한다.

"마음은 없다."

"나에게 마음은 없으나, 볼 수도 있고, 들을 수도 있으며, 느낄 수도 있고, 알 수도 있다."

"스님께서 마음이 전혀 없다고 말씀하셨으니 그렇다면 죄도 없고 복도 없어야 할 것입니다. 그러나 어찌하여 중생들은 육도에 윤회하면서 삶과 죽음이 끊어지지 않는 것입니까?"

답한다.

"중생은 허망하게 헤매면서 마음 없는 가운데 헛되이 마음을 만들어 내고, 여러 가지 업을 지으며 헛되이 집착하여 있다고 여긴다. 그런 까닭에 육도윤회(六道輪廻)하며 삶과 죽음이 이어지는 것이다. 비유하면 사람이 어둠 속에서 나무 등걸을 보고 귀신으로 여기고, 새끼줄을 보고 뱀으로 여겨서 두려워하는 것과 같다. 중생의 허망한 집착이 이와 같아서 마음 없는 속에서 마음이 있다고 허망하게 집착하여 여러 가지 업을 지으니 육도에 윤회하지 않을 수 없는 것이다. 만약 중생이 대선지식의 가르침을 만나 선을 통해 마음 없음을 깨달으면 모든 업장(業障)이 전부 남김없이 소멸하고 생사윤회가 곧장 끊어진다."

"결단코 마음은 없다. 다만 중생이 마음이 있다고 헛되이 집착하기 때문에, 모든 번뇌와 보리, 생사와 열반이 있을 뿐이다. 만약 마음 없음을 깨닫는다면 번뇌와 보리(菩提 : 깨달음), 생사(生死)와 열반(涅槃)도 없다. 그런 까닭에 여래께서는 마음이 있는 자에게만 생사가 있을 뿐이라고 말씀하신 것이다."

"보리와 열반을 얻을 수 없다면, 과거의 모든 부처님들이 전부 보리를 얻은 것은 어떻게 말할 수 있습니까?"

답한다.

"다만 세속제(世俗諦 : 세간의 진리)의 문자로써 말하는 것일 뿐, 진제(眞諦 : 출세간의 진리)에서는 진실로 얻을 것이 없다. 『유마경』에서도 '보리는 몸으로도 얻을 수 없고, 마음으로도 얻을 수 없다'고 했고, 『금강경』에서는 '얻을 수 있는 조그마한 법도 없다'고 했다. 모든 부처님은 다만 얻을 수 없는 것을 얻었다. 마음이 있으면 모든 것이 있고, 마음이 없으면 아무것도 없음을 알라."

"만약 스님 말씀처럼 마음이 전혀 없다면 나무나 돌과 같은 것이 아닌지요?"

"나의 마음 없는 이 마음은 나무와 돌과는 같지 않다. 왜 그런가 하면, 비유하면 마치 하늘북(天鼓)과 같아서 비록 마음은 없으나 저절로 여러 가지 묘한 법을 내어 중생들을 교화한다. 또 여의주(如意珠)와 같아서 비록 마음은 없으나 저절로 여러 가지 변화된 모습을 잘 드러낸다. 이처럼 비록 마음은 없으나 모든 법의 실상(實相)을 잘 깨닫고 참된 반야(般若 : 지혜)를 갖추어 삼신(三身)이 자재하게 반응하고 작용함에 거리낌이 없다."

"이제 마음속에서 어떤 수행을 할까요?"

"다만 모든 일 위에서 마음 없음을 깨달으면 될 뿐, 다시 다른 수행은 필요 없다."

불교에서 '마음'은 2가지 의미로 쓰인다. 첫째는 중생심(衆生心)으로써 분별(分別)하는 마음이며, 둘째는 진여심(眞如心)으로써 부처님 마음, 무분별(無分別)의 마음이다.

우리가 일반적으로 '마음'이라고 부르는 것이 바로 첫 번째의 중생심이다. 그런데 이 마음의 특징은, 그것을 분별심(分別心)이라고 부르는 것처럼, 대상을 비교하고 나누어서 파악하는 마음이다.

예를 들어, 내 키가 큰지 작은지를 우리는 마음으로 파악한다. 그런데 그 마음은 분별심이기 때문에, 누군가와 비교를 통해서 큰지 작은지를 판단한다. 비교하지 않으면 큰지 작은지를 알 수 없다. 가난과 부자도 마찬가지다. 남들과 비교를 통해서만 부자인지 가난한지를 알 수 있다.

그런데 이러한 중생심은 비교를 통해 대상을 파악하여 아는 마음이기 때문에, 있는 그대로의 진실이라고 할 수 없다. 내 키가 큰지 작은지, 부자인지 가난한지는 나에게 그렇게 파악된 마음일 뿐, 그것이 있는 그대로의 진실인 것은 아니다. 가난하다고 여겼지만, 나보다 더 가난한 사람도 풍요롭다고 여기며 잘 살 수도 있지 않은가?

바로 이러한 중생심의 비교 분별하는 특징으로 인해 우리 마음속에서는 끊임없이 다른 것들과 비교함으로써 온갖 거짓 정보를 만들어낸다. 옳은지 그른지, 큰지 작은지, 좋은지 나쁜지, 아름다운지 추한지, 부자인지 가난한지 등 온갖 대상들을 둘로 나누어 놓고 비교 분별하여 어느 하나를 선택한 뒤, 그것이 옳다고 여기며 거기에 집착하는 것이다.

한 사람을 보고 그 사람과 대화를 나누어 본 뒤에 그 사람을 내 식대로 분별하여 판단한다. 그 사람은 키도 작고, 못생겼고, 능력도 없고, 학벌도 나쁘고, 성격도 별로고, 가난하다고 판단한 뒤에 그것을 내 의식은 진짜라고 믿는다. 그리고는 그 분별심에 집착한다. 내 딸이 그 사람과 결혼하겠다고 하면 재빨리 내 분별심은 그것에 대해 잘못된 판단이라고 결론짓고는 결사반대를 한다. 그럼에도 결혼을 하겠노라고 하면 괴로워한다. 그런데 막상 결혼을 해서 보니 잘 살고, 사람도 훌륭하고, 참 괜찮은 사람이었구나 하고 깨닫게 될 수도 있다.

결혼을 반대하며 괴로워했을 때 그 괴로움은 어디에서 온 것일까? 상대방의 나쁜 성격과 외모 등에서 온 것이라고 여기겠지만 그것은 어디까지나 나의 생각, 분별심에서 온 것이다. 그 분별심을 옳다고 집착하고 고집한데서 생겨난 것일 뿐이다.

간단한 비유이지만, 이와 같은 방식으로 우리는 중생심, 비교 분별심을 가지고 이 세상의 모든 대상을 전부 다 판단하고 분별한다. 좋은지 나쁜지, 옳은지 그른지, 아름다운지 추한지를 순식간에 판단한다. 그리고 그것이 옳다고 고집하고 집착함으로써 온갖 괴로움을 만들어낸다.

이것이 바로 괴로움이 생겨나는 이유다. 무명(無明), 즉 어리석음 때문에 식(識 : 의식=분별)이라는 분별심이 생겨나고, 대상을 자기 분별심대로 비교해서 파악한 뒤에 그것에 대해 애착하고 집착하고, 그 집착을 행동에 옮김으로써 업을 짓고 괴로움을 만들어낸다. 이것이 바로 무명과 식(識), 애(愛), 취(取), 유(有), 생(生), 노사(老死) 등으로 이어지는 십이연기(十二緣起)의 대략적인 과정이다.

결론적으로, 비교 분별하는 중생심으로 인해 중생들은 괴로움에 허덕인다. 그 괴로움이 내 분별심이 만들어낸 허망한 착각임을 모르고 진실이라고 믿기 때문에, 그 분별심으로 인해 만들어진 괴로움도 진짜라고 믿는다. 이 모든 괴로움이 나를 괴롭히는 실체적인 것이라고 믿음으로써, 삶은 괴롭다.

세상을 있는 그대로 보는 것(正見)이 아니라, 내 중생심, 분별심이라는 의식의 필터를 통해서 왜곡되게 바라보기 때문에 세상은 온통 괴로운 곳으로 왜곡되게 보인다.

선(禪)은 바로 그러한 허망한 중생심, 즉 분별심인 식(識)을 통해 세상을 보던 습관을 버리고, 있는 그대로의 대상을 있는 그대로 곧장 바로 보게 만든다. 비교 분별없이, 왜곡 없이, 집착 없이 있는 그대로의 진실을 그저 있는 그대로 통찰하게 되면, 집착도 괴로움도 설 자리를 잃는다.

분별심이라는 필터를 통해 세상을 보지 않고, 아무런 필터 없이 텅 빈 시선으로 있는 그대로 바라보게 될 때, 본래 드러나 있던 있는 그대로의 진실, 진리가 드러난다.

사실 세상은 있는 그대로 완전하다. 아무런 문제도 없다. 있는 그대로 보면 아무런 문제도 없지만, 중생들이 분별심이라는 필터를 통해 바라보기 때문에 온갖 문제가 생겨났던 것일 뿐이다.

그래서 『법화경(法華經)』에서는 있는 그대로의 완전한 모습을 '제법실상(諸法實相)'이라고 표현했고, 승조스님은 '촉사이진(觸事而眞)', 즉 부딪치는 것이 모두 참이라고 했으며, 석두스님은 '촉목회도(觸目會道)'라 하여, 눈에 보이는 대로 도를 만난다고 했다.

또한 도오스님은 '촉목보리(觸目菩提)'라 하여 눈에 보이는 모든 것이 깨달음이라고 했으며, 경봉스님은 '목격도존(目擊道存)'이라 하여 눈앞에 도가 있다고 했다. 마조스님은 이를 '입처즉진(入處卽眞)'으로, 임제스님은 '수처작주 입처개진(隨處作主 立處皆眞)'이라고 함으로써 우리가 서 있는 바로 그 자리에 참된 진실, 진리는 있다고 했다.

이처럼 진리는 이미 눈앞에 완전하게 드러나 있다. 드러나 있지만 분별심이라는 중생심 때문에 보지 못할 뿐이다. 우리가 괴롭고 어리석은 중생인 이유는 바로 여기에 있다. 있는 그대로 완전하게 드러나 있는 진실을 보지 못하고 자기 생각 속에 빠져, 자기 식대로 해석한 분별의 허망한 세계만을 보며, 그것이 진짜라고 믿고 있는 것이다.

선(禪)에서는 이처럼 있는 그대로 드러나 있는 완전한 제법실상의 세계를 마음, 법(法), 자성(自性), 본성(本性), 실상(實相), 본래면목(本來面目), 불성(佛性), 진여(眞如), 무분별심(無分別心), 해탈(解脫), 열반(涅槃) 등으로 다양하게 부른다.

그러나 이런 이름들은 그저 편의상 붙인 하나의 이름일 뿐이며, 그저 방편으로 붙인 말일 뿐, 이 말속에 참된 진실이 있는 것은 아니다. 사실 이 진리의 자리는 무엇이라고 이름 붙일 수도 없다.

이름을 붙이려면 그 이름에 해당하는 어떤 '것'이 있어야 하는데, 이 진리는 대상이 아니다. 그 어떤 대상도 아닌, 말로 표현하자면 이 온 우주의 바탕, 배경과도 같은 말로 붙일 수 없는 자리인 것이다.

어떤 '것'이 아니다보니, 무엇이라고 이름 붙이는 것도 사실상 맞지 않는다. 그저 방편일 뿐.

그래서 선에서는 이 참된 진실의 자리를 그저 '이것'이라고 부르곤 한다. 또한 이 자리는 중생심이 아니기 때문에 여래심(如來心), 진여심(眞如心)이라고 이름 붙이기도 한다. 그리고 더 줄여서 '마음' 혹은 '법'이라고 부르기도 한다.

선에서는 '마음'이라는 말을 가장 많이 쓴다. 선에서 '마음'이라고 하면 그것은 중생심이거나 여래심을 말하는데, 문맥에 따라 중생심을 말하는지 여래심을 말하는지를 잘 새겨야 한다.

달마는 '마음은 없다'고 했다. 여기에서 '마음'은 물론 진여심, 여래심, 본래면목, 자성으로써의 마음이다.

이 여래심이라는 마음은 있는 것일까? 없는 것일까? 있다거나 없다고 하려면 있거나 없는 대상이 있어야 한다. 그러나 이 마음, 본성은 있거나 없는 대상이 아니라고 했다. 그 모든 것이 일어나고 사라지는 배경 같은 것일 뿐, 어떤 특정한 대상은 아니다.

달마는 '결단코 마음은 없다. 다만 중생이 마음이 있다고 헛되이 집착하기 때문에, 모든 번뇌와 보리, 생사와 열반이 있을 뿐이다'라고 했다.

중생이 분별심을 일으키면 그 중생의 분별심과 상대적으로 여래의 무분별심도 함께 분별되어 생겨난다. 즉, 분별심이 있으면 무분별심도 있다고 생각되는 것이다. 이처럼 둘로 쪼개서 분별하여 인식하는 것이 우리 중생심의 특징이기 때문이다.

그러나 분별심이 중생의 허망한 착각이기 때문에, 그 허망한 착각만 사라지면 될 뿐, 허망한 착각이 사라진 뒤에 또 다른 착각 없는 진여심이 다시 생겨나는 것은 아니다. 다만 이름만 무분별심(無分別心), 진여심이라고 붙여놓았을 뿐이지, 그런 진여심에 해당되는 무언가가 따로 있는 것은 아니다. 그러므로 '마음은 없다'고 한 것이다.

여래심, 진여심, 불성, 자성, 본성, 마음이라는 어떤 것이 따로 실체적으로 있다고 여겨서는 안 된다. 그런 것은 없다. 중생들이 허망한 분별심을 일으키니까 그것과 상대적으로 무분별심, 진여심이라는 것을 방편으로 설했을 뿐이지, 그 진여심, 마음이라는 것에 해당하는 어떤 실체적 대상은 없다.

다시 말하면, 중생이 중생심으로 인해 괴로워하기 때문에, 그 중생의 괴로움이 소멸된 상태를 '열반', '부처', '마음'이라고 이름한 것일 뿐이다. 중생이 있기에 부처도 있고, 생사가 있기에 열반도 생겨난 것일 뿐이다. 그래서 수많은 경전에서는 '부처도 열반도 진리도 없다'고 설했다. 중생심이 없으면 진여심도 없다. 어리석은 중생이 없으면 지혜로운 부처도 없다.

중생이 스스로 자신의 괴로운 현실을 만들어 놓고는 그 괴로운 현실에서 벗어나야 한다고 또 다른 열반과 해탈이라는 목표를 세워 놓았을 뿐이다. 그러나 중생의 헛된 망상이 없으면, 분별심이 없으면, 그저 아무 일이 없다. 중생의 분별심이라는 병이 없으면 그저 건강하게 아무 일 없이 살아갈 뿐이다. 중생이 부처라는 특정한 상태로 옮겨가는 것이 아니다. 중생의 병이 곧 중생심이고 병이 없는 것을 이름하여 부처, 열반이라고 했을 뿐이다. 열반, 해탈이라는 또 다른 세계가 있는 것은 아니다.

불교의 핵심은 사성제(四聖諦)다. 즉 인간의 괴로움과 괴로움의 해결이야말로 불교의 주제다. 인간의 괴로움을 없애는 것이 불교다. 괴로움의 원인이 분별심에 있기 때문에 분별심을 소멸시키면 그저 괴로움이 사라지는 것일 뿐, 또 다른 괴로움이 없는 행복한 세계가 따로 생겨나는 것이 아니다. 괴로움의 세계에서 저 괴로움이 없는 세계로 이동하는 것이 아니다. 그저 괴로움이라는 병이 있다가 병이 사라졌을 뿐이다.

그러니 병이 없는 건강한 상태를 이름하여 해탈, 열반이라고 했을 뿐이지, 그런 특정한 건강한 세계가 따로 있는 것이 아니다. 그래서 열반은 이름이 열반일 뿐, 열반이라는 대상이 따로 존재하는 것이 아니다. 그러니 당연히 진여심, 불심, 부처님의 마음도 없다. 『반야심경』에서는 이를 '무지 역무득(無智 亦無得)'이라고 하여, 지혜도 없고 깨달음, 불성, 마음을 얻을 것도 없음을 설하고 있다.

이를 선에서는 본래무일물(本來無一物)이라고도 하고, 무심(無心)이라고도 하며, 무아(無我), 공(空)이라고 한다.

깨닫고 보면 부처도 없고 중생도 없다. 중생의 마음도 없고, 부처의 마음도 없다. 그 어떤 마음도 없다. 무심(無心)이다. 깨닫는다는 것은 바로 이 무심을 깨닫는 것이다. 깨닫고 나면 비로소 '참마음'이 드러나는 것이 아니다. 마음이 사라지는 것일 뿐. 그 어떤 티끌조차 붙을 자리 없이 텅 비어 공할 뿐. 거기에는 부처도 붙을 자리가 없다. 아무 일이 없다.

확연무성(廓然無聖), 거기에는 성스러운 것조차 붙을 자리가 없다.

(3) 오성론(悟性論)

⊙ 탐진치 삼독이 곧 불성

비춤을 돌이켜 또렷이 볼 수 있다면, 탐내고 성내고 어리석음의 본성이 곧 불성이고, 탐내고 성내고 어리석음밖에 다시 다른 불성은 없다.

탐내고 성내고 어리석은 탐진치 삼독(貪瞋癡 三毒)의 본성(本性)이 곧 불성(佛性)이다. 번뇌즉보리(煩惱卽菩提), 번뇌가 있는 곳에 곧 깨달음이 있다. 색즉시공(色卽是空), 색이 있는 곳에 곧 공이 있다.

그러므로 삼독심을 버리려고 애쓸 필요는 없다. 삼독심의 본체가 무엇인지에 관심을 가지기만 하라. 삼독심과 싸워 이기려고 하면 한도 끝도 없이 분쟁만 더해 간다. 삼독심 또한 내 마음이기 때문에 내가 나를 이길 수가 없다. 싸우면 싸울수록 지치기만 할 뿐!

탐진치 삼독은 바로 우리 중생들이 늘 일으키고 사용하는 마음이다. 중생들의 번뇌로 오염된 마음이 곧 탐진치 삼독이다. 중생들은 이 삼독을 없애버려야지만 깨달음을 얻어 부처가 된다고 믿기 때문에, 너도나도 탐진치 삼독을 끊기 위해 애쓴다.

탐진치 삼독이 없어져야지만 비로소 깨끗하고 청정한 해탈, 열반이라는 새롭고 놀라운 본성, 불성, 깨달음의 세계가 비로소 건립될 수 있을 것이라고 여긴다.

그러나 전혀 그렇지 않다. 탐진치 삼독심을 없애야지만 불성이 드러나는 것이 아니다. 탐진치 삼독이라는 번뇌가 곧 깨달음이며 불성이다. 삼독을 버리고 불성으로 가는 것이 아니다.

바다와 파도의 비유가 이 공부에 적절하게 많이 쓰인다. 우리가 늘 쓰고 있는 이 탐진치 삼독의 마음은 곧 파도이고, 불성과 본성은 바다와 같다. 바다 위에서 끊임없이 파도가 치지만, 그 파도는 똑같이 바다다. 파도를 없애야지만 바다가 되는 것이 아니라, 파도 그대로가 바다다.

마찬가지로 번뇌를 없애야지만 깨달음이 생기는 것이 아니라, 번뇌의 본성이 곧 깨달음이다. 번뇌 또한 본성의 바다 위에서 생겨났다가 사라지는 것일 뿐이다.

생사법이라는 일체 모든 생겨났다가 사라지는 모든 존재는 전부 이처럼 본성의 바다, 자성의 바다 위에서 생겨났다가 사라지는 허망한 파도와도 같다.

그러니 파도를 없앨 필요가 없다. 파도가 곧 바다임을 확인하기만 하면 된다. 그것이 바로 깨달음이고, 견성(見性)이다.

◉ 몸과 마음이 선원(禪院)이다

오온이 사는 집을 일러 선원(禪院)이라고 한다.

불교에서는 오취온(五取蘊), 오온(五蘊)이라고 하여 나를 5가지로 나눈다. 육신을 색온(色蘊)이라고 하고, 정신을 수상행식(受想行識) 4가지로 나눈다. 수는 느낌, 상은 생각, 행은 의지, 식은 의식이다.

이 오온이 바로 선원이요, 절이며, 도량이다. 내가 바로 도량이요, 절이라는 말이다. 절이 따로 있는 것이 아니라, 내가 바로 절이니, 내 마음이 바르면 그 절에서 바른 수행자가 탄생한다.

억지로 절을 찾아가고, 부처님 성지를 찾아가고, 저 먼 곳까지 영험 있는 절을 찾아가지 않더라도, 내가 있는 이곳이, 내가 바로 절이고 도량이며 선원이다.

나라는 오온의 존재는 생겨나고 사라지는 생멸법이다. 파도와 같다. 그러나 나의 근원은 태어나고 사라지지도 않는 불생불멸법이며 바다와 같다. 그러니 오온이라는 나의 존재와 현상계가 그대로 불성이며 자성이다.

그러니 이 오온이라는 '나'를 버리고 또다시 새로운 '나'를 찾으려 애쓸 것이 없다. 오온이 곧 도량이고 선원이다. 나라는 존재, 세상이라는 이곳이 곧 우리의 수행 현장이고, 마음공부를 해 마칠 자리다.

나를 버리고 또 다른 나를 찾는 것이 아니라, 내가 곧 부처임을 확인하기만 하면 된다.

⊛ 참된 좌선이란

모든 움직임과 고요함을 벗어난 것을 일러 큰 좌선이라 한다.

사람들은 단정히 앉아서 고요한 마음을 유지하는 것을 좌선이라고 여긴다. 고요하면 좌선이고, 움직이면 좌선이 아니라고 생각한다. 그러나 큰 좌선은 앉아서 움직이지 않는 것이 아니다.

참된 좌선은 움직일 때에도 움직이지 않으며, 움직임과 고요함이라는 두 분별을 벗어난 것이다. 앉아 있어야지만 좌선이 아니라, 행주좌와 어묵동정(行住坐臥 語默動靜) 간에 마음껏 움직이면서도 그 본성을 확인하고 있다면, 움직여도 움직인 것이 아니다.

마치 아무리 파도가 치더라도 그 파도는 거세게 파도치는 순간에
도 바다 아님이 없듯, 본성을 깨닫고 나면 끊임없이 움직이고 삶을 살
아가는 그 모든 순간이 그대로 부처 아님이 없다. 겉모습으로는 파도
가 칠지라도, 겉모습에는 중생의 모습으로 살아갈지라도 본바탕은 바
다이며, 부처라는 사실에 눈뜬 것이다.

참된 좌선은 몸으로 꼼짝 없이 앉아서 움직이지 않는 것이 아니라,
움직이면서도 움직임이 없는 것이다. 움직일 때와 움직이지 않고 고
요할 때가 둘이 아니어서, 움직이면서 움직임이 없고, 움직이지 않으
면서도 마음껏 움직이는 것이야말로 큰 좌선이다.

☉ 경계에 물들지 말라

눈으로 색깔을 볼 때는 색깔에 물들지 않고, 귀로 소리를 들을 때는
소리에 물들지 않으면 그대로 해탈이다. 눈이 색깔에 둘러붙지 않으면
눈이 선문(禪門)이고, 귀가 소리에 들러붙지 않으면 귀가 선문이다.

육경(六境)은 눈귀코혀몸뜻의 대상인 색성향미촉법(色聲香味觸法)
이다. 육경이라는 여섯 가지 대상경계에 물들지 않는 것은 곧 법을 보
호하는 것이다. 바깥 경계에 집착이 생기면 곧장 법과는 어긋난다.

눈으로 색깔을 보되 색에 물들지 않고, 귀로 소리를 듣되 소리에
얽매이지 않으면 그대로가 해탈이다. 육근이 육경을 만나 접촉할 때
그 대상에 사로잡히지 않고, 집착하지 않고, 물들지 않는다면 눈귀코
혀몸뜻이 곧 선문(禪門)이 된다.

머리를 깎고 승복을 입는 것이 출가가 아니라, 생사에서 벗어나야 진정한 출가다. 참된 출가는 집에서 벗어나는 것이 아니라, 이 세간을 벗어나는 것이다. 세속에 있으면서 세간을 벗어나 출세간이 이르면 그것이 참된 출가다.

도를 깨달으면 그 어떤 것도 따로 있지 않다. 어떤 한 법도 내세울 것이 없다. 다음 생이랄 것도 없다. 나라는 존재가 없는데, 그 존재의 윤회가 있겠는가. 한 법도 생겨나지 않고, 사라지지도 않는 것이 참된 득도(得道)다.

열반은 망상이 다 일어나면서도 그 망상에 전혀 휩쓸리지 않고, 물들지 않기에, 망상 속에서 망상을 벗어나는 것이다. 망상이 아예 일어나지 않는 것이 아니라, 망상이 일어남에도 불구하고 망상이 일어난 바가 없는 것이 참된 열반이다.

☺ 마음에서 생겨난 우주

탐욕은 욕계(欲界), 성냄은 색계(色界), 어리석음은 무색계(無色界)가 된다. 만약 한순간 마음이 일어나면 삼계(三界)에 들어가고, 한순간 마음이 사라지면 삼계에서 벗어난다. 삼계가 생겨나고 사라짐과, 만법(萬法)이 있고 없음은 모두 하나의 마음에서 말미암음을 알아야 한다.

탐진치(貪瞋癡) 삼독(三毒)이 있으면 중생이고, 세간(世間)이다. 탐진치 삼독이 없으면 부처이고 출세간(出世間)이다. 그러니 탐욕과 성냄과 어리석음이 곧 욕계, 색계, 무색계의 중생세간이다.

한순간 생각이 올라와 탐진치 삼독에 오염되면 곧장 삼계로 들어가고, 중생계로 들어간다. 한순간 분별망상과 탐진치 삼독이 사라지면 곧장 삼계에서 벗어난다.

삼계란 실체적인 욕계, 색계, 무색계라는 이 우주가 아니라, 하나의 마음에서 말미암은 허망한 세계다. 한 생각이 일어날 때 온 우주 삼계가 생겨나고, 한 생각이 소멸될 때 우주가 사라진다.

당신이 여기에 있다면 곧 삼계도 생겨나지만, 당신이 사라질 때 우주도 함께 사라진다.

⊛ 유무중도(有無中道)

있는 것도 아니고 없는 것도 아닌 마음을 일러 중도(中道)라고 한다.

있음은 없음에 상대하여 있고, 없음은 있음에 상대하여 없으니, 이것을 일러 참되이 본다고 한다. 참으로 보는 것이란 보지 않는 것도 없고 보는 것도 없으며, 온 우주를 다 보면서도 아무 것도 본 적이 없는 것이다.

마음은 있을까 없을까? 있다고 하지만 우리의 의식으로 파악할 수 있는 어떤 모양이 있는 대상이 아니니 있다고 할 수는 없다. 그렇다고 없다고 하려니, 분명히 보고 듣고 느끼고 아는 이놈이 이렇게 생생하게 살아 있다.

그래서 마음, 불성, 자성, 법은 있다고 해도 맞지 않고 없다고 해도 맞지 않는다. 어쩔 수 없이 중도로써만 밝힐 수 있다. 중도적 관점에서 마음은 있는 것도 아니고, 없는 것도 아니다.

있음은 없음을 상대로 할 때만 있을 수 있다. 없음은 또한 있음을 상대로 하여 없으니, 이렇게 보는 것이 연기법으로 보는 것이며, 이것이 참되게 보는 것이다. 세상 모든 것은 이처럼 서로 상대해서, 연기적으로 있는 것일 뿐, 실체적으로 있는 것이 아니다.

그러니 참되게 보는 것은 보되 본 바가 없고, 보지 않으면서도 보는 것이다. 온 우주를 다 보더라도 한 법도 본 바가 없다. 마치 지난밤 꿈을 분명히 보기는 보았지만, 그것은 꿈일 뿐이니 진짜로 본 것이 아니듯, 이 세상 또한 꿈과 같고 환영과 같아 마찬가지다.

🞉 죄는 없다

어리석을 때는 죄가 있지만, 깨달을 때는 죄가 없다. 죄의 자성이 공하기 때문이다. 어리석을 때는 죄가 없는데도 죄를 보고, 깨달을 때는 죄가 있어도 죄가 없다. 죄에는 처소(處所)가 없기 때문이다. 그래서 경전에서는 '모든 법에는 자성(自性)이 없다'고 했다.

죄의 본성은 공(空)하다. 공하니 있는 것이 아니다. 그러나 없는 것도 아니다. 분명히 어리석은 중생들에게는 죄도 있고 죄의 과보도 있다. 어리석은 이들은 죄가 없는데도 죄를 보고 죄의식을 느낀다. 죄가 공하다는 사실은, 죄가 실체가 없다는 말이다. 선과 악도 실체가 없다.

내가 악행을 하고 죄를 지었다고 하더라도, 그 행위가 악행인지 선행인지를 누가 판단할 것인가? 판단했다면 그것은 인간의 의식일 뿐이고, 분별망상일 뿐이다. 판단하지 않는다면 더 이상 죄는 없다. 거기에는 선도 없고 악도 없다. 분별이 없을 때는 죄가 없다. 이처럼 모든 법에는 자성이 없다. 그것 자체로써의 선악이라는 실체가 없다.

제 스스로 선악이라는 관념을 특정한 행위에 덧씌워 놓고는 제 스스로 그 행위를 하고 선을 행했다거나, 악을 행했다고 생각할 뿐이다. 어떤 나라에서는 선인 행위가, 다른 나라에서는 악일 수도 있지 않은가? 동일한 행위가 사랑하는 사람이 하면 사랑이지만, 싫어하는 사람이 하면 성추행이 되기도 한다. 그 행위 자체에는 선도 없고 악도 없다. 죄 또한 없다.

죄를 만들어낸 것은 선악이라는 분별심이니, 분별심에서 놓여날 때, 죄에서도 놓여나고, 일시에 온갖 죄가 사라진다. 분별에서 놓여나는 것이 곧 견성이니, 견성자에게, 깨달은 자에게 죄는 없다.

02

지공화상
誌公和尚
(418~514)

(1) 대승찬(大乘讚)

😊 큰 도는 눈앞에 있다

대도상재목전(大道常在目前)
큰 도는 항상 눈앞에 있으나
수재목전난도(雖在目前難覩)
눈앞에 있지만 보긴 어렵다.

불로분별취상(不勞分別取相)
애써 분별하여 모양을 취하지 않으면

자연득도수유(自然得道須臾)

잠깐 사이에 저절로 도를 얻는다.

렴용입정좌선(斂容入定坐禪)

용모를 단정히 하고 앉아 선정에 들어

섭경안심각관(攝境安心覺觀)

경계를 거둬들이고 마음을 안정시켜 관찰하지만

기관목인수도(機關木人修道)

나무로 만든 꼭두각시가 도를 닦는 것과 같으니

하시득달피안(何時得達彼岸)

언제 피안에 도달할 수가 있겠는가.

불해즉심즉불(不解卽心卽佛)

마음이 곧 부처임을 알지 못하면

진사기려멱려(眞似騎驢覓驢)

진실로 나귀를 타고서 나귀를 찾는 꼴이다.

일체부증불애(一切不憎不愛)

일체를 싫어하지 않고 좋아하지 않으면

차개번뇌수제(遮箇煩惱須除)

이 번뇌가 틀림없이 제거될 것이다.

대도불유행득(大道不由行得)

큰 도는 수행으로 말미암아 얻는 것이 아닌데

설행권위범우(說行權爲凡愚)

수행을 말하는 것은 방편으로 어리석은 범부를 위해서다.

단무일체희구(但無一切希求)

다만 아무것도 바라거나 구하지 않으면

번뇌자연소락(煩惱自然消落)

번뇌는 자연히 없어지리라.

약회피아이심(若懷彼我二心)

만약 너와 나라는 두 마음을 품으면

대면불견불면(對面不見佛面)

부처를 대면하고도 부처를 알아보지 못할 것이다.

세간기허치인(世間幾許癡人)

세간에는 얼마나 어리석은 사람이 많은가.

장도복욕구도(將道復欲求道)

도를 가지고 다시 도를 찾으려 하는구나.

큰 도는 항상 눈앞에 있지만, 보기는 어렵다. 애써 분별하여 분별된 상을 취하기 때문이다. 분별하는 마음만 사라지면 잠깐 사이에 저절로 도를 얻는다.

단정히 앉아 좌선 수행을 하며 선정삼매를 얻고, 경계를 없애려 하고, 마음을 관찰하지만, 이 모든 수행의 노력들은 유위(有爲)의 공부이니, 나무로 만든 꼭두각시가 도 닦는 것과 같아 피안에 도달하기 어렵다.

나귀 위에 올라타고 나귀를 찾으며, 눈을 가지고 눈을 찾으며, 머리를 달고서 머리를 찾고, 서울에서 서울을 찾는 꼴이니, 진리는 곧 나 자신에게 이미 구족되어 있다. 아니 내가 바로 진리 그 자체다.

큰 도는 항상 눈앞에 있다. 아니, 도를 찾는 그것이 바로 도다. 참나를 찾는 바로 그것이 참나다. 어디에서 도를 찾는가? 그 찾는 마음이 바로 부처다.

이 가까이에 있고, 이미 드러나 있고, 언제나 활용하여 쓰고 있는 이 마음, 법, 진리, 불성, 자성을 찾고자 한다면 어렵지 않다. 다만 일체 모든 것을 싫어하지 않고 좋아하지 않으면 된다.

참으로 큰 도는 수행으로 말미암아 얻는 것이 아니다. 수행을 말하는 이유는 방편으로 근기가 낮은 중생들에게 일시적인 도움을 주기 위해서다. 그러므로 모든 수행은 잠깐 쓰고 버려야 할 것이다. 마치 강을 건너고 나면 뗏목을 버려야 하는 것과 같다.

아무것도 구하거나 바라지만 않으면 번뇌는 자연히 사라진다. 추구하는 마음이 완전히 쉴 때 번뇌도 끝이 난다. 양쪽으로 움직이는 추를 멈추려면 어떤 노력을 해야 할까? 아니다. 아무런 노력을 할 필요가 없다. 그저 내버려 두면 된다. 아무것도 하지 않고, 바라지 않고, 그냥 두면 저절로 멈춘다.

이 법에는 너도 없고 나도 없다. 아상(我相)과 법상(法相)을 품고 있다면 결코 부처를 볼 수 없다. 내가 사라질 때, 아상과 아집(我執)에서 벗어나 무아(無我)가 될 때, 내가 깨닫겠노라는 생각 자체가 완전히 사라질 때 문득 나 없음이 곧 참나이었음이 밝혀진다. 내가 본래 이것이었으며, 내가 바로 도였음이 드러난다.

세간 사람들은 얼마나 어리석은가? 도를 가지고 있으면서 도를 찾는다. 도를 찾는 그것이 바로 도다. 도대체 무엇을 찾고자 하는가?

(2) 불이송(不二頌)

☯ 중생이 곧 부처

중생불해수도(衆生不解修道)
중생은 도를 닦을 줄 모르니,
변욕단제번뇌(便欲斷除煩惱)
곧 번뇌를 끊어 없애고자 한다.

번뇌본래공적(煩惱本來空寂)
번뇌는 본래 텅 비고 고요하니,
장도갱욕멱도(將道更欲覓道)
도를 가지고 다시 도를 찾으려 한다.

일념지심즉시(一念之心卽是)
한 생각 그 마음이 곧바로 이것인데,
하수별처심토(何須別處尋討)
무엇 때문에 다른 곳에서 찾는가?

대도효재목전(大道曉在目前)
큰 도는 눈앞에 밝게 드러나 있지만,
미도우인불료(迷倒愚人不了)
뒤집혀 헤매는 중생은 알지를 못하는 구나.

불성천진자연(佛性天眞自然)
불성은 타고난 그대로여서 자연스러우니,
역무인연수조(亦無因緣修造)

닦아서 만들 까닭이 없다.

우인탐착열반(愚人貪著涅槃)

어리석은 사람은 열반을 탐하고 집착하지만,

지자생사실제(智者生死實際)

지혜로운 사람에게는 생사(生死)가 곧 실상(實相)이다.

중생여불무수(衆生與佛無殊)

중생과 부처는 다름이 없으며,

대지불이어우(大智不異於愚)

큰 지혜는 어리석음과 다르지 않네.

하수향외구보(何須向外求寶)

어찌하여 밖에서 보물을 찾으려 하는가?

신전자유명주(身田自有明珠)

자신 속에 본래 밝은 보배구슬 있는데.

정도사도불이(正道邪道不二)

바른 길과 삿된 길은 둘이 아니고,

료지범성동도(了知凡聖同途)

범부와 성인이 같은 길을 감을 분명히 알아야 한다.

미오본무차별(迷悟本無差別)

미혹과 깨달음이 본래 차별이 없고,

열반생사일여(涅槃生死一如)

71

열반과 생사(生死)가 하나로써 같구나.

무유일법가득(無有一法可得)
얻을 수 있는 법(法)은 하나도 없으니,
소연자입무여(翛然自入無餘)
자재하게 저절로 무여열반(無餘涅槃)에 들어가네.

　도를 닦으려는 많은 이들은 번뇌가 도의 장애라고 하니, 번뇌를 끊어 없애려고만 한다. 그러나 번뇌는 끊으려고 애쓴다고 끊어지지 않는다. 오히려 번뇌를 끊어 없애려는 의도가 바로 번뇌이기 때문에 더욱더 번뇌는 치성할 뿐이다. 끝나지 않는 번뇌와의 전쟁에 공연히 힘쓸 필요가 없다.

　그냥 번뇌를 내버려 두라. 번뇌가 올라올 때, 생각이 올라올 때 그것을 없애려고 애쓰지 말고, 그것이 올라오도록 허용해 주라. 그것은 아무 잘못이 없다. 인연 따라 그저 올라올 뿐. 그냥 내버려 두되, 번뇌를 따라가거나, 번뇌에 끌려가지만 말라. 번뇌를 취하지도 말고, 버리지도 말라. 그냥 올 때 오도록, 갈 때 가도록 내버려 두라. 그저 가만히 지켜보기만 하라.

　바로 그때 번뇌의 근원, 번뇌의 뿌리를 확인하게 된다. 번뇌는 실체가 아니며, 나를 해치거나 괴롭힐 아무런 힘도 없음을 알게 된다. 그저 아무 의미 없이 올라왔다가 사라지는 것이 전부다. 문제는 거기에 내가 공연히 의미를 부여하고, 붙잡고 늘어지면서, 좋다거니 싫다거니 하고는 취사선택한 것이 문제였을 뿐이다.

올라오는 번뇌를 대상으로 아무것도 하지 말라. 그때 번뇌가 본래 텅 비고 고요하다는 진실과 마주하게 된다. 번뇌는 아무 문제가 없었던 것이다. 번뇌가 본래 없음을 깨닫게 되면, 저절로 번뇌는 사라진다. 완전히 없어지는 것이 아니라, 올라오더라도 더 이상 문제가 되지 않는다. 번뇌의 진실과 마주할 때 도가 드러난다.

번뇌와 싸워 이겨야지 도가 나타날 줄 알았는데, 번뇌를 허용해 주었는데 도리어 도가 드러난다. 도는 본래 있던 것이기 때문이다. 본래 있던 도를 보지 않고, 곁에서 잠깐 올라왔다 사라지는 아지랑이 같은 번뇌를 보고 주목하고 집착하고 의미부여를 했기 때문에 도와 함께 있던 번뇌만이 보였던 것이다.

본래 우리는 도를 가지고 있었다. 도를 가지고서 도를 찾아온 것이다.

한 생각이 올라온다. 바로 그것이 곧바로 도다. 파도가 곧바로 바다인 것과 같다.

도대체 어디에서 그 생각이 올라왔을까? 그 생각의 출처가 어디인가? 그 생각은 어디에서 생겨났고, 또 어디로 돌아가는가? 색즉시공(色卽是空), 생각이 올라온 바로 그 자리에 자성, 불성, 깨달음, 마음, 도가 있다.

큰 도는 눈앞에 밝게 드러나 있지만, 중생이 스스로 알지 못할 뿐이다. 불성은 본래 타고난 천진한 자연 그대로의 본래의 성품이니, 이미 있는 것이어서, 다시 닦아서 만들 필요가 없다.

어리석은 사람은 열반을 얻고자 노력하고 애쓰고 집착하지만, 지혜로운 사람은 생사(生死)가 곧 실상(實相)이요, 지금 이대로의 삶 그대로가 완전한 실상이다. 한 생각 올라오는 것도 실상이고, 숨을 쉬는 것도 실상이며, 길을 걷고, 밥을 먹고, 일을 하고, 친구들과 어울리는 이 일거수일투족 모두가 그대로 실상 아님이 없다.

중생이 곧 부처요, 어리석음이 곧 지혜다. 파도가 곧 바다다. 그 둘은 전혀 둘이 아니다.

어찌하여 밖에서 보물을 찾고자 하는가? 자기 안에 본래 자성이라는 밝은 보배구슬이 있다.

바른 길과 삿된 길은 둘이 아니다. 번뇌와 보리가 둘이 아니다. 범부와 성인은 둘이 아니다. 그 모든 양극단이 곧 하나의 부처다. 일불승(一佛乘)이며, 불이법(不二法)이다. 미혹과 깨달음이 하나이고, 생사와 열반이 둘이 아니다.

이 우주 삼라만상의 일체 모든 존재와 존재가 벌이는 한바탕 꿈판이 전부 낱낱이 법 아닌 것이 없고, 실상 아님이 없다. 그러나 그 법은 얻고 잃을 것이 없다. 본래부터 늘 있는 것이다. 그러니 따로 얻고자 할 것도 없고, 얻을 수 있는 법도 없다.

삶은 지금 이대로 자재하여 저절로 무여열반(無餘涅槃)일 뿐이다. 중생의 생각에서만 환영의 괴로움이 펼쳐질 뿐, 그 괴로움의 본체를 보면, 텅 비어 공하고, 모든 것은 문제 그대로 아무런 문제가 아니었음이 드러난다. 본래 자재한 무여열반이었음이 확인된다.

😊 빵과 밀가루의 비유

일체무비불사(一切無非佛事)
모든 것은 부처님의 일(佛事) 아님이 없는데,
하수섭념좌선(何須攝念坐禪)
어찌 생각을 거두어 좌선(坐禪)해야 하겠는가?

성문염훤구정(聲聞厭諠求靜)
성문은 시끄러움을 싫어하고 고요함을 구하니,
유여기맥구병(猶如棄麪求餠)
마치 밀가루를 버리고 빵을 구하는 것과 같다.

병즉종래시맥(餠卽從來是麪)
빵은 본래 밀가루인데,
조작수인백변(造作隨人百變)
조작하면 사람에 따라 백 가지로 달라진다.

번뇌즉시보리(煩惱卽是菩提)
번뇌가 곧 보리이며,
무심즉시무경(無心卽是無境)
마음이 없으면 바로 경계도 없다.

생사불이열반(生死不異涅槃)
생사는 열반과 다르지 않고,
탐진여염여영(貪瞋如焰如影)

탐냄과 성냄은 불꽃같고 그림자 같다.

법신자재무방(法身自在無方)
진리의 몸은 자재하여 정해진 곳이 없으니,
촉목무비정각(觸目無非正覺)
눈에 보이는 것마다 바른 깨달음 아닌 것이 없다.

무위대도자연(無爲大道自然)
할 일 없는 대도(大道)는 스스로 그러하니,
불용장심획도(不用將心畫度)
마음을 가지고 나누고 헤아릴 필요가 없다.

지자지심시불(智者知心是佛)
지혜로운 사람은 마음이 바로 부처임을 알지만,
우인요왕서방(愚人樂往西方)
어리석은 사람은 서방정토에 가기를 좋아한다.

불해문중취의(不解文中取義)
문자의 속을 알지 못하고 뜻을 취한다면,
하시득회진상(何時得會眞常)
어느 때에 참되고 영원한 진리를 알 수 있겠는가?

일체 모든 것이 부처님 일 아님이 없다. 삶 자체가 하나의 불사(佛事)다. 지금 이대로 모든 것이 다 부처님 일인데, 어찌 또다시 좌선을 해야 하겠는가? 좌선이나 기도나 수행이나 염불을 하지 않더라도 지금 이대로 부처요, 불사다.

밀가루와 빵의 비유가 나오는데, 이것은 곧 자성과 삼라만상을 비유한 것이다. 밀가루와 빵의 비유는 곧 바다와 파도의 비유와 비슷하다. 즉 부처와 중생을 비유한 것이다.

밀가루는 부처, 불성, 자성, 본래면목, 본체라는 바탕을 비유하고, 빵은 그 밀가루라는 기본 재료로 만들어낼 수 있는 수많은 삼라만상, 일체만유, 모든 존재와 중생들의 삶을 비유한다.

밀가루라는 기본 재료만 있으면 빵은 이루 셀 수 없이 수많은 종류의 빵을 구워낼 수 있다. 그러나 그 수많은 빵이 전부 다 결국에는 하나의 밀가루일 뿐이듯, 일체 삼라만상의 존재들과 수많은 중생들이 겉모습은 전부 다 다를지라도, 근원에서는 하나의 부처이고, 하나의 불성이며, 본래면목이고, 자성이다.

이 온 우주에 피어있는 삼라만상의 모든 존재들이 그 근원은 전부 하나의 자성, 불성, 밀가루, 바다다. 그런데 사람들은 그 본체, 원재료는 보지 않고 만들어진 빵에만 관심을 가진다. 본래면목은 보지 않은 채 너와 나, 수많은 분별된 대상과 삼라만상에만 관심을 가진다.

그렇게 만들어진 수많은 빵을 대상으로 더 맛있는 빵과 맛없는 빵, 크기가 큰 빵과 작은 빵 등을 나누고, 맛있는 빵은 취하려 하고 집착하고 더 많이 가지려 들고, 맛없는 빵은 버리려 하고 먹지 않으려고 애쓴다. 사실은 똑같은 하나의 밀가루인데도 그 겉모습만 보고 좋다거나 싫다고 분별하는 것이니, 이 어찌 어리석은 분별망상이 아닌가.

성문(聲聞)은 소승불교의 수행자로써, 아직 원만한 깨달음을 얻지 못한 어리석은 수행자를 의미한다. 물론 대승불교와 선불교의 관점에서 상대적으로 부족한 수행자로 구분한 것이다.

성문승(聲聞乘)이 시끄러움을 싫어하고 고요함만을 구하려 하는 것이 마치 밀가루라는 본래면목은 내버리고, 겉모습인 빵만을 구하는 것과 같다는 말이다. 본래면목, 자성, 밀가루의 입장에서는 시끄러움도 자성이고, 고요함도 자성을 벗어나지 않는다. 마치 시끄러운 모양도 밀가루로 만들어내고, 고요한 모양도 밀가루로 만들어 내는 것과 같다.

빵은 본래 밀가루가 그 근본인데, 조작하고, 만들어내고, 차별된 모습을 만들려고 하면 사람에 따라 수백, 수천, 수만 가지로 만들 수 있다.

번뇌가 곧 보리다. 빵이 곧 밀가루다. 중생이 곧 부처다. 생사가 곧 열반이다. 파도가 곧 바다다. 그 근본은 다 똑같은 하나의 부처요, 하나의 불성이다.

밀가루와 빵과 비슷한 다른 비유를 들면, 불꽃과 불의 비유, 혹은 본체와 그림자의 비유를 들 수 있다. 불꽃은 온갖 모습으로 일렁이고 끊임없이 변화하지만 그 본성은 결국 하나의 불이다. 그림자는 태양의 위치에 따라 크기도 하고 작기도 하고, 사라지기도 하고, 생겨나기도 하지만, 그 그림자의 본체인 사람은 변하지 않는 것과 같다. 그림자가 작아졌다고 사람도 작아진 것이 아닌 것과 같다.

법신(法身)은 자재하여 정해진 곳이 없이, 온 우주에 두루 편만하다. 특정한 곳에 있는 것이 아니다. 법신은 처소(處所)가 없다. 눈에 보이는 모든 것이 법신 아님이 없고, 깨달음 아님이 없다.

큰 도는 무위(無爲)이며 자연(自然)이다. 스스로 그러하며 할 일이 없다. 나누고 헤아리지만 않으면 그대로 무위자연이요, 큰 도다.

어리석은 사람은 방편을 쫓지만, 지혜로운 사람은 방편을 거두고 곧장 본질로 뛰어든다. 어리석은 이들은 염불하여 서방정토에 나기를 바라지만, 지혜로운 사람은 이 마음이 곧바로 부처임을 안다. 바로 여기에 서방정토도 부처도 열반도 있음을 아는 것이다.

이 깨달음은 문자로써 나타낼 수 없으니, 문자 너머의 본질을 보아야 한다. 문자가 가리키는 낙처(落處), 귀결점(歸結點)을 보아야지, 문자에 얽매이면 끝끝내 참부처를 볼 수 없다.

😵 칼이 목에 들어와도

법사설법극호(法師說法極好)
법사(法師)는 설법을 지극히 잘하지만,
심중불리번뇌(心中不離煩惱)
마음속에서는 번뇌를 벗어나지 못하고,

구담문자화타(口談文字化他)
입으로 문자(文字)를 말하여 남을 교화하지만,
전갱증타생노(轉更增他生老)
오히려 그들의 생로병사만 더욱 증가시킨다.

진망본래불이(眞妄本來不二)
참 마음과 허망한 생각은 본래 둘이 아닌데,
범부기망멱도(凡夫棄妄覓道)
범부는 허망한 생각을 내버리고 따로 도를 찾는다.

사중운집청강(四衆雲集聽講)
사부대중이 구름처럼 모여 강설(講說)을 듣고,
고좌논의호호(高座論義浩浩)
법좌(法座)에 높이 앉아 뜻을 논하는 것이 거침없으며,

남좌북좌상쟁(南座北座相爭)
남쪽 강단과 북쪽 강단이 서로 쟁론도 하니,
사중위언위호(四衆爲言爲好)
사부대중은 더불어 말하기도 하고 좋아하기도 한다.

수연구담감로(雖然口談甘露)
비록 입으로는 달콤한 말을 하지만,
심리심상고조(心裏尋常枯燥)
마음속은 늘 메말라 있네.

자기원무일전(自己元無一錢)
자기에게는 원래 한 푼도 없으면서,
일야수타진보(日夜數他珍寶)
밤낮으로 남의 돈만 헤아리고 있구나.

지옥천당일상(地獄天堂一相)
지옥과 천당이 하나의 모습이고,
열반생사공명(涅槃生死空名)
열반과 생사가 헛된 이름일 뿐이다.

역무탐진가단(亦無貪瞋可斷)
끊어야 할 탐진치도 없고,
역무불도가성(亦無佛道可成)
이루어야 할 불도(佛道)도 없다.

중생여불평등(衆生與佛平等)
중생과 부처가 평등하니,
자연성지성성(自然聖智惺惺)
저절로 성스런 지혜가 뚜렷하구나.

아금도도자재(我今滔滔自在)
나는 지금 두루두루 자재하여,
불선공왕경재(不羨公王卿宰)
왕후(王侯)와 장상(將相)도 부러워하지 않는다.

불위팔풍소견(不爲八風所牽)
어떤 장애에도 끄달리지 않으니,
역무정진해태(亦無精進懈怠)
정진(精進)도 없고 게으름도 없다.

임성부침약전(任性浮沈若顚)
본성에 맡겨 흘러가니 마치 뒤집힌 것 같지만,
산탄종횡자재(散誕縱橫自在)
제멋대로 이리저리 막힘없이 자재하다.

차막도검임두(遮莫刀劍臨頭)
설령 칼날을 목에 갖다 대어도,
아자안연불변(我自安然不采)
나는 스스로 편안하여 분별하지 않는다.

　아무리 설법을 잘하여 남들을 잘 교화하더라도 마음속에서 번뇌를 벗어나지 못하고, 견성하지 못한다면 오히려 중생들의 생노병사만 더욱 증가시킨다.

　수많은 방편설법을 자유자재로 하고, 수많은 방편수행을 잘 갈고 닦으며, 방편의 가르침을 통해 수많은 사람들을 교화하고, 감동을 준다고 할지라도, 결국 견성으로 이끌지 않는다면, 그것은 사람들을 헤매게 하는 것일 뿐이다.

　물론 방편 법문을 통해, 낮은 근기의 중생들에게 어느 정도의 선근공덕을 심어 주어, 진리라고는 생각도 해보지 못한 이들에게, 진리에 이르는 길을 열어 줄 수도 있고, 진리를 추구하기에는 당장에 처한 현실적인 괴로움이 많은 이들의 마음을 어루만지고 힐링시켜 줌으로써 그들이 보다 높은 공부로 나아갈 수 있는 토대를 만들어 줄 수는 있다. 그러한 순기능적인 방편을 무조건 필요 없다고 하는 것은 아니다.

그러나 선에서는 모든 방편을 깨부수고, 곧장 본질의 바다로 뛰어드는 법문이 아닌가. 그래서 선에서는 오히려 그런 방편의 순기능뿐 아니라, 역기능을 설하고 있다.

방편은 어차피 임시가설이라고 하듯, 임시적이고 잠깐 동안만 그 힘을 발휘하는 것일 뿐이다. 쉽게 말하면 참이 아닌 거짓이라는 말이다. 참진리는 아니지만, 참진리를 말하면 이해를 못하고 두려워하는 사람에게, 조금 쉬운 길을 알려주어 조금 더 가까이 올 수 있게 하려는 것이다.

그러니 방편은 꼭 필요할 때 잠깐 실천해야지, 그 방편이 본질이라고 여기고 방편에 집착한다면, 그 방편은 더 이상 방편으로의 기능을 잃은 채 오히려 역효과를 내게 된다.

지금의 수많은 방편 수행과 방편의 법문들이 2500년 혹은 1000년을 넘게 이어오면서 그러한 역효과를 내고 있다. 육조스님 당시에도 마찬가지였던 것이다. 부처님의 가르침이 1000년 넘게 이어오다 보니 방편에 치우친 수행자들이 많았던 것이다.

그렇게 방편수행에만 치우쳐, 그것이 참진리라고 여기게 되면, 오랜 시간을 방편의 수행에 매진하느라, 시간을 허비하기 쉽다. 그래서 이제는 차라리 방편 수행을 하지 않은 사람이 이 선을 공부하기가 훨씬 쉽다는 말까지 나온다. 그만큼 요즘은 방편의 폐해가 심각하다는 것이다.

그래서 육조스님 또한 그런 방편에 치우친 법을 설하게 되면, 오히려 중생들을 교화하는 것이 아니라, 그들의 생노병사만 증가시킨다고 했다.

참 마음과 허망한 생각은 본래 둘이 아니다. 빵이 곧 밀가루이듯 허망한 생각이 곧 참마음이다. 그럼에도 범부는 빵을 떠나 다른 곳에서 밀가루를 찾는다. 빵이 곧 밀가루인데, 빵을 빵으로만 보고, 다른 곳에서 밀가루를 찾는다. 밥 속에 밀가루가 있나? 물속에 밀가루가 있나? 하고 바깥을 향해 찾아 나선다.

지금의 수많은 선지식이나 스님이나 법을 설하는 사람들의 대부분은 자신의 깨달음 없이, 혹은 깨달음은 아닐지라도 부처님 가르침에 대한 바른 지견도 없이, 오로지 방편에만 치우친 채, 그 방편이 참진리라고 굳게 믿으며 법을 설하고 있다. 중생들 또한 그런 스승 아래에서 그것이 참된 가르침이라고 굳게 믿으며 구름처럼 몰려들어 법문을 듣는다.

방편에 치우친 법문을 하는 분들은 자신의 가르침이 치우친 방편인 줄은 꿈에도 모르고, 스스로도 그것이 옳다고 굳게 믿는다. 법상에 빠져 있는 것이다. 그러니 법좌에 앉아서 설법하는데 거침이 없다. 사부대중과 더불어 법회를 열고, 법에 대해 쟁론도 즐거이 행한다. 그러나 입으로는 달콤한 말을 하면서도, 마음속은 늘 메말라 있다.

겉으로는 법을 자신 있게 설하면서도 자신의 내면은 여전히 메마른 것이다. 여전히 부족함을 실감한다. 심지어 견성을 한 사람이라 할지라도 보임이 원만히 이루어지기 이전에는 이런 메마름과 갈증을 겪고, 법에 대해 여전히 자신감이 없다.

자신에게는 한 푼도 없으면서 밤낮으로 남의 돈만 헤아리는 사람처럼 바른 법에 대한 안목도 없으면서 온갖 방편들만 구구절절 늘어놓고 있다. 남들의 이야기를 아무리 잘한들, 그것이 자기 내면에서 올라오는 진짜 자기 이야기가 아니라면, 남의 돈만 세는 사람과 같다.

지옥과 천당이 하나이고, 생사와 열반이 헛된 이름일 뿐이다. 끊어야 할 탐진치도 없고, 이루어야 할 불도(佛道)도 없다. 이 모든 것이 죄다 방편이고, 전부 다 빵일 뿐이다. 부처도 빵이고, 중생도 빵이다.

중생이 있으니까 부처도 있지, 중생이 없으면 부처도 설 곳이 없다. 중생과 부처는 '이것이 있으므로 저것이 있는' 연기적인 관계다. 연기적인 관계는 서로를 인연으로 하여 성립될 수 있기 때문에 인연가합(因緣假合), 말 그대로 가짜로 합쳐진 것이며, 실체가 아니다. 그러니 중생만 티끌이 아니라, 부처도 티끌이다. 부처가 사라질 때 중생도 사라지고, 중생이 사라질 때 부처도 함께 사라진다. 그러니 생사도 열반도, 탐진치도 불도도 전부 다 허망한 하나의 말일 뿐이다. 상(相)일 뿐이다.

이처럼 중생과 부처가 일여(一如)하고 평등하다. 이렇게 성스러운 지혜가 뚜렷해지면, 막힘없이 자재하고, 왕후장상(王侯將相)이 부럽지 않다. 왕후장상도 결국은 늙고 병들고 죽지 않는가? 이 법을 깨달으면 죽고 사는 것이 없다. 불생불멸법이다. 죽음과 삶이 일여하여, 죽음을 두려워하지 않는다. 삶이 곧 죽음이고, 죽음이 곧 삶인 줄 알기 때문이다.

그 어떤 장애도 없고, 끄달림도 없으며, 그런 자에게는 수행도 없고, 정진도 없다. 그렇다고 게으르지도 않다. 완전히 본성과 하나 되어, 본성에 내맡기고 흘러갈 뿐이니, 남들이 보면 자기를 내세우지 않으니 뒤집어진 것 같겠지만, 자신은 자유자재하여 제멋대로 살더라도 아무런 막힘이 없다.

설령 칼을 목에 갖다 대어도, 설사 당장 내일 죽는 일이 있더라도 아무런 상관이 없다. 생즉사(生即死)임이 확고하니, 죽음 앞에서도 늘 편안하여 두려움이 없다. 생사라는 분별도 없다.

03

3조 승찬

三祖 僧璨

(593~606)

(1) 신심명(信心銘)

⊙ 미워하지도 사랑하지도 말라

지도무난 유혐간택(至道無難 有嫌揀擇)
지극한 도는 어렵지 않으니 오직 취사간택을 꺼릴 뿐이다.
단막증애 통연명백(但莫憎愛 洞然明白)
미워하고 사랑하지 않으면 통연히 명백하다.

불교의 핵심은 분별심을 버리는데 있다. 분별심은 곧 대상을 둘로
나누는 것이니, 좋고 싫다고 나누어 놓고 좋으면 집착하고 싫으면 거

부한다. 취사간택(取捨揀澤)한다.

취사간택이란 좋은 것은 취하려고 애쓰고, 싫은 것은 버리려고 애쓰는 마음이다. 좋은 것만을 취하려고 선택하는 것을 간택이라고 한다. 취사간택하면 좋은 것을 취하지 못했을 때 괴롭고, 싫은 것을 버리지 못했을 때 괴롭다.

이처럼 분별심과 취사간택심이 바로 모든 괴로움의 원인이다. 불교의 도란, 곧 괴로움이 소멸된 상태다.

지극한 도(道)란 곧 아무런 괴로움이 없는 상태다. 지극한 도란 무엇인가? 전혀 어려운 것이 아니다. 괴로움의 원인이 제거되면 곧 지극한 도다. 어떻게 해야 괴로움의 원인이 제거될까? 간택하지만 않으면 된다. 취사선택하지만 않으면 된다.

무엇을 취사선택하는가? 미워하는 것은 버리고(捨) 사랑하는 것은 취하는 것(取)이다. 미워하고 사랑하지만 않으면 저절로 취사간택심이 사라진다. 저절로 통연명백해진다.

어떻게 살면서 미워하고 사랑하지 않을 수가 있을까? 그러면 인간답게 살지도 말라는 말인가? 자식과 아내를 사랑해야 하고, 우리 가족을 괴롭히거나 정의롭지 못한 사람은 미워해야 사회정의도 실현되는 것 아닌가?

그렇다. 그렇게 해도 좋다. 미운 사람이 생기면 미워하고, 좋은 사람이 생기면 사랑해도 좋다. 그러나 과도하게 그 좋다거나 밉다는 생각을 믿지는 말라. 그 생각을 절대시하지는 말라.

그 사람이 진짜 미운 사람, 나쁜 사람이라고 여기게 되면 그 사람을 볼 때마다 괴롭다. 그러나 미워는 하되, 과도하게 치우치지만 않는다면 내 마음까지 괴롭지는 않다. 그저 가볍게 미워하는 것이다.

'세상에 어떻게 좋아하는 사람만 있을 수 있겠어', '싫어하는 사람이 있는 것도 당연하지' 하고 그저 평범하게 여길 수도 있다. 이처럼 과도하게 싫은 쪽으로 에너지를 투여하지 않게 되면, 그것이 큰 문제가 되지는 않는다. 문제 상황이 아닌 그저 일반상황이 된다. 세상에는 어차피 나를 좋아하고 싫어하는 사람도 있다는 있는 그대로의 진실을 담담하게 받아들이게 되는 것이다.

좋아할 때도 사랑하되, 과도하게 집착하지는 않을 수도 있다. 내 사람이 되도록 집착하고, 내 눈에 붙잡아 두려고 애쓰고, 상대방의 마음을 헤아리기보다는 내 식대로의 일방적인 사랑만을 표현하려고 한다면 그것은 집착이지 사랑이 아니다.

자식을 하루 종일 쉴 틈 없이 학원으로 돌린다. 물론 본인의 의사와는 무관하게 자식은 부모님이 시키니까 그저 어쩔 수 없이 따라 한다. 그것을 부모는 나를 위해서가 아니라 온전히 너를 위한 일이라고 여길 것이다. 그러나 그 생각은 어리석은 생각이다.

왜 그럴까? 공부 잘하고, 좋은 대학 나오고, 성적이 좋아야지만 성공하고, 행복하고, 잘살 것이라는 가정 자체가 일방적이고 치우친 생각이 아닌가? 공부 못하면서도 잘살 수도 있고, 행복하게 살 수도 있다. 좋은 대학이 아닌 조금 나쁜 대학을 나와도 성공하고, 행복하고, 잘사는 사람은 많다.

자기 생각을 절대화하여, '너를 위해서, 너를 사랑하기 때문에 이런 결정을 내렸으니 너는 따르라'고 한다면, 그것이 어떻게 참된 사랑일 수 있겠는가? 자기 생각에 대한 고집이고, 어리석은 망상이며, 지혜롭지 못한 착각일뿐 아니라, 진정으로 자식을 사랑하는 것도 아니다. 또한 그런 생각은 사실 '진정 너를 위해서'라고 하지만, 사실 부모님의 욕심도 깊이 개입되어 있다. '내 자식'이라는 아상을 강화하기 위해서, 남들에게 내 자식 잘 키웠다는 소리를 듣고 싶어서 일 수도 있다.

과도하지 않으면서도 충분히 사랑하고 미워할 수도 있다. 그것이 바로 중도적인 삶이다. 중도적인 삶이 이것도 저것도 아닌 에너지 없는 삶이라고 여기지만, 결코 그렇지 않다. 중도적으로 사랑하고, 중도적으로 미워하면서도 충분히 에너지 넘치고 열정과 행복이 넘치는 삶을 살 수 있다. 중도적일 때 사실은 개인적인 삿된 생각 없이 순수한 최선을 다하기 쉽다.

그리고 중도적으로 실행할 때는 결과와는 상관이 없다. 과도하게 집착하는 것이 없으니, 이렇게 되어도 좋고, 저렇게 되어도 좋다. 그러니 괴로울 일이 없다. 결과는 완전히 내맡긴 채 마음껏 열정적으로 삶을 꽃피울 수 있다. 분별과 생각이라는 필터로 거르지 않으니, 오히려 더 쉽게 실천할 수 있다.

'이것을 할까 말까?' 하는 온갖 생각과 두려움, '이것이 나에게 도움이 될까 안 될까?' 하는 온갖 분별심 때문에 저질러 실천하고 싶어도 실천하지 못하는 일이 얼마나 많은가? 오히려 분별심이 없으면, 가볍게 실천하고, 더 많이 열정적으로 저지른다. 저질러 실천에 옮기되, 되면 좋고, 안 되도 어쩔 수 없음을 안다.

그러니 삶이 더욱 박진감 넘치고, 더욱 에너지 넘치게 저질러 활동하게 된다. 그러면서도 결과에 대한 집착이 없으니, 괴롭지가 않다. 가볍게 가볍게 삶을 저지르게 된다. 자유자재하고 막힘없이 흐른다.

⊙ 얻고 잃음을 놓아버리라

원동태허 무흠무여(圓同太虛 無欠無餘)
둥글기가 큰 허공과 같아서 모자람도 없고 남음도 없거늘
양유취사 소이불여(良由取捨 所以不如)
취하고 버림으로 말미암아 그 까닭에 여여하지 못하다.
막축유연 물주공인(莫逐有緣 勿住空忍)
세간의 인연도 따라가지 말고 출세간의 법에도 머물지 말라.

절언절려 무처불통(絶言絶慮 無處不通)
말이 끊어지고 생각이 끊어지면 통하지 않는 곳 없다.

불용구진 유수식견(不用求眞 唯須息見)
참됨을 구하려 하지 말고 오직 망령된 견해만 쉬라.

몽환공화 하로파착(夢幻空華 何勞把捉)
꿈속의 허깨비와 헛꽃을 어찌 애써 잡으려 하는가.
득실시비 일시방각(得失是非 一時放却)
얻고 잃음과 옳고 그름을 일시에 놓아 버려라.

자성, 법신, 마음, 법은 그 크기가 큰 허공과 같아서 모자람도 없고, 남음도 없다. 다만 사람이 분별망상으로 취하고 버리는 것 때문에, 그 취사간택심으로 인해 여여(如如)하지 못할 뿐이다.

세간의 인연이 있으면 그 인연에 응해주되, 그 인연을 따라가지는 말라. 그 인연에 깊이 개입될 필요는 없다. 말 그대로 인연은, 인연가합(因緣假合)이기 때문에, 그것은 진실이 아니다. 잠시 가짜로 형성된 것이라서 허망하다. 인연 따라 잠깐 왔다가 인연이 다하면 사라질 것인데, 거기에 깊이 사로잡힐 필요는 없지 않은가.

인연 따라 내게 오는 경계를 마땅히 허용해 주고, 온 것을 즐기고 누리고 가져다 쓰되, 사로잡히고, 집착하고, 구속될 것은 없다.

그렇다고 세간의 인연에 집착하는 대신, 세간법(世間法)을 버리고 출세간법(出世間法)을 따라가라는 것도 아니다.

출세간법은 출세간법이라는 그 어떤 실체가 있는 것이 아니라, 그저 이름이 출세간법일 뿐이다. 그 또한 고정된 실체인 것은 아니다. 출세간에 머물러 집착한다면 그 또한 다른 한 편의 극단에 치우치는 것이다.

불교는 비불교적인 것은 버리고, 불교적인 것을 따르는 종교가 아니다. 그 어떤 한 티끌조차 취하고 버릴 필요가 없다. 어디에도 발 디딜 틈이 없을 때, 어디에도 의지할 곳이 없을 때, 그 어떤 것도 내세울 것이 없을 때, 그래서 말이 끊어지고, 생각도 끊어질 때 비로소 통하지 않는 곳이 없게 된다.

참됨, 진리, 불성, 마음을 구하려고 애쓸 것도 없다. 다만 망령된 견해, 분별망상과 차별심, 취사간택심만 쉬면 된다.

그렇다고 망령된 견해를 쉬려고 애쓰라는 것이 아니다. 무언가 할 것은 아무것도 없다. 그저 하지 말아야 할 것이 있을 뿐. 그런데 하지 말아야 할 것은 말 그대로 하지 말아야 할 것이지, 하지 말아야 하는 것을 다시 실천할 필요는 없다.

꿈속의 허깨비와 헛꽃을 애써 붙잡을 이유가 없듯, 환화공신(幻化 空身)같은 이 몸과 이 세상에서 붙잡아 집착할 것은 어디에도 없다.

얻을 것도 없지만, 잃을 것도 없다. 옳은 것도 없지만, 그른 것도 없다. 그 양변을 일시에 놓아버리라. 놓아버리는 일을 행하라는 것이 아니라, 그저 쉬라. 내버려 두라. 시비 걸지 말라. 양쪽의 어느 한 쪽에 기울지 말라. 그저 일어나고 있는 일들에 대해 있는 그대로 내버려 두고, 깊이 개입되지 않은 채, 한 발자국 떨어져서 그저 구경하면 된다. 할 일 없이 그냥 존재하는 것이다.

⊙ 온 세상이 목전이다

비사량처 식정난측(非思量處 識情難測)
생각으로 헤아릴 곳이 아니니 분별의식으로는 측량하기 어렵다.

요급상응 유언불이(要急相應 唯言不二)
재빨리 서로 계합하려 한다면 둘 아님을 말할 뿐이다.
불이개동 무불포용(不二皆同 無不包容)
둘 아님은 모두가 같아서 포용하지 않음이 없으니.

시방지자 개입차종(十方智者 皆入此宗)
세상의 지혜로운 이들은 모두 이 종취로 들어온다.

무재부재 시방목전(無在不在 十方目前)
있거나 있지 않음이 없으니 온 세상이 바로 목전이다.

일즉일체 일체즉일(一即一切 一切即一)
하나가 곧 일체요, 일체가 곧 하나다.

언어도단 비거래금(言語道斷 非去來今)
언어의 길이 끊어지니, 과거도 미래도 현재도 아니다.

이 법, 마음, 부처, 자성은 생각으로 헤아릴 수 없다. 의식과 망정으로 측량하기 어려운 법이다. 아니 측량이 불가하다. 말 그대로 불가사의(不可思議)다.

상응(相應)한다는 것은 진리에 계합(契合)하는 것, 진리를 확인하는 것이다. 이 법에 서로 계합하고자 한다면, 둘 아님, 불이(不二)라는 말밖에는 할 말이 없다. 둘이 아니라는 말은 곧 차별 없는 하나이기에, 이 둘 아님의 일불승(一佛乘), 한마음, 일심(一心)에는 포용하지 않는 것이 없다.

이 세상 삼라만상 그 모든 것들이 전부 다 한마음이요, 일체 만법이 전부 일불승이고, 한 티끌도 여기에서 벗어나는 것은 없다.

이 세상의 모든 지혜로운 이들이 바로 이 불이법(不二法)을 설했다. 동서양의 수없이 많은 성인과 현자들은 누구라도 최종적인 종취로써 이 불이법으로 귀일한다. 만약 불이법이 아닌, 어느 한 쪽만이 절대적으로 옳고, 절대적으로 진리라고 주장하는 종교나 사상, 철학, 스승이 있다면 그는 어느 한 쪽에 치우쳐 있기에, 바른 법을 볼 수 없다. 세상의 모든 성인은 모두 이 불이법의 종취로 들어오기 때문이다.

이 법, 마음, 자성은 있다거나 있지 않다고 할 수 없으니, 바로 이 목전에 '이것'이 활짝 드러나 있다. 중생들은 있는 것은 볼 수 있고, 알 수 있으나, 없는 것은 보거나 알 수 없다. 그런데 있다거나 있지 않음이 없는 것은 도저히 볼 수도, 들을 수도, 알 수도, 만질 수도 없다. 그래서 오직 '모를 뿐'이다.

모를 뿐이지만, 그 있지도 없지도 않은 '이것'이 목전에 있고 없음을 넘어서 있다.

눈앞의 그 하나가 곧 일체 모든 것이다. 일체 모든 것이 곧 이것 하나다. 하나 속에 일체가 있고, 일체 속에 하나가 있다. 삼라만상이 곧 마음이고, 마음이 곧 이 우주 전부다. 내가 바로 마음이고, 마음이 바로 나다. 내가 바로 우주고, 내가 바로 그 모든 것이다.

이 개체적인 작은 육신을 '나'라고 여긴다면, 그것은 나를 몰라도 너무 모르는 어리석음이다. 우주가 나다. 삼라만상 전부가 고스란히 나다. 이 세상에는 오직 '나 하나'밖에 없다. 바로 그 '나'가, 바로 그 '참나'가 부처이고, 마음이고, 자성이다.

이 자리는 도저히 언어로 표현하거나, 설명할 수도 없고, 머리로 이해할 수도 없다. 과거도 미래도 현재도 아니기 때문이다. 과거나 현재나 미래를 말할 수 있고, 설명할 수 있는데, 그 모든 것이 전부 아니라면, 그것을 어떻게 설명할 것인가?

이 자리는 여기도, 거기도, 저기도 아니다. 그러나 여기와 거기와 저기를 다 포함한다. 과거도 현재도 미래도 아니지만, 과거와 현재와 미래가 다 이 속에 있다.

'이것'을 확인하면, 온 우주가 내 손안에 확 들어온다. 한 모금에 저 대양의 모든 바닷물을 꿀꺽 삼키게 된다.

04
우두법융

牛頭頭融

(594~658)

(1) 심명(心銘)

😊 생각으로 따지면 어긋난다

본무일법 수론훈련(本無一法 誰論熏鍊)
본래 한 법도 없는데, 오랜 수련을 말하는 이 누구인가?

일체막작 명적자현(一切莫作 明寂自現)
어떤 것도 조작하지 않으면, 밝고 고요함이 저절로 드러난다.

지법무지 무지지요(知法無知 無知知要)
법을 안다고 하면 그것은 진짜 앎이 아니니, 알지 못하는 것이 진정한 앎의 요체이다.

지리무전 비해비전(至理無詮 非解非纏)
최고의 이치는 설명할 수 없으니, 해탈도 아니고 속박도 아니다.

영통응물 상재목전(靈通應物 常在目前)
영활하게 통하여 사물과 호응하니, 항상 눈앞에 있다.

삼세무불 무심부불(三世無物 無心無佛)
온 세상에 한 물건도 없어, 마음도 없고 부처도 없다.

계교괴상 구진배정(計校乖常 求眞背正)
생각으로 따지면 이치와 어긋나고, 진리를 구하면 진리를 등진다.

만상상진 삼라일상(萬象常眞 森羅一相)
만 가지 형상이 항상 진실하고, 삼라만상이 한 모양이다.

본래부존 본래즉금(本來不存 本來即今)
본래가 따로 없으니, 본래가 바로 지금이다.

보리본유 불수용수(菩提本有 不須用守)
깨달음은 원래 있는 것이니 일부러 지킬 필요가 없다.

본래 얻을 수 있는 한 법도 없다. 본래무일물(本來無一物), 한 물건
도 없다. 그런데 무엇을 얻고자 하는가? 무엇을 얻으려고 그토록 오

랜 세월 동안 갈고 닦으며 수행을 하겠다는 것인가? 수행을 말하는 이는 누구인가?

그 어떤 일도 할 것이 없다. 만들어 낼 것도 없고, 조작할 것도 없다. 아무 일도 하지 않을 때, 그저 푹 쉴 때, 밝음과 고요함은 저절로 드러난다. 수행을 해야 그 결과 정혜(定慧)가 생겨나는 것이 아니다. 이미 정혜는 삼라만상 위에, 눈앞에 완전하게 구족되어 있다.

이 법은 알 수 없다. 안다는 것은 아는 나와 아는 상대가 있음을 뜻하고, 그것은 곧 둘로 나뉘는 이법(二法)이다. 수행자들이 끝끝내 버리지 못하는 것이 '이 법을 알고자 하는 마음'이다. 알려고 하면 어긋난다.

알지 못하는 것이 진정한 앎의 요체다. '오직 모를 뿐'이다. 그저 모르고 몰라서 답답하고 갑갑할 뿐, 알 수 있는 것은 없다. 모르고 모르다 보면 어느 순간, 그 모름의 끝까지 다다르게 되고, 바로 그때 온 존재가, 온 우주가 온통 철통 같은 모름 속을 뚫고 터져 나오는 순간, 모든 것은 단박에 끝난다. 할 일을 다해 마친다.

최고의 이치는 말로, 언어로 설명할 수 없다. 말로는 이 법은 속박에서 벗어나 해탈로 가는 길이라고 할 수 있지만, 사실은 그 말도 벌써 이법(二法)이 아닌가? 속박과 해탈이 둘로 나뉘어 있기 때문이다. 이 법은 속박도 아니고 해탈도 아니다. 그 어떤 것도 아니다.

'이것이다'라고 하는 순간 벌써 어긋난다. '이것이다'라고 내세울 만한 그 어떤 한 법도 있지 않기 때문이다.

이 법은 신령스럽고도 활활발발하게 통하여 우주 만물과 호응한다. 바로 여기 눈앞에서. 그러나 그렇게 영활하게 통하는 바로 이 눈앞의 '이것'은 마음도 아니고 부처도 아니다. 한 물건도 아니다. '무엇'이라고 이름할 만한 그 무엇이 아니다. 있는 것도 아니고, 그렇다고 없는 것도 아니다. 없으면서 있고, 있으면서 없다.

생각으로 따지면 바른 이치에 이를 수가 없다. 진리라고 할지라도 구하게 되면 등진다. 구하는 마음이 바로 중생의 분별심이기 때문이다. 구하려는 마음이 벌써, 얻지 못한 것과 얻어야 할 것을 둘로 나누는 마음이기 때문이다. 그저 하나로 확연히 통하는 것일 뿐, 그 어떤 것도 구할 것이 없다. 구해야 할 대상이 없기 때문이다.

수만 가지 형상, 삼라만상 일체만법이 항상 진실하다. 이대로 완전하다. 그 수없이 많은 삼라만상의 다양한 모양이 근원에서는 오직 하나의 모양 없는 모양이다.

본래랄 것조차 따로 없으니, 본래가 바로 지금이다.

깨달음, 보리는 바로 지금, 본래부터 있는 것이니, 일부러 지킬 필요가 없다. 구할 필요도 없다.

05
의 義
상 湘
(625~702)

(1) 법성게(法性偈) - 화엄일승법계도(華嚴一乘法界圖)

☺ 모든 것은 본래 고요하다

법성원융무이상(法性圓融無二相)
법성(法性)은 원융하여 두 개의 상(相)이 없고
제법부동본래적(諸法不動本來寂)
모든 것은 움직임 없이 본래부터 고요하다.

무명무상절일체(無名無相絶一切)
이름과 모양을 다 끊어버리니,
증지소지비여경(證智所知非餘境)
깨달아 안 바일 뿐 다른 경지가 아니다.

진성심심극미묘(眞性甚深極微妙)
참된 성품은 깊고도 극히 미묘해
불수자성수연성(不守自性隨緣成)
자성을 지키지 않고 인연 따라 이룬다.

일중일체다중일(一中一切多中一)
하나 안에 일체가 있고 일체 가운데 하나가 있어
일즉일체다즉일(一卽一切多卽一)
하나가 일체고 일체가 하나다.

무량원겁즉일념(無量遠劫卽一念)
무량한 긴 시간이 곧 한 생각이요,
일념즉시무량겁(一念卽是無量劫)
한 생각이 곧 한량없는 시간이다.

초발심시변정각(初發心時便正覺)
처음 발심할 때가 바로 깨달음이니
생사열반상공화(生死涅槃常共和)
생사와 열반이 항상 함께 있다.

우보익생만허공(雨寶益生滿虛空)
보배스러운 법의 비가 내려 중생을 돕고 허공을 가득 채우니
중생수기득이익(衆生隨器得利益)
중생들은 자기 그릇 따라 이익을 얻는다.

『법성게』는 신라 의상스님(625~702)이 지은 게송으로 『화엄경』의 핵심 내용을 가장 간결하게 요약하고 있다고 평가받는다. 6조 혜능(慧能, 638~713) 스님이 본격적으로 조사선의 법을 펴기도 이전에 의상스님은 벌써 이와 같은 역작을 남기셨다는 것은 참으로 놀라운 일이다.

법의 본성은 원융(圓融)하여 둘로 나뉘지 않는다. 일체 모든 것이 움직임 없이 고요하다. 이름과 모양을 다 끊어버리니 이는 깨달아 아는 경계일 뿐 다른 경지가 아니다. 이 경지는 깨달아야만 비로소 맛볼 수 있을 뿐, 그 경지가 어떤 것일 거라는 생각과 상상은 완전히 틀렸다. 생각으로는 근처에도 갈 수 없다. 그러니 마음으로 깨달음을 그림 그리지 말라. 일체가 다 끊어져야 한다. 그래서 모든 것이 움직임 없이 텅 비어 고요해질 때에야 비로소 둘이 아닌 이 법성이 드러난다.

이 참된 성품이 자신의 자성을 지키지 않고 인연 따라 온갖 일체 삼라만상(森羅萬象)을 만들어낸다. 그러나 그 수많은 우주 삼라만상의 일체가 곧 하나이고, 하나가 곧 이 우주 전체다. 시간도 공간도 따로 없다. 시공의 분별은 인간의 허망한 생각이 만들어낸 것일 뿐이다. 무량한 시간이 곧 바로 지금 이 한 생각이요, 한 생각이 곧 영겁이다.

처음 발심할 때가 곧바로 깨달음과 다르지 않다. 지금 여기에 바로 그것이 있다. 이것이 그것이다. 생사가 곧 열반이고 번뇌가 곧 보리다.

06
6 六祖
조 慧能
혜
능
(637~713)

(1) 육조단경(六祖壇經)

🎯 복으로는 구원할 수 없다

만약 자성(自性)이 어둡다면, 복으로도 그를 구원할 수 없다.

『육조단경』은 선의 6조(六朝) 혜능스님의 저작이지만, 스님의 저서
로는 유일하게 경전이라는 이름을 붙였을 만큼, 선의 교과서와도 같
은 중요한 경전이다.

『육조단경』은 끊임없이 자성(自性)을 보는 것, 즉 견성(見性)의 중
요성을 설한다. 달마대사가 양무제에게 절을 짓고, 온갖 복을 짓는다
고 할지라도 공덕이 없다고 한 것은 곧 견성하는 것이야말로 참된 공

덕일 뿐, 절을 짓고 보시하는 등의 복덕으로는 깨달음을 얻을 수는 없기 때문이다.

복을 아무리 많이 지은들, 참된 공덕은 없다. 복은 복의 결과를 가져올 뿐, 괴로움의 소멸이라는 참된 행복과 열반은 가져오지 않는다.

복을 많이 지어서 그 복의 결과 수많은 재물이 들어오고, 소위 대박이 나서 물질적인 큰 풍요를 얻었다고 해보자. 복을 지은 결과 이런 결과는 당연히 만들어질 수 있다. 그러나 이런 큰 부자도 결국에는 늙고 병들고 죽는다. 노병사 앞에서 그 많은 복의 결과가 다 무슨 소용인가?

참된 공덕은 자성을 깨닫는 것이다. 자성을 깨달아 견성하면, 늙고 병들고 죽더라도 아무런 상관이 없다. 삶과 죽음이 둘이 아님을 깨닫기에, 죽음 앞에서도 아무런 괴로움이 없다. 그 어떤 현실 생활의 어려움과 괴로운 일이 벌어지더라도, 그 벌어지는 모든 일들의 본성에 눈떴기 때문에, 괴로움 앞에서 흔들림이 없다. 괴로움은 그를 뒤흔들 수 없다.

죽고 사는 것이 곧 파도의 일어남과 사라짐과 같으니, 바다를 깨달아 바다에 뿌리내리고 있는 이는 어떤 파도가 일어나고 사라지더라도 아무런 상관할 바가 아니다. 파도는 곧 바다로 돌아감을 알기 때문이다. 이것이 모든 존재의 참된 귀의처(歸依處)다.

⚅ 칼을 들고 적진에 돌진할 때

생각으로 헤아리는 것은 아무런 쓸모가 없다. 자성을 보려고 한다면 말을 듣자마자 곧장 보아야 한다. 만약 이와 같을 수 있다면, 칼을 휘두르며 적진에 돌진할 때라도 여전히 자성을 볼 것이다.

견성하려면 생각과 분별이 멈춰야 한다. 생각으로는 아무리 해도 이 자성을 확인할 수 없다. 설법을 듣고 그 설법을 생각으로 헤아려 이해하는 사람은 벌써 두 번째 자리에 떨어진 것이다.

이 공부는 제일의(第一義)라고 하여, 분별이나 생각으로 헤아리기 이전의 첫 번째 자리다. 첫 번째 자리는 헤아리기 이전이고, 두 번째 자리 이후는 헤아리고 분별된 자리다.

말을 듣고 곧장 생각으로 헤아린다면 자성을 볼 수 없다. 자성을 보려고 한다면 법문을 듣자마자 곧장 자성을 확인해야 한다. 그것이 바로 언하대오(言下大悟)라는 선의 오랜 전통이다. 이렇게 몰록 돈오 견성한 사람이라면 삶의 모든 순간에서 자성을 확인하니, 칼을 휘두르고 적진에 돌진하는 순간이라 할지라도 자성을 본다.

칼을 휘두르며 적진에 돌진하는 순간, 바로 그 순간도, 칼도, 칼을 휘두르는 사람도, 아군도 적군도, 이 모두가 바다 위에서 잠시 일어난 파도에 불과하기 때문이다. 바다를 확인하고, 내가 곧 바다임을 깨달은 사람은 파도에 연연하지 않는다. 파도가 생겨났더라도 그것이 머지않아 인연이 다하면 바다로 돌아갈 것임을 알기에 그 생겨난 것에 집착하지 않는다.

⦿ 신수와 혜능의 게송

몸은 깨달음의 나무이며 마음은 밝은 거울과 같으니 부지런히 털고 닦아 먼지가 붙지 않게 하라.

                                       - 신수(神秀)의 게송

깨달음은 본래 나무가 없고, 거울도 경대(鏡臺)가 없다. 본래 한물건도 없는데 어디에 먼지가 붙을 수 있겠는가.

                                       - 혜능의 게송

육조가 행자의 신분임에도 오랜 교수사였던 신수(神秀, 606~706)스님이 아닌 혜능(慧能, 638~713)스님이 선의 제육조(第六朝)가 된 것은 바로 이 하나의 게송 때문이었다.

신수의 가르침은 전통적인 수행과 좌선의 방식이다. 몸은 깨달음의 나무요, 마음은 거울과 같으니, 마음에 먼지가 묻지 않게 부지런히 털고 닦아야 한다. 반면 혜능은 깨달음이라고 할 만한 한 물건도 없는 본래무일물(本來無一物)이니, 먼지가 붙을 무언가가 없고, 그러니 털고 닦을 것도 없다. 이것이 바로 달마로부터 내려온 조사선(祖師禪)의 종지다.

조사선은 갈고 닦는 수행을 설하지 않는다. 본래무일물이라 어디에도 먼지 묻을 곳이 없기에, 본래면목은 오염될 것이 없다. 갈고 닦을 '무엇'이 없는데 도대체 뭘 갈고 뭘 닦는다는 말인가? 갈고 닦아서 얻을 것은 또 무엇인가?

직지인심 견성성불(直指人心 見性成佛), 곧바로 그 마음을 가리켜 보여 자기의 성품을 보아 성불한다는 것이다. 또한 이 가르침은 불립 문자 교외별전(不立文字 敎外別傳)으로, 문자를 따로 내세우지 않으 며 경전의 가르침 외에 별도로 마음에서 마음으로 전한다는 것이다. 이것이 바로 선의 종지다.

이것은 경전이나 교리, 문자 속에 갇힌 불교가 아니다. 그래서 교 외별전이라고 하여 경전과 가르침 이외에 별도로 전해진 마음법이며, 불립문자라 하여 문자를 따로 세우지 않는다. 경전 없이, 그 어떤 교 리나 방법론도 없이, 곧바로 스승이 제자에게 법을 드러내 보여준다.

스승이 법문을 통해 직지인심, 곧 그 마음을 곧장 가리켜 보여 주 면 제자는 곧바로 통해 언하대오하는 것이야말로 이 선의 전통이다.

🔅 깨달음의 노래

자성이 이처럼 본래 청정함을 어찌 기대했겠습니까?
자성이 이처럼 본래 생멸하지 않음을 어찌 기대했겠습니까?
자성이 이처럼 본래 모자람 없이 완전함을 어찌 기대했겠습니까?
자성이 이처럼 본래 흔들리지 않음을 어찌 기대했겠습니까?
자성이 이처럼 만법을 만들어 낼 수 있음을 어찌 기대했겠습니까?

견성(見性)의 순간, 깨달음의 노래는 불가피하다. 이토록 자성이 본 래 청정함을 어찌 기대나 했겠는가? 자성은 우리의 근원 성품이기 때 문에, 우리가 깨닫든 깨닫지 못하든 상관없이 언제나 본래 청정하다. 그 청정성은 단 한 번도 오염된 적이 없다.

중생의 마음은 분별심에 오염되었다고 하지만, 분별심이 어찌 본래의 마음을 오염시킬 수 있겠는가? 다만 오염되었다고 스스로 착각했을 뿐이지, 단 한 번도 오염된 적이 없다. 자성은 본래청정하기에 초기불교에서도 이 마음을 자성청정심(自性淸淨心)이라고도 했다.

자성은 생겨나거나 사라지는 것이 아니다. 이 세상 삼라만상 모든 것은 전부 생겨나고 사라지는 것들이지만, 유일하게 이 자성만은 생겨나고 사라지는 것이 아니다. 전자는 생멸법이요, 후자인 자성은 곧 불생불멸법이다.

자성은 본래부터 모자람 없이 완전하게 구족되어 있는 것이기에, 단 한 번도 동요된 적도 없고, 사라지거나, 줄어든 적도 없이, 언제나 늘 여여(如如)하게 그 자리에 있다.

이 세상 우주 삼라만상 전부가 자성으로부터 생겨났다. 자성이 바다라면, 이 우주 삼라만상의 모든 생멸법의 존재들은 생겨났다가 사라지는 파도에 불과하다. 파도가 곧 바다이듯, 삼라만상의 일체 모든 것들에서 그대로 자성이 확인된다.

일체유심조(一切唯心造)가 그것이다. 자성이 능히 세상 만법을 만들어냈다는 것, 그것이 바로 일체유심조의 의미다. 일체 모든 것은 마음이 짓는다. 마음, 불성이 세상 만물을 만들어냈다.

☺ 무엇이 본래면목인가?

"부탁드리오니 행자님, 저를 위해 법을 설하여 주십시오."

제가 말했습니다.

"그대가 정말 법을 위해 왔다면, 이제 모든 인연을 다 쉬어버리고 한 생각도 일으키지 마십시오. 제가 그대를 위하여 설하겠습니다."

잠시 침묵한 뒤에 혜명에게 말했습니다.

"선도 생각하지 말고 악도 생각하지 마십시오. 바로 그때 무엇이 혜명 상좌의 본래면목입니까?"

혜능이 본성을 깨달았음을 아신 5조 홍인(五祖弘忍) 대사께서는 '네가 바로 대장부(大丈夫)요, 천인사(天人師)요, 부처다'라고 하시며, 혜능에게 법과 의발(衣鉢)을 전해주시고 6조로 삼으셨다.

그런 뒤 5조께서는 6조라는 조사의 자리가 '남쪽에서 온 오랑캐'라고 불리고, 정식 스님도 아닌 '행자'에게 갔다는 사실을 알고 혜능을 해치거나, 의발을 빼앗으려는 사람들을 걱정해 직접 배를 물색하여 남쪽으로 피신시킨다.

한편 오조께서 매일 하던 상당법문을 하지 않으시자 대중이 여쭌다. 오조는 가사와 법이 혜능에게로 갔음을 알렸다. 대중은 수백 명이 혜능을 뒤쫓으며 가사와 발우를 빼앗고자 한다. 조사를 통해 법을 전하는 이 전통이 이토록 타락했음을 알려주는 대목이다.

사실 법은 오고 가는 것이 아니다. 누가 누구에게 전해주는 것도 아니다. 본래 누구에게나 구족되어 있으니, 그저 확인하면 될 뿐, 빼앗을 것도 없고, 인가 받을 것도 없고, 그럴 만한 티끌만 한 어떤 실체적인 무언가는 이 불법 안에는 없다.

그 가운데 장군 출신의 혜명스님이 가장 먼저 도착해 혜능을 찾왔다. 다행히도 혜명상좌는 가사와 발우를 빼앗으려는 것이 아니라 법을 듣기 위해 왔다. 혜능이 혜명에게 법을 설하는 내용에 주목해 보자.

"선도 생각하지 말고, 악도 생각하지 말라. 바로 그때 어떤 것이 혜명 상좌의 본래면목인가?"

이 말끝에 혜명은 언하대오했다. 어떻게 이게 가능할까? 만약에 이것이 사실이라면, 혜명은 이미 가슴속에 자성을 확인하고자 하는 발심이 익을 대로 익었고, 그 궁금증이 폭발 직전까지 와 있었을 것이다. 5조 홍인스님 문하에서 충분히 공부가 되어 있었지만 시절인연과 기연(機緣)을 아직 맺지 못했을 뿐.

혜명은 이 한 마디에 몰록 깨달았다. 깨달음은 단순하다. 우리 중생들은 무엇이든 말을 듣자마자 곧바로 생각으로 헤아리며 분별한다. 좋거나 싫다고, 옳거나 그르다고, 선이나 악이라고, 크거나 작다고, 끊임없이 둘로 나누어 놓고, 좋은 것은 집착하고 싫은 것은 거부한다. 선은 붙잡고 악은 버린다. 좋은 것이 붙잡아지지 않을 때도 괴롭고, 싫은 것을 버리고 싶은데 버리지 못할 때도 괴롭다. 이처럼 둘로 나누어 놓고 그중 어느 한쪽을 취사선택하게 되면 괴로울 수밖에 없다. 이것이 바로 중생들의 습관적인 분별이다. 분별의 끝에는 언제나 괴로움이 있다.

혜능의 법은 단순하다. 바로 이 분별을 순간 딱 멈추게 한다. 선도 생각하지 말고, 악도 생각하지 않는다면 그대의 본래면목은 무엇인가? 그 어떤 분별도 남아 있지 않을 때, 그 어떤 생각도 일으키지 않을 때, 그 어떤 것도 버리거나 취하려 하지 않을 때, 바로 그때도 있는 '이것'은 무엇인가?

분별이 일어나는 자리, 분별이 사라지는 자리, 분별 그 자체는 무엇에 의지해서 일어나고 사라지는가? 그렇다면 분별이 사라지고 없을 때, 그럼에도 불구하고 거기에 무엇이 있는가? 그것이 바로 우리의 본래면목이다.

⊙ 견성을 말할 뿐, 선정해탈은 말하지 않는다

인종이 물었습니다.

'황매산의 오조(五祖)께서는 무엇을 가르쳐 주셨습니까?'

제가 말했습니다.

'특별히 가르쳐 주시는 것은 없습니다. 다만 견성(見性)을 말할 뿐, 선정(禪定)과 해탈(解脫)은 말하지 않습니다.'

인종이 물었습니다.

'왜 선정과 해탈을 말하지 않습니까?'

제가 말했습니다.

'그것은 이법(二法)이기 때문에 참된 불법이라 할 수 없습니다. 불법은 불이법(不二法)입니다.'

혜능은 이후 사냥꾼의 무리에 들어가 15년 정도를 지내며 보임을 이어갔고, 15년이 지난 어느 날 이제 법을 펼칠 때가 되었음을 느끼고는 산에서 내려와 광주(廣州)의 법성사에 이르러 인종법사의 『열반경』 강의 회상에 다다랐다.

여기서 그 유명한 '바람이 움직이는가? 깃발이 움직이는가?'라는 스님들의 논쟁에 '다만 스님들의 마음이 움직일 뿐'이라고 말함으로써, 인종은 그 비범함을 보고 6조임을 직감한다.

인종이 혹시 오래전 6조의 의발과 법이 남쪽으로 왔다는 소문이 있었는데, 혹시 그 행자님이 당신이 아닌지를 물었고, 혜능이 그렇다고 하자, 5조로부터 받은 법은 어떤 것인지를 묻는다.

"다만 견성(見性)을 말할 뿐, 선정(禪定)과 해탈(解脫)은 말하지 않는다. 선정과 해탈은 이법(二法)이기 때문에 불법이 아니다. 불법은 불이법(不二法)이다."

견성(見性)은 자기가 자기를 확인하는 것이다. 둘로 나뉘는 것이 아니다. 불이중도(不二中道)다.

보통 선정은 선정에서 나오는 것이 있고, 선정에 들어가는 것이 있다. 선정에 들지 못한 이가 있고, 선정에 든 이가 있다. 둘로 나뉘는 법, 분별의 법이며, 이법(二法)이다.

해탈 또한 해탈하지 않은 중생과 해탈한 부처가 둘로 나뉘어져 있어야만 해탈이라는 말이 가능하다. 이 또한 이법으로, 둘로 나뉘는 법이기에 불법이 아니라는 것이다.

너무나도 당연한 말이지만, 또 한편으로는 도무지 이해가 안 될 것이다. 불교는 선정을 닦아 해탈하는 가르침이라고 믿어왔기 때문이다. 그러나 여기에서 육조의 말씀은 선정도 방편이고, 해탈도 방편이라는 사실에 눈뜨라는 말이다. 일체 모든 가르침은 방편 아닌 것이 없다. 팔만사천의 모든 경전이 전부 다 방편일 뿐, 쥐고 머물러야 할 것이 아무것도 없다.

부처도 방편이고 깨달음도 방편이다. 어리석은 중생에게 어리석음을 타파하고 나면 부처가 된다고 방편으로 이야기를 해주기 위해 '부처'라는 말을 내세웠을 뿐이지, 어리석음이 사라지고 나면 그저 어리석음 없이 살면 될 뿐, 부처라는 말을 내세울 것도 없다.

해탈도 마찬가지다. 해탈하지 못한 자와 상대적으로 해탈한 자가 있을 수 있다. 이 세상 모든 사람들이 전부 다 해탈했다면, 해탈이라는 말 자체도 필요치 않다. 해탈이란 말 그대로 묶인 것에서 풀려났다는 의미다. 묶인 자가 있으니 묶임에서 풀려난 자도 있다. 이처럼 해탈이라는 말 자체도 하나의 분별된 개념이요, 이법(二法)이다.

해탈이라는 말 자체도 하나의 방편이다. 많은 사람들은 이 말이 도저히 이해가 되지 않을 것이다. 해탈이야 불교의 최고의 이상인데, 그것도 타파해야 한다고 말하니, 도저히 용납이 안 되는 것이다. 그러나 이것이 바로 불법의 핵심이다.

일체 모든 가르침, 경전들은 전부 다 달을 가리키는 손가락이며, 강을 건너는 뗏목에 불과하다. 그 모든 말과 방편은 결국 버려야만 할 것들이다. 그것이 해탈, 열반이라고 해도 마찬가지다.

그래서 『반야심경』에서도 '무지 역무득(無智 亦無得)'이라고 하여, 반야라는 지혜도 없고, 깨달음, 해탈, 열반이라는 얻음도 없다고 설하고 있다.

불법은 불이법이다. 둘로 나누어 놓고 분별하고 비교하는 것은 중생의 분별심이 하는 일이다. 진리는 그 어떤 것도 둘로 나누지 않는다. 둘로 나뉠 것이 없기 때문이다. 둘로 나누는 모든 개념들은 전부 방편이요, 뗏목이고, 달을 가리키는 손가락일 뿐이다.

그래서 혜능은 단지 견성을 말할 뿐, 선정과 해탈은 말하지 않는다고 했다. 불성을 밝게 보는 것이 곧 견성이다. 내가 곧 불성이며, 불성이 곧 나였음을 확인하는 것, 불이법의 확인이 곧 견성이다. 여기에는 둘로 나뉘는 것이 없다.

⊛ 대선지식의 지시

깨달음의 지혜는 세상 사람들이 본래 갖추고 있지만, 다만 마음이 어리석어 스스로 깨닫지 못할 뿐입니다. 모름지기 대선지식의 지시(指示)와 가르침에 의지해야만 본성을 볼 수 있습니다.

나는 홍인(弘忍) 화상이 계신 곳에서 한 번 법문을 듣고서 문득 깨달아 즉각 진여(眞如)인 본성(本性)을 보았습니다. 그리하여 이 교법(敎法)을 전해 주어 도를 배우는 자로 하여금 문득 깨닫게 하여 자신의 본성을 보도록 이끄는 것입니다. 모름지기 아직 깨닫지 못했다면 최상승법을 바로 알고 바른 법을 곧장 보여주는 대선지식을 찾아가야 합니다. 선지식에게는 교화하여 본성을 보도록 해주는 일대사인연(一大事因緣)이 있으니, 모든 선법(善法)이 선지식을 통해서 드러날 수 있기 때문입니다.

자성, 불성, 마음은 모든 사람들에게 본래부터 갖추어져 있다. 다만 마음이 분별에 뒤덮여 스스로 깨닫지 못할 뿐이다. 스스로 이미 갖추고 있는 반야지혜를 보지 못한 채, 자신이 분별로 만들어 놓은 환영 같은 세계를 진짜인 것으로 오해하고 있다.

그러면 어떻게 해야 본래부터 갖추고 있던 반야지혜를 깨달아 견성할 수 있을까? 그 방법은 바로 대선지식의 지시(指示)와 가르침에 의지하는 것이다. 이것이 선의 길이다. 방법 아닌 방법이며, 길 아닌 길이다. 이것이 바로 '직지인심 견성성불(直指人心 見性成佛)'의 길이다.

위대한 선지식은 곧바로 그 사람의 마음을 가리켜 보여 줌으로써 자성을 보아 성불하도록 이끈다. 이것이 선(禪)이다.

선에 대선지식, 스승의 역할은 필수적이다. 스스로 견성하고, 원만하게 보임을 이룬 대선지식을 만나, 직지인심의 지시를 받아야 한다. 선지식은 제자들에게 '이렇게 수행하라'는 방법론을 제시하지 않는다. 다만 매 순간, 법을 설할 때마다, 일상생활의 한 가운데에서, 언제나 곧바로 마음, 불성, 본래면목을 가리켜 보인다.

제자가 스승에게 "도가 무엇입니까?" 혹은 "부처가 무엇입니까?" 하고 물을 때, 어떤 스님은 손가락 하나를 들어 보임으로써 손가락을 들어 보이는 것이 아니라, 곧바로 마음을, 불성을 가리켜 보여준다. 이것이 곧 직지인심이다.

또 어떤 스님은 "할!" 하고 소리를 지르거나, 한 대 때리기도 하고, 혹은 "뜰 앞의 잣나무", "마른 똥막대기"를 말하거나, 혹은 옆구리를 툭툭 치면서 마음을 곧장 확인시켜 준다. 이런 방편이 모두 불성을 지시해 보이는 것이다.

물론 중생들은 그런 행위나 말을 듣고, 그 말에 담긴 의미를 파악하거나, 그 행위에 담긴 뜻을 이해하려고 애쓸 것이다. 그러나 그것이 바로 분별이다. 그렇게 해서는 영겁이 다하도록 노력하더라도 자성의 티끌 하나도 보지 못한다.

스승이 곧장 불성을 지시해 가리켜 보여 줄 때, 제자는 그저 모를 뿐이다. 왜 모를까? 스승은 분명히 명명백백하게 자성을 보고 자신이 보고 있는 자성을 가리킬 뿐이지만, 제자에게는 여전히 자성이 보이는 것이 아니라, 분별된 대상이 보이기 때문이다.

그래서 직지인심 견성성불이라는 수행법에 있어서는 스승이 지시를 하여 법을 보여줄 때, 제자의 자세가 중요하다.

제자는 스승의 지시를 받자마자 습관적으로 분별하는 마음을 내려놓고, 그저 모르고 답답해야 한다. 그저 갑갑할 뿐이다. 털끝만큼이라도 헤아리거나, 알 것 같다거나, 경전의 가르침을 끌어와 이해하려고 한다면 그것은 완전히 틀렸다. 그것은 공부의 길이 아니라, 분별의 길이다.

스승은 법을 지시해 보인다.

"마른 똥 막대기야.", "뜰 앞의 잣나무야.", "오늘 날씨가 좋구나.", "악!", "차나 한잔하거라."

혹은 한 대 때리거나, 손가락을 들어 보인다.

이것이 바로 스승이 온 존재로 보여주는 자성(自性)이며 불성이다. 스승의 직지인심이다.

'저게 무슨 직지인심이야?', '저 말이 내 불성을 가리키는 거라고?'

하면서 중생의 분별은 끊임없이 올라올 것이다. 마른 똥막대기를 이리저리 살피면서, 내 눈에는 똥막대기만 보이지만, 계속 보다 보면 저 똥막대기에서 갑자기 불성이 보이리라는 생각을 가진다. 끊임없이 온갖 의지와 생각과 노력을 일으켜서 분별하고 생각하고 체계를 세우려고 애쓸 것이다. 그러나 그것은 전부 쓸데없는 짓이다.

그렇게 온갖 노력을 다해보라. 결국에 그 노력 끝에, '도저히 알 수 없구나', '해도 안 되는구나' 하는 절망감이 들 것이다. 바로 그 절망감이 공부다. 내 의지가 꽉 막혀야 한다. 유위법(有爲法)으로는 안 된다는 사실에 눈 뜨고, 저절로 무위(無爲)가 되어, 그저 진리에 완전히 내맡기는 순간이 온다. 그것이 진짜 공부다.

그래서 선의 스승들은 법문을 들을 때, 머리로 듣지 말라고 한다. 그러나 그것이 쉽지 않다. 아니 해도 해도 자꾸만 머리가 작동한다. 어떻게 해야 할까? 간단하다. 그저 선지식의 법문에만 귀를 기울이면 된다.

대선지식의 법문을 듣다보면 저절로 머리가 쉬어진다. 그것이 가능하도록 이끌어 주는 분이 바로 선지식이고, 그 힘이 곧 선지식의 방편력(方便力)이요, 보살의 방편바라밀(方便波羅蜜)이기 때문이다. 선지식에게는 그런 힘이 있다.

법문을 듣다 보면 시간이 흐르면서 저절로 분별이 조금씩 사라지고, 도무지 알 수 없고, 해도 안 되고, 무기력해지지만 결코 물러설 수 없으니, 계속해서 법 앞에서 버티고 또 버티게 된다. 이것이 정진바라밀(精進波羅蜜)이다.

포기하지 않고 이 답답하고 망막한 '모를 뿐'의 법문 앞에 버티고
서 있다 보면, 어느 순간 그 꽉 막힌 의식이 막다른 길에 다다르게 되
고, 결국 불성이 저절로 제 스스로를 드러내는 순간이 몰록 단박에 찾
아온다. 그것이 바로 언하대오의 소식이다.

　이처럼 견성은 특별한 방법을 통해 오는 것이 아니라, 스승의 직지
법문에 귀기울이다 보면 저절로 무위(無爲)로 일어난다. 내가 애써서
한다고 되는 일이 아니다. 가장 좋은 길은 참된 대선지식을 찾는 것이
고, 그 선지식 앞에 나를 내던지는 것이다.

　그러니 이 공부는 참으로 어려우면서도, 참으로 쉽다. 선지식이라
는 바른 스승만 만나면 한없이 쉽고, 삿된 스승이나, 여전히 방편에
사로잡힌 스승을 만난다면 어렵고도 어려워지고, 오랜 시간을 돌고
돌아가며 시간을 버리기 일쑤다.

　바른 스승을 찾으라. 그 스승과 함께 시간을 보내라. 그 선지식의
회상에, 그 공부의 승가공동체에 지속적으로 참여하라. 꾸준히 법회
에 참석하여 법문을 들으라. 나를 완전히 스승에게 내맡기고 할 일 없
는 공부를 해 나가는 것이 참된 공부다.

☸ 서방정토는 바로 여기

위사군이 물었다.

　"스님! 제가 보니 승속(僧俗)이 모두 아미타불을 외우면서 서방정
토에 태어나기를 원하는데, 그렇게 하면 그들이 정말 서방정토에 태어
날 수 있는 것이 맞습니까? 저에게 설하여 주십시오."

혜능 대사께서 말씀하셨다.

"...석가세존께서는 사위성에 계실 때 서방정토를 말씀하셨는데 경전에서는 '그곳은 멀리 있지 않다'라고 밝히셨습니다.

멀다고 말한 것은 하근기에게 말하는 것이고, 가깝다는 것은 상근기에게 말하는 것입니다. 사람에게는 두 종류의 근기가 있으나 진리에는 두 가지가 없습니다.

어리석은 이는 염불하여 극락에 태어나기를 바라지만 깨달은 이는 다만 그 마음을 깨끗이 합니다. 그러므로 부처님께서는 '마음이 청정하면 불국토가 청정하다'고 하셨습니다. 동방 사람이라도 마음이 깨끗하면 죄가 없지만, 서방 정토에 있는 사람이라 할지라도 마음이 깨끗하지 못하면 역시 죄가 있는 것입니다.

범부는 어리석어 자성을 깨닫지 못하여 자기 안의 극락정토를 알지 못하고 동방으로 가기를 원하고 서방으로 가기를 원하지만, 깨달은 자는 어디에 있든 같은 곳입니다.

순간순간 본성을 보아 늘 올바르면 서방에 도달하는 것이 마치 손가락 튕기는 것과 같으니 곧장 아미타불을 친견할 것입니다.

부처는 자성 속에서 이루어지니, 자신 밖에서 찾지 마십시오. 자성에 미혹하면 중생이고 자성을 깨달으면 부처입니다.

다만 마음이 깨끗하기만 하면, 곧장 자성의 서방정토입니다.

육조단경은 당시 전통적으로 해석되던 수많은 방편과 불교 용어들, 신행 방식들을 과감하게 타파해 준다. 육조스님께서 그 당시 관행처럼 이어지던 많은 방편들을 타파해 주는 것을 보면, 신기하게도 오늘날 우리들이 전통과 관습, 혹은 불법이라고 여기며 사로잡혀 있는 지금의 현실과 너무도 닮아 있다.

지금도 똑같이 아미타불의 서방정토 왕생신앙은 현재진행형이다. 염불하면 좌선한다는 이 말을 문자 그대로 믿지 않으면 신심이 약한 수행자로 오해 받는다.

왕생과 좌선이며, 선정이며, 삼귀의며, 사홍서원 등 수많은 불교의 용어와 수행법들이 지금도 그때처럼 똑같이 방편에 치우쳐서 그 방편을 있는 그대로 믿고 있다.

이런 점에서 『육조단경』은 그 당시의 고리타분한 낡아빠진 경전이 아니라, 어쩌면 이렇게 오늘날 우리들에게 정확히 필요한 것을 현대적으로 놀랍게 설해주실 수 있는지 감탄스러울 뿐이다.

올바른 대선지식은 오랜 세월 동안 이어져 내려와 이제는 누구도 깨부술 생각도 못하는 수많은 방편들을 가차 없이 깨부수고 타파해 준다. 그것이 바로 파사현정(破邪顯正)이다. 뗏목을 버리지 못하면 저 언덕에 이를 수 없다. 손가락에만 집착해 있으면 달을 볼 수 없다.

육조스님의 파사현정 법문을 들어보자.

"어리석은 사람은 염불하여 극락에 왕생하기를 바라지만, 깨달은 사람은 스스로 그 마음을 깨끗이 합니다."

지금 이 마음을 청정히 하면 그 마음이 곧 극락정토다. 『유마경』의

'심청정 국토청정(心淸淨 國土淸淨)', 마음이 청정해지면 곧 불국토가 청정해진다는 것이 그것이다.

어찌 극락정토가 서방에만 있겠는가? 참된 극락은 어떤 특정한 '곳'이 아니다. 여기가 곧 거기이고, 시공이 전부 하나의 자성이며, 하나의 부처일 뿐인데, 이곳과 저곳을 나눈다는 것은 하나의 분별이요 어리석음일 뿐이다.

그래서 스님은 '동방의 사람이라도 마음만 청정하면 죄가 없지만, 비록 서방의 사람이라도 마음이 청정하지 못하면 당연히 죄가 있다'고 설하신다. 법에는, 진리에는 동방, 서방이 없다. 시간과 공간이 전부 하나의 자성일 뿐인데, 무엇을 나눌 수 있단 말인가?

자성을 깨달으면 어디 있든지 그곳이 곧 극락이다. 마음에 분별망상이라는 삿됨이 없기만 하면 서방정토가 곧 여기에 있다. 그러나 삿된 마음으로 아무리 염불한들 극락에 왕생할 수 있겠는가? 결코 왕생할 수 없다.

염불만 하면 무조건 왕생한다는 것은 말 그대로 방편일 뿐이다. 방편이란 다른 말로 하면 거짓말이란 뜻이다. 그래서 임시방편이라고 한다. 임시적으로 그 상황에서만 잠깐 용납이 될 뿐, 영원불변한 진리는 아닌 것이다.

아직도 서방정토가 진짜로 있을까 없을까에 대한 논쟁은 큰 관심거리다. 진짜로 그곳에 가면 아미타부처님께서 우리를 깨달음으로 이끄시는 것일까? 서방은 현실의 우주 지도에서 어디쯤에 있을까? 뭐 그런 논쟁들 말이다.

서방 정토가 바로 여기에 있다. 분별만 사라지면 곧장 지금 우리 눈앞에 정토가 펼쳐진다. 우리는 단 한 번도 정토를 벗어난 적이 없다. 아미타 부처님 또한 바로 여기에 있다. 지금의 나를 빼고 어디에서 부처님을 찾는단 말인가?

⦿ 선공부는 재가자도 가능하다

이 공부를 하고자 하면 재가자도 가능하니, 반드시 절에서 출가해야만 하는 것은 아닙니다.

누구나 깨달음은 엄청나게 열심히 수행 정진하는 스님들의 몫이지, 사회생활을 하면서 세속적인 삶을 사는 재가자들에게는 멀고도 먼 것처럼 느낀다. 과연 그럴까? 육조스님의 말씀처럼 전혀 그렇지 않다. 아니, 그럴 수가 없지 않은가?

이 법은 불이법이다. 너와 나의 차별 따위는 붙을 수가 없다. 하물며 출가와 재가의 차이를 둔다면, 그것을 어찌 참된 불이법이고 불법이라고 할 수 있겠는가? 근원에서는 출가자와 재가자가 티끌만큼의 차이도 없다.

깨닫기를 바란다면, 당연히 재가에서도 가능하다. 반드시 절에 있어야만 하는 것이 아니다. 오히려 재가에 있을 때, 혹은 직장생활을 한다든지, 힘든 일이 생겼을 때 더욱 마음공부가 굳건해지고 깊어진다. 진흙 속에서 연꽃은 피어나는 법.

수행하기 딱 적합한 고요한 산사나, 나에게 시비 거는 사람이 한 명도 없는 곳, 내 편만 많은 곳, 괴로운 일은 하나도 일어나지 않는 곳, 그곳이 최상의 수행처인 것은 아니다. 괴로움, 외로움, 갈등, 시비 분별, 시끄러움, 혼란, 수많은 사람들과의 관계, 그런 곳 속에 진리는 있다. 바로 그곳이 최상의 기도처요, 수행할 곳이다.

번뇌즉보리(煩惱卽菩提), 번뇌 있는 그곳에 깨달음도 있으니, 내가 있는 지금 이 자리를 버리고, 또 다른 수행처를 찾아 나설 필요는 없다. 수행하기 가장 좋은 곳은 바로 여기요, 마음공부하기 가장 좋은 때는 바로 지금이며, 선을 닦기 가장 좋은 조건은 바로 지금 나에게 처한 '지금 이대로'의 조건이다.

모든 삶이 전부 다 이 법을 떠나지 않는다. 어느 곳을 가든, 어느 때에든, 어느 조건이든, 그 자리가 이 공부를 하기 위한 최상의 자리다.

☸ 일행삼매와 직심

일행삼매(一行三昧)는 어느 곳에서든 가고 머물고 앉고 누울 때 언제나 하나의 직심(直心)을 행하는 것입니다. 『유마경』에서 말하길, '직심이 도량이고, 직심이 정토'라고 설한 것과 같습니다.
오직 직심을 행할 뿐, 어떤 외부 경계에도 집착하지 마십시오.

진정한 삼매는 곧 일행삼매이며, 일행삼매는 행주좌와 모든 곳에서 언제나 하나의 직심을 행하는 것이다.

직심이란 '곧은 마음', '곧장 그 마음' 등으로 번역되는데, 분별로 왜곡된 마음을 말하는 것이 아니라, 분별로 오염되기 이전의 본래 마음이다. 분별로 오염되고 왜곡된 마음이 '굽은 마음'이다. 있는 그대로의 직심이, 온갖 분별망상과 생각들에 의해 덧칠해지면서 번뇌의 때에 오염되니, 곧장 보지 못하고 굴곡 되어 보이는 것이다. 그렇게 굴곡 되고 왜곡되지 않은, 분별망상으로 걸러지지 않은 있는 그대로를 있는 그대로 곧장 보는 마음이 곧 직심이다.

일행삼매란 바로 매 순간 그 무엇을 행할 때라도 직심으로 행한다면 그것이 곧 매 순간에 이룩되는 살아있는 삼매임을 설하고 있다. 직심이 바로 자성(自性)이기에, 직심이 도량이고, 직심이 정토다.

직심을 행하면 일체법에 집착하지 않는다. 집착이 일어나기 이전의 곧장 그 마음이기 때문이다.

어리석은 사람은 좌선하고 앉아서 몸을 움직이지 않고, 마음도 일으키지 않아 고요함을 유지하는 것을 일행삼매라고 하겠지만, 이와 같은 이해는 참된 도를 방해할 뿐이다. 앉아서 좌선해야지만 삼매가 만들어지는 것이 아니다.

자유자재하게 가고 머물고 앉고 눕는 모든 순간, 그 모든 행을 일으키고, 그 모든 생각을 일으키며, 수많은 말을 하는 가운데에서도 직심으로 행하기에 매 순간이 그대로 일행삼매가 되는 것이다.

이처럼 도는 통하고 흐르는 것이지, 가만히 앉아서 억지스럽게 유지해야지만 되는 그런 막힌 것이 아니다.

앉아서 몸도 마음도 움직이지 않는 것이 선정이라고 하며, 좌선 수행을 고집한다면, 『유마경』에서 사리불이 좌선하다 유마힐에게 꾸중을 들은 것과 같다. 그것은 잘못된 좌선이다.

『육조단경』의 말씀처럼 요즘에도 그렇게 가르치는 자가 많고, 이처럼 서로 가르치고 있으니, 참으로 큰 허물이다. 이렇게 『육조단경』에서 명백하게 설하고 있음에도, 여전히 사람들은 잘못된 선정과 좌선에 빠져 헤매고 있으니, 안타까운 일이 아닐 수 없다.

⊙ 무념과 무상과 무주

나의 법문은 무념(無念)을 종(宗, 으뜸)으로 삼고, 무상(無相)을 체(體, 바탕)로 삼고, 무주(無住)를 본(本, 뿌리)으로 삼습니다. 무상은 모습에서 모습을 벗어나는 것이며, 무념은 생각을 하지만 생각이 없는 것이고, 무주는 사람의 본성을 말합니다.

무주(無住)는 어디에도 머물러 집착하지 않는 것이다. 이 공부의 근본은 머무는 바 없이 행하는 데 있다. 『금강경』에서도 '응무소주 이생기심(應無所住 而生其心)'이라 하여 '머무는 바 없이 마음을 내라'고 했다. 머문다는 것은 곧 집착한다는 것이다. 마음이 어떤 한 가지 대상에 머물게 되면, 그 대상에 사로잡히고 집착하게 된다.

그러나 세간의 온갖 분별들이 전부 공한 줄 알면 그 어디에도 머물러 집착하지 않는다. 무아(無我)인 줄 알아 어떤 것도 집착할 만한 실체가 없으며, 연기(緣起)를 알아 모든 것은 다만 인연 따라 잠시 생겨났다가 사라질 뿐임을 깨닫는다면, 어디에도 머물러 집착하지 않을 것이다.

심지어 사람들과 싸우고 부딪히고 속이고 다툴 때에도 그것이 공한 줄을 깨닫기에 마음이 머물러 집착함으로써 미운 마음을 담아두지 않는다. 당연히 복수하거나 해칠 생각을 내지 않는다.

머물지 않고 흘러가도록 내버려 두어야 함에도, 이미 지나간 생각과 현재의 생각, 미래의 생각이 계속 이어지면서 끊임없이 번뇌 망상이 계속된다면 그것은 얽매임이지 무주가 아니다.

모든 법 위에서 매 순간 머물지 않는다면 그 어디에도 얽매일 것이 없다. 이런 까닭에 무주를 이 법의 근본으로 삼는다. 심지어 그것이 불법이거나, 열반이거나, 해탈이라 할지라도 거기에 머물러 집착하게 되면 그것은 불법이 아니다.

무상(無相)은 밖으로 일체의 상(相)에서 벗어나는 것이다. 상이란 일체 삼라만상의 제각기 특색 있는 모습, 모양을 뜻한다. 정신적인 것 또한 이미지로 마음에서 그려낼 수 있기 때문에 그 또한 상이다. 모습, 즉 상에서 벗어난다는 것은 곧 모습에 얽매이고 모습에 집착하는 마음에서 벗어남을 뜻한다.

사람들이 괴로운 이유는 상에 얽매이기 때문이다. 예를 들어 좋은 차를 소유하거나, 명품 가방 같은 것을 소유하면 스스로 높아진다는 상에 사로잡힌다. 소유물과 자신을 동일시함으로써 소유물의 모양에서 나의 가치가 결정되는 것이라고 착각을 일으킨다. 외모를 가꾸려고 하거나, '척'하는 모든 행동들이 전부 상에 사로잡히기 때문에 일어난다.

높다거나 낮다는 상, 잘났다거나 못났다는 상, 부자라거나 가난하다는 상, 좋다거나 싫다는 상 등 모든 것들이 전부 다 상이다.

사실 상(相)은 마음속의 하나의 이미지일 뿐, 고정된 실체적인 것이 아니다. 내 스스로 다른 것들과 이것을 비교해서 분별하기 때문에 상이 생겨난다. 그래서 상은 사람들마다 다 다르다. 삶의 경험이 다르면 상도 다르게 마련이다.

이 세상 70억 가까이 되는 인구가 저마다 자신이 가장 사랑하는 사람과 결혼을 하지 않는가? 누군가에게는 결혼하기 싫은 대상도 또 다른 누군가에게는 이 세상에서 가장 사랑스러운 사람이다. 만약에 세상 사람들이 보는 눈이 전부 똑같고, 마음에 고정 지은 상(相)이 다 같다면, 천편일률적으로 모든 대상을 모든 사람이 다 똑같이 느낄 것이다.

그렇다면 좋은 사람은 고정된 실체로써 좋은 사람이고, 싫은 사람은 누구에게나 똑같이 싫은 사람일 것이다. 그러나 그렇지 않은 이유는 바로 저마다 자기 안에 있는 대상을 바라보는 상이 다르기 때문이다. 저마다의 분별이 다르기에, 자기 마음속의 상도 다른 것이다. 그래서 이를 분별상(分別相)이라고 한다.

저마다의 분별이 다 다르기에 상도 다 다른 것이다. 그러니 그 상이 고정된 것일 수도 없고, 다 같을 수 없다. 그러니 상이란 다 허망한 것일 뿐, 진실한 것이 아니다.

무상(無相)은 바로 그 점을 설한다. 고정된 실체적인 모습, 상은 있을 수 없다는 것이다. 저마다의 마음속에 스스로 고정된 상이 있을 지언즉, 모든 사람에게 공통적으로 통용되는 고정된 상은 없다.

무상이 곧 본체이며, 바탕인 이유는 무상이야말로 일체 모든 만법의 실상(實相)이기 때문이다. 실상무상(實相無相)이라고 하여 상이 없다는 것만이 참으로 진실한 상일 수 있다. 무상이야말로 만법의 참된 실상이지만, 사람들은 어리석기 때문에 무상을 상으로 착각하고, 그 착각된 허망한 모양이 진짜라고 여겨 거기에 집착한다. 상에 집착함으로써 모든 괴로움이 생겨난다.

　또한 이 법은 무념(無念)을 으뜸으로 삼는다. 모든 경계 위에서 마음이 어디에도 물들지 않는 것이 무념이다. 무념은 생각이 없다는 것인데, 이 말의 본뜻은 정말로 하나도 생각을 일으키지 않는다는 것이 아니라, 생각을 다 일으키면서도 그 생각에 사로잡히지 않는 것이다. 생각의 본성이 공함을 자각하기 때문이다. 생각의 본성이 공하다는 자각, 그것이 바로 무념이다.

　그러니 모든 경계 위에서 수없이 많은 생각을 일으키더라도 마음이 그 어디에도 물들지 않는다. 그 모든 것이 공한 줄을 아는 까닭이다. 대상경계를 생각하면서도 그 대상경계에서 떠나 있기 때문에, 경계를 따라 마음이 이리저리로 휘둘리지 않는다.

　어리석게도 사람들은 이러한 무념법을 듣게 되면, 무념을 실천하기 위해서 생각을 없애려고 애를 쓴다. 그러나 생각을 끊어 없애려고 할 필요는 없다. 생각은 끊어 없애려고 한다고 없어지는 것이 아니다.

　무념은 생각을 끊어 없애라는 것이 아니라, 생각이 일어나더라도 그 생각에 끌려가지 말라는 것이다.

어리석은 이는 자신이 스스로 만들어 놓은 한 가지 생각에 과도하게 집착하면서, 그 생각만이 옳다고 믿고, 그것을 타인에게도 강요함으로써 자신도 괴롭고 남들도 괴롭힌다. 그런 까닭에 이 불법에서는 무념을 으뜸으로 삼는다.

무념을 실천하는 이는, 생각을 하되 그 생각에 집착하지 않으니, 삶에서 과도한 고집이 없다. 유연하다. 이렇게 되어도 좋고, 저렇게 되어도 좋다. 인연 따라 삶을 온전히 내맡기며 자연스럽게 흐른다. 자기의 생각을 타인에게 고집하지 않으니, 대인관계도 원만할 수밖에 없다. 타인을 괴롭히지 않는다.

자성에는 본래 얻을 수 있는 한 법도 없다. 만약 얻을 것이 있다고 한다면 그것이 바로 삿된 견해다. 무념, 무주, 무상을 말하지만, 이것은 모두 '이것을 얻으라'는 것이 아니라, 이것도 아니다, 저것도 아니다, 전부 다 아니라는 사실을 뜻하는 것일 뿐이다. 어느 한 가지에도 과도하게 사로잡히지 말라는 뜻이다.

무념도 생각하지 말고, 무주에도 머물지 말며, 무상을 모양 지어 생각하지도 않는 것이 참된 무념, 무주, 무상이다.

⊙ 올바른 좌선과 선정

"무엇을 일러 좌선(坐禪)이라고 하는가? 이 법문에는 장애도 막힘도 없으니, 밖으로 모든 좋고 나쁜 경계를 당하더라도 생각이 일어나지 않는 것을 일러 좌(坐)라고 하고, 안으로 자기 본성을 보아 마음이 부동한 것을 일러 선(禪)이라고 한다. 무엇을 일러 선정(禪定)이라고 하는가? 밖으로 보이는 모습에 얽매이지 않는 것을 선(禪)이라 하고, 안으로 산란하지 않은 것이 정(定)이다.

본성은 스스로 깨끗하고 안정되어 있으나 단지 대상 경계를 보고 경계를 생각하면서부터 마음은 산란해진다. 만약 온갖 경계를 보고서도 마음이 산란해지지 않는다면 그것이 참된 정이다."

6조 혜능스님은 우리가 익숙히 알고 있는 불교 용어와 불교적 전통, 수행법 등의 수많은 방편을 타파하고 있다. 삿된 말의 의미를 타파하고, 그 말뜻이 가리키는 바의 본질만을 곧장 드러내 준다. 이를 방편을 깨고 본질을 드러낸다고 하여 파사현정(破邪顯正)이라고 한다. 달을 가리키는 손가락을 치워버림으로써 곧바로 달을 보도록 이끄는 방식이다. 이것이 바로 참된 선지식의 오롯한 할 일이다.

좌선에 대해서도 마찬가지다. 누구나 좌선은 앉아서 호흡을 관찰하던가, 몸을 관찰하던가, 마음을 관찰하는 것이라고 생각한다. 이를 좌선관심(坐禪觀心)이라고 한다.

이는 요즘에도 마찬가지다. 참된 수행이나 참된 참선은 좌선이라고 여긴다. 좌선하는 수행자를 높이 치고, 장좌불와(長坐不臥) 즉 눕지 않고 오래 버티며 앉아 있는 것을 최고의 수행으로 여긴다.

육조스님은 말씀하신다. 앉아 있는 것이 좌가 아니라, 밖으로 일체 선악의 경계에 대해 생각이 일어나지 않는 것이 좌다. 그 어떤 선악의 차별경계에 대하여 좋다고 집착하거나, 싫다고 거부하려는 생각을 일으키지 않는 것이 좌라는 것이다.

선의 경계를 좋아하여 따라가지도 않고, 악의 경계를 싫어하여 거부하지도 않으려면 어떻게 해야 할까? 간단하다. 지금 이대로의 삶에 대해 선이라거나 악이라는 분별을 하지 않고, 그저 있는 그대로를 있는 그대로 받아들이는 것이다. 일어나는 그대로의 현실에 대해 아무런 해석도 가하지 않는 것이다. 그것이 바로 직심(直心)이다.

삶을 통째로 허용하는 것이 곧 '좌'요, 좌선이지, 앉아 있는다고 좌선이 되는 것이 아니다.

선 또한 안으로 자성을 보아 움직임이 없는 것이다. 자성을 보면 움직이면서도 움직임이 없다. 그 모든 것이 전부 텅 빈 공한 것임을 깨닫는다면, 그 무엇을 붙잡아 쥐려고 애쓰고, 그 무엇을 버리려고 하겠는가. 자성에 뿌리내리고 있다면 그 모든 움직임이 움직임이 아니니, 그것이 바로 선이다.

좌가 선이고, 선이 좌다. 안팎으로 분별을 따라가지 않고, 생각과 망상에 휘둘리지 않는 것, 그래서 마음이 움직이더라도 움직임이 없는 것, 그것이 바로 좌선이다.

선악의 모든 분별을 일으키기 이전의 첫 번째 자리에서 단 한 발도 움직이지 않는 것이다. 움직이되 움직이지 않는 것이다. 그러니 삶을 살고, 생각도 하고, 판단도 하되, 그 분별, 판단, 생각을 따라가지 않는다. 지금 이대로의 삶을 통째로 허용한다. 모든 것이 일어나도록 내버려 둔다. 현실과 싸우지 않는다. '반드시 이렇게 되어야 한다'는 생각이 없으니, 완전한 평화, 무쟁삼매(無諍三昧)가 언제나 드러나 있다. 지금 이대로 아무 문제가 없다. 이것이 참된 좌선이다.

그런데 우리는 앉아서 몸을 움직이지 않는 것을 좌선이라고 생각해 왔다. 마음이 움직이지 않는 것이 좌선이며, 더욱이 마음이 움직이면서 움직이지 않는 것이야말로 참된 좌선이다.

선정(禪定)도 마찬가지다. 밖으로 상(相)을 떠나는 것이 선이고, 안으로 산란하지 않는 것이 정이다. 모든 모습에 얽매이지 않고, 안으로 산란함이 없으면 그 자리가 바로 선정이다.

본래 우리의 본성은 스스로 안정되어 있어, 언제나 선정 아닌 때가 없다. 그러나 경계를 보고 경계를 실체화시키며 그 경계 따라 마음을 일으키고 분별하며 취사선택하려 하기 때문에 마음이 산란할 뿐이다. 만약 경계를 보고도 마음이 산란하지 않다면 그것이 바로 참된 정(定)이다.

⊛ 돈오(頓悟)와 점수(漸修)

법은 본래 하나의 종지(宗旨)일 뿐이지만, 사람에게는 남쪽과 북쪽이 있다. 법은 한 종류밖에 없지만, 법을 보는 사람들에게는 빠르고 느림이 있다.

무엇을 돈(頓)과 점(漸)이라고 하는가? 법에는 돈점이 없지만, 사람의 근기에 영특함과 우둔함이 있기에 돈점이라고 한다.

법은 이미 드러나 있다. 완성되어 있다. 이미 완성되어 있는 법을 다만 중생들은 자신의 분별심으로 인해 확인하지 못할 뿐이다. 그렇기에 이 법은 수행이나 특정한 방법을 통해 완성시켜 나가는 공부가 아니다.

만약 깨달음이 본래부터 나에게 없기 때문에 만들어 내야 한다면, 그것은 생겨났다가 사라지는 법이니 생사법(生死法), 생멸법(生滅法)일 뿐이다. 이 법은 불생불멸법(不生不滅法)이다.

이처럼 본래부터 있던 것이라면 점차적으로 만들어 갈 필요가 없다. 모르고 있다가 그저 문득 확인될 뿐이다. 문득 확인되는 것은 점차가 아니라 몰록이다. 점교(漸敎)가 아니라 돈교(頓敎)이며, 점차가 아니라 단박이다.

그러나 이렇게 말하는 것 또한 하나의 방편일 뿐이니, 어느 한쪽만이 절대적으로 옳다고 고집할 것은 없다. 깨닫고 나면 단박이니, 점차니 하는 말들이 전혀 관심사항이 아닐 것이다. 그것 또한 하나의 분별 아닌가?

법에는 본래 하나의 근본이 있을 뿐, 단박이니 점차니 하여 둘로 나뉠 것이 없다. 다만 사람의 근기에 영리함과 둔함이 있으니, 돈점이라 했을 뿐이다.

견성에 이르기까지도 단박과 점차의 방편을 말할 수 있고, 견성 이후의 보임 또한 단박과 점차를 말할 수 있다.

견성을 하고자 한다면, 먼저 발심을 하고 꾸준히 이 법에 관심을 기울이며, 법문을 들으면서 자기 자신이 누구인지에 대해 목말라 해야 한다. 내가 누구인지를 확인하고 싶지만 도저히 알 수는 없다. 오로지 모르고 모르는 '모를 뿐'의 긴긴 터널 같은 시간을 오직 이 법에 대한 간절함을 가지고 버텨내야 한다.

바로 이 시간이 분별심의 습관을 조금씩 버려가는 시간이며, 이러한 기간을 방편으로 점차라고도 할 수 있다. 그러나 그 말은 어디까지나 중생의 입장에서 본 방편일 뿐, 견성의 입장에서 본다면 그런 시간은 여전히 법을 모르는 시간일 뿐이다.

그러다가 문득 법이 드러나게 되면, 그것은 몰록이다. 문득 확인된다. 그러니 점차라고는 하지만, 법이 드러나는 것은 몰록이고 단박이다. 법의 입장에서는 문득 확인되니 돈오(頓悟)이고, 중생의 입장에서는 그 오랜 시간을 꽉 막힌 채 있어야 하니 그 시간을 점차(漸次)라고 여길 수도 있는 것이다.

또한 견성 이후의 보임도 마찬가지다. 견성이라는 것은 곧 자기 성품을 확인한 것이기에, 견성이 곧 성불이다. 법의 입장에서는 견성하는 순간 공부는 끝난다. 즉, 더 이상 확인해야 할 또 다른 '더 높은 법' 같은 것은 없다.

그런 면에서는 돈오이고, 돈교다. 그러나 중생들은 견성을 했다고 할지라도, 오랜 습(習) 때문에 자기의 본성을 확인하고서도 본성에 익숙하지 못하고 오히려 중생의 분별심에 더욱 익숙하다.

그래서 훗날 간화선을 창시한 대혜스님께서도 '견성 이후의 공부는 낯선 곳에 익숙해지고, 익숙한 곳에는 낯설어지는 과정'이라고 하셨다. 낯선 곳은 자기 성품이며 무분별이고, 익숙한 곳은 중생의 성품인 분별이다. 자기 성품에 점차적으로 익숙해지고 뿌리내리는 시간이 필요한 것이다.

이 시기를 방편으로 말하자면, 점차요, 점교라고 할 수도 있을 것이다. 그러나 그것은 어디까지나 방편일 뿐, 진실의 자리는 점차적으로 드러나는 것이 아니다. 견성의 순간 이미 문득 드러났고 그것으로 모든 확인은 끝난다. 그 이후의 공부는 자기 성품을 갈고 닦는 공부가 아니라, 중생의 습기를 조복 받는 공부다.

⊛ 그것은 선(禪)이 아니라 병(病)이다

육조께서 말씀하셨다.
"그대의 스승은 대중에게 무엇을 가르치는가?"
지성(志誠)이 답했다.
"늘 대중들에게 '마음을 쉬고, 고요함을 관찰하며, 오래 앉고 눕지 말라'고 가르칩니다."
육조께서 말씀하셨다.
"마음을 쉬고, 고요함을 관찰하려는 것은 병(病)이지 선(禪)은 아니다. 오래 앉아서 몸을 구속하는 것이 무슨 이익이 있겠느냐? 게송을 들어 보라.

살아서는 앉느라 눕지 못하고
죽어서는 누워서 앉지 못하네.
더럽고 냄새나는 송장 같은 몸을 어찌해 본들
어떻게 공부가 될 수 있겠는가?

신수(神秀)의 제자였던 지성은 스승의 뜻을 받들어, 육조에게 가서 법을 듣는다. 육조께서는 지성에게 신수의 가르침은 어떤 것인지를 물었고, 지성은 '마음을 쉬고, 고요히 관하며, 오래 앉고 눕지 말라'는 신수의 수행법을 설명한다.

이에 육조는 마음을 억지로 쉬려고 애쓰고, 고요히 관찰하려고 노력하는 것은 유위(有爲)이기 때문에 병(病)이라고 말한다. 참된 선은 그 어떤 수행법이나, 억지스런 노력이 아니다. 오래 앉고 눕지 않는 것은 몸을 구속하는 것인데, 이 공부는 몸공부가 아니라 마음공부이기에, 몸을 써서 진리를 얻을 수는 없다. 더럽고 냄새 나는 이 몸을 붙잡고 수행한다고 애써 봐야 참된 공부의 길은 아니다.

이 공부는 마음의 길이니, 다만 마음으로 행할 뿐, 몸으로 특정한 동작을 지속하거나, 몸으로 애쓰고 노력하는 행위 속에 있지 않다. 그렇다고 몸으로 행하는 것과는 전혀 상관없이 도가 있는 것도 아니다. 몸은 어떻게 하든, 행위를 하든 안 하든, 수행을 하든 안 하든, 좌선을 하든 안 하든 전혀 상관할 바가 아니다. 몸을 가지고 논할 것은 없다.

이 공부는 마음공부이기에, 마음공부만 잘한다면 앉아서 좌선을 해도 좋고 하지 않아도 상관없다. 겉모습과는 전혀 상관이 없다.

⊛ 상황 따라 즉각 반응하라

만약 자기의 성품을 깨닫는다면 깨달음과 열반도 내세우지 않고, 해탈지견(解脫知見)도 세우지 않는다. 가히 얻을 만한 한 법도 없어야 온갖 법을 세울 수 있다. 이 뜻을 이해한다면, 그를 불신(佛身)이라고 해도 좋고, 깨달음, 열반, 해탈지견이라고도 일컬을 수 있다. 견성한 사람은 법을 세워도 되고 세우지 않아도 된다. 가고 옴에 자유롭고, 머묶임이 없고 막힘이 없다. 상황 따라 즉각 행동하고 반응하며, 온갖 질문에 마음껏 답변한다.

보리, 열반, 해탈지견이라고 할 만한, 얻을 만한 단 한 법도 없어야 능히 만법(萬法)을 세울 수 있다. 억지로 중생심을 돌이켜 진여심으로 나아가려 한다면, 그것이 곧 진여를 세우는 것이어서 법이 도리어 깨끗하지 않다.

견성했다면, 법을 세워도 좋고 세우지 않아도 좋다. 아무 상관이 없다. 해도 한 바가 없기 때문이다. 세워도 세움이 없다. 오고 감에 아무런 걸림이 없다. 와도 온 바가 없고, 가도 간 바가 없기 때문이다. 막힘도 걸림도 없다. 그러면서도 쓸 필요가 있을 때는 자유자재하게 쓰고, 질문하면 응답하고, 널리 중생들의 기대에 부응하여 마땅히 화신불(化身佛)을 마음껏 나타내면서도 한 몸도 나타낸 바가 없다. 어떤 일을 해도 하지 않아도, 모든 것이 자성을 벗어나지 않기 때문이다. 이것이 자재신통이고 유희삼매다.

07

영가현각

永嘉玄覺

(665~713)

(1) 증도가(證道歌)

☯ 참됨을 구하지도, 망상을 없애지도 말라

절학무위한도인 부제망상불구진

(絕學無爲閑道人 不除妄想不求眞)

배움이 끊어진 함이 없는 한가한 도인은 망상도 없애지 않고 참됨
도 구하지 않는다.

무명실성 즉불성 환화공신 즉법신

(無明實性 卽佛性 幻化空身 卽法身)

무명의 참성품이 곧 불성이요 허깨비 같은 빈 몸이 곧 법신이다.

법신 각료무일물 본원자성 천진불

(法身 覺了無一物 本源自性 天眞佛)
법신을 깨달음에 한 물건도 없으니 근원의 자성이 천진불이라.

무죄복무손익 적멸성중 막문멱
(無罪福無損益 寂滅性中 莫問覓)
죄와 복이 없고 손해와 이익도 없으니 적멸한 성품 가운데서 묻고 찾지 말라.

불구진부단망 요지이법 공무상
(不求眞不斷妄 了知二法 空無相)
참됨도 구하지 않고 망령됨도 끊지 않으니, 두 법이 공하여 모양 없음을 분명히 알았다.

무상무공무불공 즉시여래진실상
(無相無空無不空 卽是如來眞實相)
모양도 없고 공도 없고 공 아님도 없으니 이것이 곧 여래의 진실한 모습이다.

학인 불요용수행 진성인적장위자
(學人 不了用修行 眞成認賊將爲子)
배우는 사람이 잘 알지 못하고 수행하나니 참으로 도적을 아들로 삼는 짓이다.

손법재 멸공덕 막불유사심의식
(損法財 滅功德 莫不由斯心意識)
법의 재물을 덜고 공덕을 없앰은 심의식(心意識)으로 말미암지 않음이 없다.

이 마음, 자성, 법을 깨달은 자는 더 이상 배울 것이 없다. 할 것이 없다. 그래서 배움이 끊어진 한가한 도인이라 한다. 이 한도인(閑道人), 무사인(無事人)은 더 이상 할 일이 없으니, 망상을 없애는 일도 하지 않고, 그렇다고 참됨을 구하는 일도 하지 않는다. 망상을 없애려고 하지도 않고, 망상을 일으키려 하지도 않는다.

아무 일 없음이 곧 진리이니, 더 이상 진리를 추구하지 않는다. 눈을 가지고 눈을 찾지 않듯이, 말을 타고 말을 찾지 않듯이, 이미 일을 다해 마친 한도인은 아무 일 없이 살지만 온갖 무량공덕이 함께한다.

무명(無明)이 곧 불성이다. 중생의 어리석음이 곧 부처의 지혜다. 허깨비 같은 이 텅 빈 육신이 곧 법신(法身)이다. 삼라만상 일체만법이 그대로 진리요 법신불(法身佛)이다. 한 티끌도 차별이 없다. 그 어떤 나뉨이 없다. 완전한 불이법(不二法)으로써 둘이 없다. 이것이 그것이고, 그것이 곧 이것이다.

어리석은 중생의 눈에는 보이는 모든 것이 시비분별거리이지만, 깨달은 부처의 눈에는 일체 만법이 있는 그대로 완전하다. 참된 진리만이 이렇게 만법으로 나투고 있다. 하루하루가 눈부신 오늘이요, 날마다 좋은날이다.

이처럼 법신을 증득하게 되면, 만법이 다 있으면서도 한 물건도 없다. 일체 만법이 다 있는 것과 한 물건도 없는 것이 둘이 아니다. 지난 밤 꿈속에 무수히 많았던 사건들과 존재들이 꿈에서 깨고 보면 흔적조차 없이 사라지듯이, 이 생생한 삶의 현실 또한 깨어나고 보면 한 물건도 없다.

인연 따라 일어나고 사라지는 생사법(生死法)의 존재들은 말 그대로 인연이 모이면 생겨나고, 인연이 다하면 흩어질 뿐, 그 어떤 실체도 있지 않다. 인연 따라 모이고 흩어지는 것은 진실이 아니니, 근원의 자성만이 본래 천진불(天眞佛)이다.

적멸한 이 법의 성품 가운데는 죄도 없고 복도 없으며, 손해도 없고 이익도 없다. 다만 뜬구름처럼 일어났다가 사라질 뿐이니 진실로 있는 것이 아니다.

죄와 복, 손해와 이익은 실체가 없어 인연 따라 달라진다. 같은 행위가 죄가 되기도 하고 복이 되기도 한다. 손해인 줄 알았는데 결국 이익으로 연결되거나, 이익인 줄 알았는데 손해인 일들도 많다.

참됨을 구하지도 않고, 망령됨을 끊지도 않는다. 절학무위한도인은 더 이상 진리를 추구할 것도 없고, 번뇌 망상을 끊어야 할 일도 없다. 진리도 번뇌도 모두 공하여 모양이 없기 때문이다.

이 여래의 진리 실상에는 모양도 없고, 공(空)도 없고, 그렇다고 공 아님도 없다. 그 어떤 한 티끌도 붙을 자리가 없다. 한 물건도 없다.

수행자라고 하면서 많은 사람들은 기도하고 수행하면서 바른 길을 간다고 여기지만, 이는 도적을 아들로 삼는 어리석은 짓이다. 방편을 본질로 착각한 탓이다.

기도와 수행의 방편을 임시적으로 인정한다고 할지라도, 백 번 양보하여 기도수행은 너무 열심히 할 필요도 없고, 너무 오랫동안 지속적으로 할 필요도 없다. 다 방편인 까닭이다. 그래서 절 집안에서는 기도나 수행을 할 때 3일기도, 7일기도, 21일기도, 49일기도, 100일기도 등 기간을 정해두고 수행을 하는 것이 아닐까?

딱 그 방편이 필요한 시기에, 그 방편을 통해 작은 그릇을 넓히고, 꽉 막힌 의식을 확장하기 위해 임시적으로 행하라는 방편이다.

오직 수행만이 살 길이라고 믿으면서, 불법의 핵심은 수행이니 수행을 잘하는 것만이 깨달을 유일한 방법이라고 여긴다면, 그것은 수행을 잘못 안 것이다.

참된 수행은 무엇인가? 무위법(無爲法)이다. 함이 없이 하는 것이 참된 수행이다. 그러니 수행한다는 말 자체가 문제를 안고 있는 단어다. 참된 수행은 하는 것이 아니라, 하지 않는 것이다. 중도적으로 말하면 수행하되 수행하지 않는 것이 참된 수행이다.

법을 사라지게 하고, 공덕을 없애는 것은 모두 심의식(心意識)으로 말미암는다. 심의식은 곧 분별심, 생각, 번뇌망상, 의식의 다른 이름이다. 알음알이를 일으켜 분별망상으로 대상을 헤아리기 시작하면 결코 진리를 볼 수 없다.

☺ 손가락을 달로 집착하니

일성 원통일체성 일법변합일체법
(一性 圓通一切性 一法遍含一切法)
한 성품이 뚜렷하게 모든 성품에 통하고 한 법이 두루 하여 모든 법을 포함한다.

일월 보현일체수 일체수월 일월섭
(一月 普現一切水 一切水月 一月攝)

한 달이 모든 물에 두루 나타나고 모든 물의 달을 한 달이 포섭한다.

제불법신 입아성 아성 환공여래합
(諸佛法身 入我性 我性 還共如來合)
모든 부처님의 법신이 나의 성품에 들어오고 나의 성품이 다시 함께 여래와 하나로 합쳐진다.

취부득사부득 불가득중지마득
(取不得捨不得 不可得中只麽得)
가질 수도 없고 버릴 수도 없으니 얻을 수 없는 가운데 이렇게 얻을 뿐이다.

오조연래적학문 역증토소심경론
(吾早年來積學問 亦曾討疏尋經論)
나는 어려서부터 학문을 쌓아서 일찍 경론을 살피고, 주석과 해설서를 더듬었다.

분별명상 부지휴 입해산사도자곤
(分別名相 不知休 入海算沙徒自困)
이름과 모양 분별함을 쉴 줄 모르고 바다 속 모래 헤아리듯 헛되이 스스로 피곤하였다.

각피여래고가책 수타진보유하익
(却被如來苦呵責 數他珍寶有何益)

문득 여래의 호된 꾸지람을 들었으니 남의 보배 세어서 무슨 이익 있을까.

종래 층등각허행 다년 왕작풍진객
(從來 蹭蹬覺虛行 多年 枉作風塵客)
예전엔 비틀거리며 헛된 수행하였음을 깨달으니 여러 해를 잘못 풍진객(風塵客) 노릇하였구나.

종성사착지해 부달여래원돈제
(種性邪錯知解 不達如來圓頓制)
성품에 삿됨을 심고 알음알이로 그릇되었으니 여래의 원돈제(圓頓制)를 통달치 못했구나.

집지위월왕시공 근경법중 허날괴
(執指爲月枉施功 根境塵中 虛捏怪)
손가락을 달로 집착하여 잘못 공부하니 육근, 육경, 육진 가운데서 헛되이 괴이한 짓을 하는구나.

분골쇄신미족수 일구요연초백억
(粉骨碎身未足酬 一句了然超百億)
뼈가 가루되고 몸이 부수어져도 다 갚을 수 없으니 한 마디에 요연히 백억 법문을 뛰어넘는다.

아금해비여의주 신수지자개상응
(我今解此如意珠 信受之者皆相應)

내 이제 이 여의주를 해설하니 믿고 받는 이 모두 상응하리라.

막장관견방창창 미요오금위군결
(莫將管見謗蒼蒼 未了吾今爲君決)
대통 같은 소견으로 창창히 비방하지 말라. 요달치 못한 이가 있으니 내 이제 그들을 위해 법을 설하리라.

진리의 성품은 둘이 없다. 하나의 성품이 일체 모든 성품에 통하고, 한 법이 두루 하여 일체법을 포섭한다. 오로지 이 법에는 불이법이 있을 뿐, 둘로 셋으로 쪼개지는 법은 없다.

이 우주 삼라만상은 제각기 다른 모습을 띄고 있지만, 그 무수히 많은 모양의 바탕, 본체에는 한마음, 한 성품, 하나의 법이 있을 뿐이다. 마치 밀가루로 무수히 많은 빵을 만들어낼 수는 있지만 결국 그 재료는 전부 밀가루인 것과 같다.

하늘에는 하나의 달이 떠 있을 뿐이지만, 이 세상의 온갖 물이 있는 곳이라면 전부 다 달의 모습이 비친다. 물이든, 개울이든, 호수든, 바다든 물이 있는 곳에는 어디를 가든 달이 떠 있다. 그러나 그 무수히 많은 달이 결국은 하나의 달그림자일 뿐이듯, 이 하나의 성품, 한마음, 일불승(一佛乘) 또한 오로지 한 법일 뿐이다.

모든 부처님의 법신이 곧 나의 성품이고, 내 성품이 다시 모든 부처님의 법신과 둘이 아니다. 나의 성품이 따로 있고, 세상 사람들의 법신이 따로 있으며, 삼라만상의 법신이 따로 있는 것이 아니라, 그 모두의 법신과 성품은 오로지 하나로 서로 다르지 않다.

일즉일체(一即一切), 하나가 곧 일체 모든 것이고, 일체 모든 것이 다시 하나다.

이 법의 성품, 법신, 자성은 본래부터 누구나 늘 무한히 쓰고 있는 본래구족된 것일 뿐이니, 새롭게 가질 수도 없고, 싫다고 버릴 수도 없다. 그것은 얻을 수 있는 것이 아니지만, 얻을 수 없는 가운데 이렇게 무한히 얻어 쓴다.

이 불법은 공부를 많이 하고, 학문을 닦고 닦는다고 해서 빨리 얻어지는 것이 아니다. 어릴 적부터 학문을 쌓고, 경전을 읽으며, 스님들이 써 놓은 주석서를 탐독하였다고 할지라도, 자성을 깨닫지 못하면 헛되이 스스로 피곤할 뿐이다.

이 법공부는 하면 할수록 더 지식이 많아지고, 헤아리고 분별할 능력인 분별력이 커지니, 오히려 이름과 모양을 분별하는 마음을 쉴 줄 몰라 더욱더 헤매게 된다. 이 공부는 머리로 하는 것이 아니며, 노력으로 하는 것이 아니라, 간절한 가슴으로 발심으로 함이 없이 행하는 것이다.

아무리 많은 공부를 한다고 할지라도, 오히려 여래의 호된 꾸지람을 듣고, 남들이 써놓은 책을 보고 경론과 주석서를 볼지라도 분별만 더해 갈 뿐이니, 남의 보배만 셀 뿐, 나의 곳간에는 아무런 공덕이 없다.

많은 수행자들이 처음 불교를 접하면서 불교에서 시키는 대로 온갖 기도며 방편의 수행법들을 행한다. 수행이야말로 깨달음의 길이라는 굳은 믿음을 심어주기 때문에, 이 수행 저 수행을 기웃거리며 수

년, 수십 년을 비틀거리듯 수행을 이어가지만, 결국 그 어떤 수행을 통해서도 진리를 깨닫지 못한다.

어느 순간 그 모든 수행들이 잘못되었음을 직감한다. 헛된 수행이었음을 깨닫게 된다. 여러 해를 풍진(風塵)처럼 떠돌다 주인이 되지 못하고 객(客)으로만 살았음을 깨닫는다.

성품을 깨닫기는커녕 오히려 삿됨만 키웠으며, 불법을 머리로 이해하며 알음알이와 분별심만을 키웠으니, 원돈의 불법의 요체를 깨닫지는 못한다.

불법의 방편을 '달을 가리키는 손가락'이라고 한다. 불법에서는 진리를 '달'로 비유한다. 부처님과 조사 스님들께서는 무수히 많은 방법으로 중생들에게 달을 보여 주고자 하신다. 진리를 깨닫게 하고자 한다. 그래서 끊임없이 손가락으로 달을 가리키며 저 달을 보라고 말씀하신다. 그것이 바로 견성성불(見性成佛)을 위해 직지인심(直指人心)하는 것이다.

직지인심이란 사람의 마음, 법, 불성, 자성을 직지(直指) 즉, 곧바로 가리켜 보인다는 것이다. 손가락으로 달을 가리키는 것이 곧 직지인심이다.

그러나 사람들은 달을 보지 않고 계속해서 손가락만을 보고 있다. 부처님께서는 수많은 방편의 수행을 통해 달을 보도록 이끄신다. 그 방편 수행이 바로 손가락이다. 때로는 손가락으로 가리키고, 때로는 나뭇가지로 가리키고, 때로는 사람들에게 주의환기를 시키고자 달을 가리킬 수 있는 멋진 지시봉을 만들기도 한다. 그것이 수천 년 동안

불교의 역사에서 만들어진 수만 가지의 기도 수행 방법론들이다. 그 모든 수행법들이 전부 달을 가리키기 위해 만들어진 수많은 지시봉이며, 손가락들이다.

그런데 중생들은 그렇듯 방편이 다양하고 화려해지다 보니, 이제는 달을 보는 데는 관심이 없고, 오로지 손가락에만 집중한다. 손가락을 보는 것을 달을 보는 것으로 오해한다.

그럴 수밖에 없었던 것에는 달을 본 스승이 별로 없기 때문이기도 하다. 스스로 달을 본 적이 없으니, 스승이라는 사람조차 중생들에게 손가락만을 보여주는 것이다.

손가락을 달로 집착하여 잘못 공부하면, 헛되이 괴이한 짓을 하는 것일 뿐이다.

그렇게 끊임없이 손가락을 달로 알고 수 년, 수십 년 수행해 나가다가, 눈 밝은 이라면 어느 순간 문득 '속았구나!' 하는 자각이 온다.

그때부터 바른 법, 달 그 자체를 보려는 새로운 재발심을 하고 함이 없는 무위의 공부가 다시 시작된다. 완전한 리셋이고, 포맷이다. 그동안 공부해 오던 방식을 모조리 집어던져 버린다.

달을 보기 위한 발심(發心)과 신심(信心)과 의심(疑心)과 분심(忿心)으로 바른 스승을 만나 바른 법문을 들으며, 마음속에 불덩이 같은 의심과 '모를 뿐'의 화두와 무언지 모르겠지만 알고자 하는 가슴속의 열망 같은 것에 이끌려 공부 아닌 공부의 시간을 보내게 된다.

그러다가 한순간 기연(機緣)을 만나면 스승의 한 마디 말끝에 큰 깨달음이 이루어지니, 이름하여 언하대오(言下大悟)다. 언하대오의 그 한순간 그간 공부해 왔던 수많은 백 천 억 가지의 법문을 한순간 몰록 뛰어넘어 곧바로 계합한다. 수많은 법문들이 곧바로 구족된다. 이 깨달음의 공덕은 뼈가 가루가 되고, 몸이 부수어져도 다 갚을 수 없는, 말로 할 수 없는 공덕 중의 공덕이다.

바로 그 법을 선에서는 여의주(如意珠)라고도 부르니, 이 진리의 여의주를 바로 깨달아 법문하는 스승이 있다면, 그 아래에서 무수히 많은 제자들이 모두 도(道)와 상응할 것이다.

자기의 비좁은 소견으로 큰 스승의 법과 선의 가르침을 비방하지 말라. 필자 또한 어린 날 처음 불법을 공부할 때, 방편 수행이 전부라고 굳게 믿고 있을 때는 선불교와 선사스님들의 공부에 대해 비난하기도 했다. 그러나 내가 그 길을 가보지 않고서, 자기의 소견이 비좁고 그릇된 줄 모르고, 부처님의 길, 역대 조사스님들께서 걸어가신 그 광대무변한 길을 비난해서는 안 된다.

08
마
조
도
일

馬祖道一

(665~713)

(1) 마조어록(馬祖語錄)

⊙ 좌선한다고 부처 되나?

남악회양(南岳懷讓, 677~744)은 마조도일(馬祖道一, 709~788)
이 법기(法器)임을 알아차리고 물었다.

"대덕은 무엇 때문에 좌선(坐禪)을 하는 것이오?"

도일이 말했다.

"부처가 되려고 합니다."

회양은 기왓장 하나를 가져와 그의 옆에서 갈기 시작했다. 이를 보
고 도일이 물었다.

"기왓장을 갈아서 무엇을 하려 하십니까?"

"갈아서 거울을 만들려 하오."

"기왓장을 간다고 어찌 거울이 되겠습니까?"

"기왓장을 갈아 거울이 되지 못한다면, 그대는 좌선을 한다고 어찌 부처가 되겠는가?"

이에 도일이 물었다.

"그러면 어떻게 해야 합니까?"

"소가 끄는 수레가 가지 않는다면 수레를 때려야 하는가? 아니면 소를 때려야 하는가?"

도일이 대답이 없자, 회양이 말했다.

"그대는 좌선을 배우려고 하는가? 좌불(坐佛)을 배우려고 하는가? 만약 좌선을 배우려고 한다면, 선은 앉거나 눕는 것이 아니다. 좌불을 배우고자 한다면, 부처는 정해진 모양새가 없다. 머무르지 않는 법에서는 취사선택을 해서는 안 된다. 그대가 좌불을 흉내 내려 한다면 그것은 곧 부처를 죽이는 것이다. 만약 앉은 모습에 집착한다면, 깊은 이치에는 통하지 못할 것이다."

남악회양(南岳懷讓, 677~744)과 마조도일(馬祖道一)의 아주 유명한 일화다. 좌선을 해서 부처가 되려고 하는 것은, 기왓장을 갈아서 거울을 만들려고 하는 것과 같다는 것이다.

그러면 어떻게 해야 할까? 남악은 앉아서 좌선하는 것을 통해 부처가 되려고 하는 마조의 치우친 견해를 타파해 주기 위해 소와 수레의 비유를 든다. 소는 마음이고, 수레는 몸이다. 수레가 가지 않을 때 소를 때려야지, 수레를 때려 봐야 소용없듯이, 부처가 되고자 한다면 마음공부를 해야지 몸으로 앉아 있는 모습에 집착하는 몸공부를 할 것이 아니라는 뜻이다.

이 말은 좌선이 다 쓸모없다는 뜻이 아니라, 마조의 마음속에서 앉아서 좌선하는 것에 대한 집착심, 그것을 통해서만 부처가 될 수 있다는 믿음을 타파해 주고자 함이다.

마음공부, 참선은 앉아 있는 것과는 무관하다. 마음공부는 마음으로 하는 것이고, 참선 또한 바른 법이 있는 회상에 참여하는 것이다. 앉아 있는 것만이 참선은 아니다. 참된 선은 앉거나 눕거나 하는 모양과 관계가 없다.

그럼에도 많은 사람들이 앉아 있는 모습에 집착한다. 단정히 앉아서 오랜 시간 동안 꼼짝 않고 있어야 수행을 잘하는 사람이라고 여긴다. 그것을 통해 부처가 될 수 있다고 여긴다. 이것이야말로 불교의 가장 큰 오해다. 바로 그 점을 남악회양은 설해주고 있다.

법당에 가면 부처님이 단정하게 앉아 계신다. 그 좌불(坐佛)을 보고 부처를 흉내 내려 하는 것인가? 앉은 모습에 집착한다면 깊은 이치에 통할 수 없다. 앉거나 눕거나, 혹은 어떤 특정한 모습이나, 특정한 수행법에 집착한다면 그것은 머무름 없는 무주(無住)의 법이 아니고, 취사선택의 법일 뿐이다.

⊙ 씨를 뿌리니 도를 볼 것이다

"그대가 심지법문(心地法門)을 배우는 것은 마치 땅 위에 씨를 뿌리는 것과 같고, 내가 진리의 요지를 설해주는 것은 마치 하늘이 비를

내려주는 것과 같다. 그대는 이미 기연(機緣)이 닿았으므로 꼭 도를
볼 것이다."

마조가 다시 물었다.

"도는 본래 보이는 모양이 없는데, 어찌 제가 그것을 볼 수 있습니까?"

"심지법안(心地法眼 : 마음 바탕에 이미 갖추어진 법을 보는 눈)이
스스로 도를 볼 수 있다."

심지(心地)란 마음땅인데, 마음의 바탕, 근본자리를 말한다. 마음이
일체 만법을 내는 것이 마치 땅이 무수히 많은 초목을 내는 것과 같
으므로 이렇게 비유한다. 일체 모든 만법은 곧 이 심지에서 나온다.
이 일체 만법이 나온 자리인, 본바탕, 불성, 자성을 설하는 법문을 심
지법문이라고 한다.

우리가 이 심지법문, 선법문을 배우는 것은 마치 땅 위에 씨를 뿌
리는 것과 같다. 열매를 맺기 위해서 가장 기본이 되는 것이 땅 위에
씨를 뿌리는 일이다. 스스로 씨를 뿌리지 않는다면 아무리 좋은 조건
이 갖추어져 있다고 해도 열매는 맺을 수 없다. 우리가 발심을 하고,
심지법문을 듣는다는 것 자체가 바로 땅 위에 씨를 뿌리는 것과 같다.

그리고 눈 밝은 스승이 진리의 요체를 설법해 주는 것은 마치 하늘
이 비를 내려주는 것과 같으니, 이 두 가지 인연이 서로 맞닿게 되면
꼭 도를 볼 수 있다. 스승은 바르게 발심하고, 바른 법문을 들으며, 스
승을 믿고 따르는 제자들에게 꾸준히 이처럼 정진하기만 한다면 꼭
도를 볼 것이라고 응원한다.

실제로 이렇게 발심과 법문과 스승이라는 인연만 있다면, 그리고 꾸준히 퇴전하지만 않고 공부한다면 반드시 도를 볼 것이다.

마조는 '도는 본래 보이는 모양이 없는데, 어찌 그것을 볼 수 있는가?' 하고 여쭙는다.

도대체 눈으로 볼 수 없는 것이 도인데, 어떻게 도를 볼 수 있다고 하는가? 눈으로 보는 것이 아니다. 무엇이 보는가? 자기 마음 바탕에 본래 구족되어 있는 심지법안(心地法眼)이 스스로 도를 본다. 우리의 마음땅 위에는 도를 볼 수 있는 법의 안목이 갖추어져 있다.

쉽게 말하면, 나라는 육신이나, 육안이 보는 것도 아니고, 내 의식이 아는 것도 아니다. 우리의 본연 자성이 스스로 자성을 보는 것이다. 불성이 스스로 불성을 보는 것이다. 육안이 보는 것이 아니라 법안이 보는 것이다.

⊙ 소금과 된장이 부족하지 않다

회양은 마조가 강서에서 가르침을 펼친다는 소문을 듣고 대중에게 물었다.

"마조도일이 대중에게 법을 설하느냐?"

대중이 대답하였다.

"이미 대중에게 법을 설하고 있습니다."

"그의 소식을 가져오는 사람이 전혀 없구나."

회양은 한 스님을 그곳에 보내어, 마조가 상당할 때 '어떻습니까?' 하고 묻고, 그가 대답하거든 기억해 오라고 시켰다.

그 스님이 회양이 시키는 대로 가서 물으니, 마조가 말했다.

"마음 내키는 대로 살아온 지 어언 30년, 소금과 된장은 부족하지 않다."

그 스님이 돌아와 회양에게 그대로 말하니, 회양은 고개를 끄덕였다.

남악회양은 제자인 마조도일이 바르게 법을 설하는지, 법을 설하는 안목은 잘 갖추어져 있는지, 공부가 바르게 익어가고 있는지가 궁금했다. 제자를 사랑하는 마음이다.

마음 내키는 대로 자유자재하게, 아무런 할 일 없이 살아가고 있는 보임의 세월이 30여 년이 흐르도록, 소금과 된장은 부족하지 않다.

소금과 된장은 우리의 삶에 꼭 필요한 없어서는 안 될 필수품이다. 마치 우리에게 본래면목, 자성이 본래부터 갖추어져 있어서 이렇게 말하고 생각하고 행동할 수 있는 것과 마찬가지다.

소금과 된장은 곧 자성, 본래면목, 심지법안을 뜻한다. 확고하게 자성에 뿌리내린 채, 자성에서 흔들리지 않고, 전혀 부족함 없이 자유자재하게 살아가고 있다는 말이다.

🌀 날마다 달마다 부처를 만난다

마조의 입실제자(入室弟子)는 139명이었다. 각자 한 지방의 종주(宗主)가 되어 교화를 끝없이 펼쳤다. 마조는 정원(貞元) 4년 정월에 건창(建昌)의 석문산(石門山)에 올라 숲속을 거닐다가 바닥이 평탄한 구덩이를 보고는 시자(侍者)에게 말했다.

"나의 병든 몸이 다음 달에 이 땅으로 돌아올 것이다."

말을 마치고 돌아오니 이미 병든 기색을 보였다.

원주(院主)가 물었다.

"스님, 요사이 건강이 어떻습니까?"

마조가 말했다.

"나날이 부처를 만나고(日面佛), 다달이 부처를 만난다(月面佛)."

2월 1일에 목욕하고 단정히 앉아서 입멸(入滅)하였다.

중생은 생과 사를 둘로 나누어 본다. 눈앞에 생만 보이다 보니 살아 있는 것은 좋은 것이고, 성공이며, 죽는 것은 나쁜 것이고 실패라고 여긴다. 죽음이 가까워질수록 사람들은 두려움에 휩싸인다. 죽음이 나를 덮치고, 죽음 뒤에는 저 땅속에서 썩어갈 것이라고 여긴다. 혹은 죽음 뒤에 영혼은 지옥에 갈지, 아귀로 갈지, 짐승으로 변해갈지 모를 것에 대해 두려워한다.

부처님께서는 생사의 윤회에서 벗어나신 분이다. 그럼에도 열반하셨다. 사람들은 부처님이 생사를 뛰어넘으셨다면 죽지 않아야 할 것 아니냐고 반문한다. 중생들의 관점에서는 눈에 보이는 생만이 중요하니 어쩔 수 없다. 삶과 죽음의 실상이 무엇인지 모르면 죽음을 두려워하고, 삶을 행복해한다.

부처님께서는 깨닫고 보니, 생과 사가 둘이 아님을 확인하셨다. 생사일여(生死一如)요, 불생불멸(不生不滅)이고, 무생법인(無生法忍)이야말로 참된 실상이다. 잠에 들 때 두려워하지 않듯, 죽음에 이른다고 할지라도 죽음 이후가 무엇인지 확실하게 확인한 사람은 두려울 것이 없다.

생과 사가 다르지 않음을 안다면, 죽음도 생의 한 부분일 뿐이다. 죽는다는 것은 마치 새로운 곳으로 여행을 떠나는 것 혹은 잠시 잠자리에 드는 것과 다르지 않다. 죽음이 두렵다는 우리의 생각과 관념이 있었을 뿐이지, 실제 죽음을 직접 경험해 본 사람이 있는가? 스스로 경험해 보지도 않고서 막연하게 두렵다고 할 일이 아니다.

더욱이 부처님께서, 깨달은 모든 스승들께서는 죽음이 삶과 둘이 아님을 설하셨다. 죽음 이후나 죽음 이전이나 다를 것이 없다. 삶은 영원하다. 죽음에 대해서는 더욱이 깨닫고 나야 아는 것이지, 아무리 말로 불생불멸을 설명한다고 하더라도 이해 불가의 불가사의한 영역일 뿐이다.

그래서 깨달아야 한다. 직접 불생불멸의 진리를 맛보아야만 한다. 그래야지만 삶과 죽음의 윤회에서 벗어날 수 있다.

마조스님께서 죽음 직전에 일면불(日面佛) 월면불(月面佛)이라고 하신 이유를 알 수 있다. 죽고 살고에 상관없이, 좋은 일이 생기고 나쁜 일이 생기는 것에 상관없이, 삶의 수많은 상황이나 조건과는 전혀 상관없이 언제나 완전하며, 날마다 부처를 만나고, 매 순간 부처와 함께한다.

그것이 진리의 안목이다. 이 공부야말로 대장부라면 당연히 해 보아야 할 가치가 있는 공부가 아닌가? 돈벌이나, 명예, 권력, 건강 따위의 고작 해야 100년도 안되는 것에 한평생을 걸기에는 이 삶이 너무 아깝지 않은가? 생사를 뛰어넘는 이 대자유의 길이야말로 대장부의 길이다.

　그래서 이 공부는 '왕후장상(王侯將相)이 하는 것이 아니라, 대장부(大丈夫)가 하는 것'이라는 말이 있다. 아무리 명예가 높고, 돈이 많고, 권력을 다 쥐고 흔든다고 할지라도, 오히려 그런 사람은 이 공부를 하기가 더 어렵다. 삶의 길이 달콤하고, 해야 할 일이 많고, 가진 것이 많으니 어떻게 관심사가 삶의 근원에, 생사 문제에 가 있을 수 있겠는가? 생사문제를 해결하려는 것이야말로 참다운 대장부다.

⊙ 도는 닦는 것이 아니다

　도는 닦는 것이 아니다. 닦아서 이룬다고 한다면, 닦아서 이루는 것은 다시 무너질 것이니 이는 곧 성문(聲聞)과 같다. 그렇다고 닦지 않는다고 하면 그는 곧 범부와 같다.

　본래부터 있던 것이 지금도 있을 뿐이니(本有今有), 수도(修道)나 좌선(坐禪)은 필요치 않다. 수도나 좌선에 의지하지 않으면 이것이 바로 여래청정선(如來淸淨禪)이다.

　선을 좇아가고 악을 멀리하며, 공(空)을 관(觀)하고, 선정에 들어가는 것은 모두 조작(造作)에 속한다. 바깥으로 좇아 이리저리로 구하게 된다면 점점 멀어지기만 할 뿐이다. 다만 이 세상을 대상으로 헤아리고 분별하는 마음만 없게 하라. 한순간의 허망한 생각이 곧 이 세상에 태어나고 죽는 뿌리가 된다. 다만 한 생각이 없으면, 삶과 죽음의 뿌리가 사라진다. 이것이 바로 부처님의 위없는 보물을 얻는 것이다.

   선어록을 살펴보면, 지금까지 우리가 불법을 공부하고 수행해 온 바와 사뭇 다르다는 사실을 깨닫게 된다. 우리는 수행이야말로 불교의 핵심 중의 핵심이라고 여겨왔는데, 어째서 선어록에서는 수행하지 말라, 도를 닦지 말라고 할까?

   참된 도는 닦아서 이루는 것이 아니라, 본래 있는 것이기 때문이다. 본유금유(本有今有), 본래 있던 것이 지금도 역시 있는 것이다. 도는 있다가 없다가 하는 것이 아니다. 우리 모두의 타고난 본성이다. 누구에게는 있고 누구에게는 없는 것도 아니고, 누구에게는 더 많이 있는 것도 아니다. 누구에게나 공평하고 평등하게 완전히 주어져 있다.

   그러니 도는 닦는 것이 아니다. 닦아서 만들어 내야 하는 것이라면 그것은 생사법(生死法)이지 불생불멸법이 아니다. 닦아서 만들어 내는 것은 다시 무너지는 것이니, 인연 따라 생겨났다가 사라지는 것은 전부 생사법이다. 이 불법은 생사법이 아니라 불생불멸의 법이다.

   도에는 닦을 것이 없다. 그렇다고 닦지 않는다고 하면 그는 계속 범부 중생으로만 남게 될 것이다. 그러면 어떻게 해야 할까? 닦아도 안 되고, 닦지 않아도 안 된다. 이러지도 저러지도 못한다. 이것이 바로 선이다. 이것이 바로 선의 실천이고, 참선이다.

   마음공부, 선, 참선, 도라는 것은 의식, 알음알이, 분별심의 길이 아니다. 무분별의 길이고, 헤아림이 끊어지는 길이다. 의식, 분별심은 언제나 이것, 아니면 저것을 원한다. 이법(二法)을 좋아하지, 불이법을 좋아하지 않는다. 이법은 '이것' 아니면 '저것' 하고 딱 정해져 있어서, '이것을 행하라', '이 길만 따라 가면 된다'라고 똑 부러지게 둘 중에 한 길을 택해준다. 그것이 분별의 길이요, 이법(二法)의 길이다.

그러나 불법은 불이법이다. 둘 중에 하나에 발 딛고 서게 하지도 않고, 둘 중에 하나를 선택하게 하지도 않으며, 어느 한쪽에 머물지 못하게 한다. 의식이 갈 길을 꽉 막아 버리는 것이다. 분별하지 못하도록 하는 것이다.

그러면 의식은 도대체 이러지도 저러지도 못하고, 어찌할 바를 모르게 된다. 바로 그것이 불법이고, 선이고, 도이며, 마음공부다. 의식과 분별이 설 자리를 전부 다 빼앗아 버린다.

불법과 불교교리를 보라. '이것이다', '이것만이 진리다'라고 결정적으로 정해 놓는 것이 없다. 무유정법(無有定法 : 정해진 법이 없다), 무주(無住 : 머물지 말라), 무위(無爲 : 애쓰지 말라), 무집착(無執着 : 집착하지 말라), 무상(無相 : 실체적인 모습이 없다), 무상(無常 : 항상 하는 것은 없다), 무아(無我 : 나라고 할 만한 실체가 없다), 본래무일물(本來無一物 : 불성, 자성, 본래면목이랄 것조차 없다) 등으로 끊임없이 우리의 분별의식이 어느 한쪽에 딱 머물거나, 집착할 수 있는 가능성을 모조리 빼앗아 버린다.

그런 방법으로 분별심을 조복시키려는 것이다. 억지로 분별심을 버리라고 윽박지르거나, 분별심을 없애는 수행을 통해 끊임없이 갈고 닦아서 결국 생각을 다 없애버리라는 것이 아니다. 그런 방법은 거의 효과를 보지 못한다.

그래서 끊임없이 법문을 통해, 분별의식이 어디에도 머물지 못하도록 이끄는 것이다. 그래서 법문을 듣는 사람들은 처음에는 법문 내용을 계속해서 해석하고 분별하고 이해하려고 애쓰지만, 나중에 시간이 흐르면 흐를수록 법문을 들으면서 저절로 머리는 쉬어진다. 저절로 헤아리고 분별하는 버릇이 줄어들고, 그냥 듣게 된다. 판단하면서 이해하면서 듣는 것이 아니라, 그냥 듣는다.

드디어 분별심이 조금씩 조복 받아지는 것이다. 그래서 선지식의 직지인심의 법문이 중요한 것이다. 그저 법문만 들었을 뿐인데, 저절로 분별심이 조금씩 쉬어진다. 선지식은 끊임없이 분별심이 쉬어질 수밖에 없는 법문을 지속적으로 해주기 때문이다.

그래서 법문을 잘 듣는 사람은 법문을 들었는데도 무슨 말을 들었는지 전혀 모르게 된다. 법문을 듣고 났는데도 아무런 기억에 남는 것이 없다. 분별하고 듣거나, 기억하며 듣지 않았기 때문이다. 이것이 법문을 잘 듣는 방법이다.

법문을 잘하는 선지식도 마찬가지다. 이해가 쏙쏙 가게 법문을 하는 법사는 법문을 잘하는 법사라고 할 수가 없다. 들어도 들어도 도대체 무슨 말을 하는지, 이해가 콱 가로막히게 법문하는 분이 바로 선지식이다.

이것은 수행이 아니다. 그저 법에 대한 관심과 발심이 있으니, 법이 있는 곳을 저절로 찾아가게 되고, 저절로 법문에 귀를 기울이게 되는 것이다. 이것이야말로 함이 없는 함이고, 수행 아닌 수행이며, 무위의 공부다.

여기에 무슨 좌선이나 수도가 필요한가? 이것이 수행이라면 수행이지만, 이것은 수행이라고 할 것도 없다. 하는 것이 없으니까.

선을 좇아가고 악을 멀리하려고 애쓰거나, 공을 관하고, 선정에 들려고 노력하는 것들이 모두 조작이고 유위라서 참된 법이 아니다. 바깥으로 좇아 이리저리로 구하게 된다면 참된 법과는 점점 멀어진다.

다만 헤아리고 분별하는 마음만 없게 하라. 한순간의 허망한 분별의식과 생각이 곧 나고 죽는 중생의 뿌리가 된다. 이 한 생각 분별심이 사라지면 삶과 죽음의 뿌리도 사라지고, 부처님의 위없는 보물을 얻게 된다.

⊙ 평상심이 도

성인(聖人)의 마음에는 본래 지위(地位), 인과(因果), 계급(階級)이라는 헛된 개념이 없다는 것을 성문은 알지 못하기에, 수행을 원인으로 깨달음이라는 결과를 만들어 내야 한다고 망상한다.

근기가 뛰어난 중생은 선지식의 가르침을 듣고 바로 깨닫기에, 계급이나 지위를 거치지 않고도 곧장 본성을 증득한다.

도는 닦을 필요가 없다. 더러움에 물들지만 말라.(道不用修 但莫汚染) 무엇이 더러움에 물드는 것인가? 생멸심(분별심)으로 조작하고 추구하는 것이 더럽히는 것이다. 도를 알고자 하는가? 평상심이 바로 도다. 무엇이 평상심인가? 조작하지 않고, 옳고 그름을 따지지 않고, 취하고 버리지 않으며, 단견과 상견에 치우치지 않고, 범부와 성인을 나누지 않는 것이 바로 평상심이다. 경전에서는 이를 두고 '범부처럼 행세하지도 않고, 그렇다고 성인이나 현자처럼 행세하지도 않는 것이 바로 보살의 행이다'라고 했다.

무릇 법을 구하는 이는 구하는 바가 없어야 한다. 마음 밖에 따로 부처가 없고, 부처 밖에 따로 마음이 없다. 선(善)을 취하지도 말고, 악(惡)을 버리지도 말라. 깨끗함과 더러움 어느 쪽도 의지하지 말라.

죄(罪)의 본성은 텅 비어 공(空)하다. 이것을 깨달으면 죄란 본래 없으니, 죄라는 자성이 본래 없기 때문이다. 그러므로 삼계유심(三界唯心)이며, 삼라만상은 하나의 마음이 찍어낸 도장 자국일 뿐이다.

성인의 마음에는 지위, 계급, 인과가 없다. 수행의 단계나 점차가 없다. 그저 모르고 모르다가 한순간에 밝아지는 것, 즉 돈오(頓悟)이지, 점오(漸悟)가 아니다. 수행을 원인으로 깨달음이라는 결과를 낼 필요가 없다. 수행이 점점 성숙해지는 그런 것은 없다.

참으로 수행을 잘한다면, 견성하는 그 순간까지, 시간이 가면 갈수록 더 모를 뿐이지, 점점 더 알 것 같고, 조금씩 밝아지는 것 같은 그런 것은 없다. 모르고 모르다가 완전히 답답하고 죽을 것처럼 모르게 되어 모름으로 하나가 되고, 모름으로 똘똘 뭉쳐지는 것이 바로 의정(疑情)이고 의단(疑團)이다. 그런 의단이 독로(獨露)해지다가 한순간 문득 돈오하는 것이 이 공부다.

그러니 뛰어난 중생은 그저 선지식의 가르침을 듣다가 바로 깨달을 뿐, 계급이나 지위 없이 곧장 견성한다.

그래서 마조는 '도는 닦을 필요가 없으니, 더러움에 물들지만 말라'고 했다. 생멸심은 생겨나고 사라지는 마음이다. 이 생멸심으로 조작하고 추구하는 것이 더러움에 물드는 것이다.

도는 바로 이 평상심이다. 조작하는 것은 힘이 들지만, 조작하지 않는 것은 힘든 일이 아니다. 그냥 평상의 마음이다. 옳고 그름을 따지는 것은 힘들고 노력해야 하며 어느 쪽이 더 옳은지를 구분하기 위해서 계속해서 새로운 학문과 윤리도덕을 연구해야 한다. 그러나 옳고 그름을 따지지 않는 것은 아주 쉽다.

취하고 버리지 않고, 단견과 상견에 물들지 않고, 범부와 성인을 나누지 않는 것이 쉬운 평상심이다.

구하는 바가 있으면 그것을 구할 때까지 쉴 수가 없다. 너무 힘들고, 스트레스를 받는다. 그러나 참되게 법을 구하는 자는 구하는 바가 없다. 그저 쉬면 될 뿐 아무것도 할 것이 없다.

그러니 선이 어떻게 어려울 수가 있는가? 너무 어렵게만 살아오던 버릇이 습관이 되어서, 너무 분별하며 살던 것이 습관이 되어서 분별 없고, 쉽게 가는 길을 열어주면 그것을 오히려 힘들어하는 것일 뿐이다.

🌐 나 자신의 보물창고

각자 자신의 마음이 곧 부처임을 믿으라. 이 마음이 바로 부처다.(自心是佛 此心卽佛)

눈에 보이는 모든 대상을 보는 것은 곧 마음을 보는 것이다. 마음은 저 홀로가 아니라, 대상 경계로 말미암아 드러나는 것이다. 그대가 언제나 말을 내뱉기만 하면 이치로든 현상으로든 전혀 막힐 것이 없다. 깨달음의 열매도 마찬가지다. 마음에서 현상세계가 드러났지만 색이 공함을 알면 생겨난 것은 곧 생겨나지 않은 것이다. 이러한 이치를 깨닫는다면 때에 따라 옷을 입고 밥을 먹으며, 성인이 될 소질을 키워 나가면서, 자연스럽게 인연 따라 흘러가며 시간을 보낼 것이니, 다시 무슨 일이 있겠는가?

어리석음에 대응하여 깨달음을 말하는 것일 뿐, 본래 어리석음이 없다면 깨달음 또한 없다. 일체 중생은 본래부터 법성삼매(法性三昧)를 벗어난 적이 없어 항상 법성삼매 속에서 옷 입고 밥 먹고 이런 저런 말을 하기도 한다. 그러므로 육근(六根)의 작용과 모든 행위 그대로가 법성이다.

모든 것이 전부 마음이다. 모든 이름이 전부 마음의 다른 이름이다. 온갖 것이 전부 마음으로부터 생겨나니 마음이 만물의 근본이다.

진리를 떠나서는 설 곳이 없다. 서 있는 곳이 바로 진리(立處卽眞)요, 모든 것이 자신의 본바탕이다.

일체법이 모두 불법이고(一切法皆是佛法), 모든 것이 전부 해탈(諸法卽是解脫)이다. 해탈은 곧 진여이니, 모든 것은 진여를 벗어나지 않는다.

하늘에서 구름이 일어났다가 사라지지만 흔적을 남기지 않는 것처럼, 물 위에 그림을 그리면 무늬가 나타나지만 곧장 사라지는 것처럼, 모든 것은 생겨난 것도 아니고 사라지는 것도 아니다. 이것이 바로 대적멸(大寂滅)이다.

대주혜해(大株慧海)가 처음 마조를 참례(參禮)할 때, 마조가 물었다.

"여기에는 무엇 때문에 왔느냐?"

"불법을 구하러 왔습니다."

"자기의 보물창고는 놔두고, 자기 집을 버리고 이리저리 다녀서 무엇을 하려느냐? 이곳에는 한 물건도 없는데, 무슨 불법을 구한다는 것이냐?"

대주가 절하고 물었다.

"무엇이 저 자신의 보물창고입니까?"

"바로 지금 나에게 묻는 그것이 그대의 보물창고다. 거기에 모든 것이 갖추어져 있고 전혀 부족함이 없어 자재하게 사용할 수 있는데 어찌 밖에서 구하고 찾는가?"

대매산(大梅山)의 법상(法常, 752~839) 선사가 처음 마조를 찾아와서 물었다.

"무엇이 부처입니까?"

마조가 말했다.

"이 마음이 바로 부처다.(卽心是佛)"

법상은 곧 크게 깨달았다.

분주무업(汾州無業, 760~821) 선사가 마조를 찾아왔을 때, 마조는 그 풍채가 좋고 목소리가 종소리처럼 우렁찬 것을 보고 말했다.

"당당한 불당(佛堂)인데, 그 속에 부처가 없구나."

무업이 무릎 꿇어 절하고 물었다.

"삼승(三乘)의 학문이라면 대강 해 마쳤지만 선문에서 말하는 '마음이 곧 부처'라는 것은 도무지 알 수가 없습니다."

"다만 알지 못하는 그 마음이 곧 그것이다. 그것 외에 다시 다른 물건은 없다."

무업이 물었다.

"무엇이 조사가 서쪽에서 와 비밀스럽게 전한 심인(心印)입니까?"

"쓸데없는 신경은 끄고, 우선은 돌아갔다가 다음에 다시 오시게."

무업이 나가는데, 마조가 불렀다.

"스님!"

무업이 머리를 돌리자 마조가 말했다.

"이것이 무엇인가?(是什麽)"

무업이 이 말에 문득 깨닫고는 절을 하니, 마조가 말했다.

"이런 둔한 사람 같으니. 절은 해서 뭐하나?"

부처는 멀리 있지 않으니, 자기 마음이 곧 부처다. 눈에 보이는 대상을 볼 때 무엇이 그 대상을 보는가? 보는 그것이 바로 마음이다. 마음은 언제 드러날까? 우리는 언제 마음을 눈치챌 수 있을까? 대상 경계로 말미암아 마음은 드러난다. 눈으로 볼 때 보다가 깨닫고, 귀로 소리를 들을 때 듣다가 깨닫는다. 보이는 대상, 들리는 대상, 바로 그 대상의 움직임 속에서 자성이 확인된다.

세상 모든 일이 벌어지더라도 바로 그곳에서 마음이 확인된다. 말을 내뱉기만 하면 그것이 바로 마음이다. 무엇이 말을 하는가? 목구

멍이? 혀가? 목청이? 아니다. 이 몸은 말을 할 줄 모른다. 소리를 낼 줄도 모른다. 시체는 입이 있어도 말을 하지 못한다. 말을 누가 내뱉 는가? 마음이, 부처가, 본래면목이 말을 한다. 말을 하자마자 자성이 확인된다.

현상세계가 일어나더라도 그것이 공함을 안다면, 생겨난 모든 것 이 생겨난 바가 없다. 생하되 생한 바가 없음을 안다면, 벌어지는 모 든 일들이 모두 자성을 벗어나지 않음을 안다면, 인연 따라 마음껏 살 아도 전혀 걸릴 것이 없다. 그 모든 것이 전부 자성이니 어디에 막히 겠는가?

때에 따라 추우면 옷을 입고, 더우면 벗고, 배고프면 밥 먹고, 자연 스럽게 인연 따라 흘러가며 시간을 보내기만 하더라도, 성인될 소질 이 저절로 성장한다. 그 모든 것이 마음 아님이 없기 때문이다. 일체 법이 다 불법이니, 무슨 일이 있겠는가? 이 불법의 일, 이 하나의 진 실의 일 말고 다른 일은 없다.

일체법이 자성을 벗어나지 않으니, 이를 일러 법성삼매(法性三昧) 라고 한다. 늘 법성, 자성을 벗어나지 않기 때문이다. 법성삼매 속에 서 옷 입고, 밥 먹고, 눈귀코혀몸뜻을 가지고 마음껏 삶을 살아가지만 그 모든 행위가 그대로 법성이다.

이처럼 삼라만상 일체법이 전부 다 마음이다. 모든 것들, 모든 대상, 모든 이름이 전부 마음이며, 법성이다. 마음이 곧 만물의 근본이다.

우리는 아무리 발버둥을 치고 애를 쓰더라도 이 마음을, 이 진리를 결코 떠날 수 없다. 어디에 서 있더라도, 어떤 삶을 살지라도, 당신이

서 있는 바로 그곳이 참된 진실의 자리다. 입처개진(入處皆眞), 입처즉진(入處卽眞)이다.

일체법이 그대로 불법이다. 모든 것이 전부 해탈이다.

하늘에서 구름이 일어나고 사라지지만 흔적이 없듯이, 물 위에 그림을 그리면 잠시 인연 따라 무늬가 나타나지만 곧장 사라지듯이, 이 세상 삼라만상 모든 것들은 생겨나도 생겨난 것이 아니며, 사라져도 사라진 것이 아니다. 인연 따라 생겨난 모든 것은 이처럼 공하여 텅 비었다. 이것이 바로 대적멸이다.

지금 우리의 삶이 고스란히 대적멸이다. 모든 것이 일어난 그대로 대적멸이다. 행복한 삶, 불행한 삶 그 모든 것이 대적멸이다. 내 안에서 행복하다거니, 불행하다거니 하며 해석하지만 않는다면 어디에 서 있든 대적멸을 벗어날 수 없다.

세상 모든 것이, 세상 모든 존재가 그대로 대적멸이요, 부처이니, 다른 곳에 가서 불법을 구할 것이 없다. 자기 안에 보물창고가 있다. 선지식의 손안에는 한 물건도 없다.

'무엇이 보물창고인가?' 하고 묻는 그것이 보물창고다. 그 마음의 보물창고에 모든 것이 갖추어져 있어서 전혀 부족함이 없이 자재하게 사용할 수 있으니, 밖으로 구할 필요가 없다.

법상스님이 마조스님을 찾아와서 '무엇이 부처인가?' 하고 물었다. 마조는 '즉심시불, 이 마음이 바로 부처다'라고 답했고, 법상스님은 그 말끝에 크게 깨달았다.

준비가 된 자는 말 한 마디 끝에 단박에 깨닫는다. 그러나 준비되지 않은 자는 부처님께서 눈앞에 오셔서 법문을 설해 주시더라도 여전히 어두운 밤 속이다.

여기 또 다른 준비된 자가 있다. 분주무업에게 마조는 '몸은 풍채가 좋아 당당한 불당이라 할 만한데, 어찌 그 속에 부처가 없는가?' 하고 묻는다. 무업은 마음이 부처임을 도저히 알 수 없었노라고 진실하게 고백한다. 마조가 알지 못하는 줄 아는 바로 그것이 마음이라고 설해 줘도 여전히 알지 못한다. 무업의 질문은 계속된다. 그러나 이번에는 마조가 그 입을 닫게 하고는 돌아갔다가 다음에 오라고 한다.

무업이 하는 수 없이 나가는데, 마조가 불러 말했다.

"스님!"

무업이 머리를 돌리자 마조는 '이것이 무엇인가?' 하고 묻자마자, 무업은 문득 깨닫고는 절을 올린다.

이렇게 준비된 자는 몇 마디 말을 듣고는 곧장 깨닫는다. 혹 여전히 몇 마디 말을 듣고도 모르지만, 그럼에도 거의 준비가 된 제자에게 대선지식은 그의 근기를 직감하고는 그에게 걸맞은 자유자재한 방편을 구사한다.

바로 그 순간, 스승과 제자는 줄탁동시(啐啄同時)로 확 통해 하나가 된다.

09
백장회해
百丈懷海
(749~814)

(1) 백장어록(百丈語錄)

⊙ 병이 나으면 약은 버려라

다만 매 순간 거울처럼 깨어 있을 뿐, 있거나 없는 것들에 얽매이지 말라.

말을 했다 하면 과녁이 생기는 것과 같아 화살을 부르니, 거울처럼 깨어 있다고 말해도 도리어 옳지 않다.

만약 매 순간 거울처럼 깨어 있음을 굳게 지키려고 한다면 이 역시 마구니의 말과 같고, 자연외도의 말과 같다.

병이 나으면 약은 반드시 버려야 한다.

부처라는 견해도 만들지 말라. 부처는 중생을 위해 처방한 약인데, 병이 없으면 약을 먹을 필요가 없다.

거울처럼 깨어 있으라는 말은 거울이 대상 사물을 그저 있는 그대로 비출 뿐, 좋거나 나쁜 대상으로 나누어 구별하지 않는 것처럼, 일체 있고 없는 모든 것들을 다만 있는 그대로 비추어 보되, 분별하지 말라는 것이다. 그것이 바로 선공부요, 마음공부이기 때문이다.

그러나 이렇게 마음공부를 '거울처럼 깨어 있는 것'이라고 규정 지어 놓으면, 벌써 그 말에 허물이 생긴다. 말이란 전부 다 방편이기 때문에, 말로 표현된 것은 전부 허물이 있다. 최대한 허물이 없는 말로 표현한다고 할지라도, 결국 그 말은 깨뜨려야 할, 달을 가리키는 손가락에 불과하다.

그래서 선어록과 경전 등에서는 끊임없이, 말로써 '이 자리', '이 진리'를 표현하고, 끊임없이 가리키고 있지만, 그렇게 이 마음을 말로 표현해 놓고 또다시 끊임없이 스스로 세워 놓은 그 말을 다시금 타파하여 없애버린다.

본래면목을 깨달으라고 했다가 본래면목이라고 할 만한 한 물건도 없다고 하여 본래무일물(本來無一物)을 설하고, 해탈과 열반을 증득하라고 했다가 다시 해탈도 없고 열반도 없다고 말한다. 유식(唯識)불교에서도 승의제(勝義諦)라는 진리를 설하고 나서 다시 승의무자성(勝義無自性)을 설한다.

말로 표현되었다 하면 그것은 벌써 방편이 되고, 그 방편은 강을 건널 때까지만 효능을 지닌다. 특정한 방편은 특정한 사람에게만, 혹은 특정한 상황에서만, 그 맥락 속에서만 제한된 진리의 기능을 한다.

그래서 말을 했다 하면 과녁이 생기는 것과 같아 화살을 부른다. 말로 표현된 모든 것들은 전부 선지식에게는 한 방 맞을 소리다. 허물없는 완전한 진리의 말이란 없다.

그래서 매 순간 거울처럼 깨어 있으라고 말하고, 분별없이 보라고도 하지만, 그 말에 머물러, 그 말을 지키려고 하고, 그 말에 집착하게 된다면 그 역시 마구니의 말이 되고, 외도의 말이 될 뿐이다.

불교 경전의, 선어록의 일체 모든 말들 그 어떤 최고의 가르침이라 할지라도 거기에 머물러 집착해서는 안 된다.

그래서 병이 나으면 약은 '반드시' 버려야 한다. 방편의 효용가치를 다했으면 그 방편은 '반드시' 버려야 한다. 지금 불교계를 보면, 방편이 진리인 줄 착각하고, 손가락이 달인 줄 착각하여 그 방편에만 급급한 모습들이 많은 정도가 아니라 거의 전부라고 해도 과언이 아니다.

부처 또한 하나의 방편이다. 부처란 본래 없다. 중생이라는 하나의 착각이 생겨났기 때문에 그 착각을 여읜 부처를 임시로 만들어 놓은 것일 뿐이지, 본래부터 부처가 따로 있었던 것이 아니다.

분별하는 이들이 있으니, 무분별이라는 말을 사용하는 것일 뿐이지, 분별하지만 않는다면 무분별을 따로 설할 이유가 없다.

중생들이 괴로워하지 않는다면, 괴로움을 여읜 멸성제를 따로 설명할 필요가 없다. 괴로움이 있으니, 그 괴로움을 없애주고자 온갖 방편을 써가면서 그 괴로움이라는 환상을 깨주고 있는 것이다.

⊛ 마귀의 말

어떻게 허공을 쪼아서 부처의 형상을 만들 수 있겠는가? 어떻게 허공에 대해 푸르거나 누렇거나 붉거나 희다고 말할 수 있겠는가? 법에는 비교할 것이 없다. 설명할 수도 없다. 법신(法身)은 무위(無爲)일 뿐이니, 어떤 헤아림에도 속하지 않는다. 그러므로 말한다.

"성스러운 본체는 이름이 없고, 참된 이치는 말로 설할 수 없다."

선지식을 찾아가 하나의 지식과 하나의 이해를 구한다면, 이것은 선지식이라는 마귀에 떨어진 것이니, 말로써 견해를 지었기 때문이다.

사홍서원(四弘誓願)에 발심하여 일체중생을 다함없이 제도한 연후에 내가 성불하리라고 한다면 이는 보살의 법과 지혜라는 마귀에 떨어진 것이니 서원이라는 상을 버리지 못했기 때문이다.

선지식은 유(有)에도 집착하지 않고 무(無)에도 집착하지 않는다. 수많은 마귀의 말에서 벗어나 있으니, 말에 얽매이지 않는 사람이다. 말로써 설명하려 한다면, 스스로를 종사(宗師)라고 해서는 안 된다. 다만 말하는 것이 계곡을 울리는 메아리와 같다면, 말이 천하에 가득 차 있더라도 그 말에는 허물이 없으니 의지해도 좋다. 그러나 만약 '나는 잘 설법하고, 나는 잘 이해한다'고 말하거나, '나는 스승이고 너는 제자다'라고 말한다면, 그것은 마귀의 말이다.

일체의 있다거나 없다고 하는 분별법에 전혀 의지하지 않고, 또 의지하지 않음에 머물지도 않고, 또 의지하지 않음에 머물지 않는다는 생각도 내지 않는다면, 그를 대선지식이라 할 만하다.

이 법은 어떻게도 설명할 수 없다. 모습을 떠올릴 수도 없고, 크기도 모양도 냄새도 맛도 없다. 비교할 그 어떤 것도 없다. 둘로 나뉘어져 있으면 이것과 저것을 비교하여 '이렇다'거나, '저렇다'고 할 수 있겠지만, 이 법은 불이법(不二法)이기에 둘이 아니니 그 어떤 비교도 있을 수 없고, 그 어떤 규정도 할 수 없다.

이 법은 무위이기 때문에, 그 어떤 헤아림, 이치, 지식, 분별로써는 다다를 수 없다. 이 공부에서 가장 중요한 단 하나를 말하라면 바로 이것이다. 헤아려서 알 수 있는 것이 아니라는 점이다.

그러니 바른 법을 드러내는 선지식은 그 어디에도 집착하지 않는다. 집착할 것이 없기 때문이다. 둘로 나뉜 것이 없기 때문이다. 이것과 저것이 있어야 뭔가를 집착하고 버리고 할 텐데, 오로지 이 하나의 진실밖에 없다면, 그저 '하나'밖에 없다면 집착할 것도 없다.

선지식은 말로써 말 너머의 법을 끊임없이 설법하지만, 그렇게 수없이 많은 말을 하면서도 전혀 그 말에 얽매이지 않는다. 그 모든 말은 말을 해도 한 바가 없다. 석가모니 부처님께서 당신의 전체 인생을 바쳐 끊임없이 중생들을 위해 설법하셨지만, 열반하실 때 단 한 법도 설한 바가 없다고 하셨던 것이 이 때문이다.

말로써 설명할 것이 아니라, 말 너머의 '이 자리'를 곧장 지시해 줄 수 있어야 모름지기 종사라고 할 만하다. 말로 설명하면서도 말로 설명하지 않을 수 있어야 종사다. 말하는 것이 계곡을 울리는 메아리와 같아, 그 말에 전혀 흔적이 남지 않고, 공하여 텅 비었음을 안다면, 천하를 가득 채울 만큼 많은 말을 하더라도 아무런 허물이 없다.

혹시 스스로 '나는 설법을 잘한다'거나, '내 설법이야말로 참된 진리'라거나, '나는 불법을 잘 이해한다'라고 말하거나, '이 법만 믿으면 된다'거나, '이 법만이 유일한 최고의 진리'라거나, '나만이 최고의 스승'이라고 하며 제자 되기를 강요한다면, 그는 마귀의 말을 하는 자다. 분명히 다시 읽어 보라. 그는 마귀의 말을 하는 자다.

그런 스승들이 얼마나 많은지! 그런 스승들로 인해 상처받고, 오랜 세월 고생하는 이들이 얼마나 많은지 모른다.

이 법에는 무어라고 내세울 그 어떤 것도 없거늘, '내 법이 최고', '내 가르침이 최고'라고 자신의 법을 내세우는 사람이 있다면 얼마나 어리석은 사람인가? 불법의 기본조차도 모르는 어리석은 삿된 스승인 줄 알아야 한다.

참된 대선지식이라면, 일체의 있다거나 없다고 하는 그 어떤 것에도 의지하지 못하도록 이끈다. '이것이 진리'라고 말하며, 그 진리를 있는 것처럼 꾸며낸다면 그는 있고 없음을 분별하는 자다. 그 어디에도 의지하지 못하도록, 제자를 무주(無住)로 이끌어주는 이야말로 참된 선지식이다.

그러면서도 의지하지 않고 머물지도 않는다는 거기에도 머물지 않고, 그런 생각도 일으키지 않는다면, 그를 대선지식이라 할 만하다.

선지식의 손안에는 어떤 것도 들어 있지 않다.

⊙ 짊어질 수 있는 만큼의 짐만 준다

중생의 분별하는 마음은 부처라는 지위에 올라본 적이 없다. 중생의 집착심은 온갖 대상을 붙잡는다. 어렵사리 현묘한 뜻을 맛보더라도 약이 되지는 못하고, 가까스로 격외(格外)의 말을 듣더라도 믿지를 못한다. 그래서 보리수 아래에서 21일 동안 침묵으로 사유하신 것이다. 지혜는 아득하여 말하기도 어렵고 비유로 설하기도 어렵다. 중생에게 불성이 있다고 하면 불법승을 비방하는 것이고, 불성이 없다고 하여도 불법승을 비방하는 것이다. 불성이 있다고 하면 집착이라는 이름의 비방이고, 불성이 없다고 하면 허망이라는 비방이다.

처음에는 설법하지 않으려 하셨으니 그렇게 하면 중생들이 해탈할 기약이 없고, 설법하려고 하니 중생들이 말을 따라 이해를 하여 이익은 적고 손해는 많을 것이다. 그래서 "나는 설법하지 않고, 열반에 드는 것이 좋으리라"고 했던 것이다.

그 뒤에 돌이켜 보니 과거의 많은 부처님들께서는 모두 삼승법(三乘法)을 통해 임시로 이름을 설하고 세워, 본래 부처가 아니지만 중생에게는 부처라고 말하고, 본래 보리가 아니지만 중생에게는 보리와 열반, 해탈 등을 말씀하신 것이다.

중생이 백 가마니의 짐을 짊어진다면 일어서지 못함을 아시고, 우선 그에게 한 되, 한 홉만의 가벼운 짐을 지워 준 것이다. 즉 중생이 요의교(了義敎)를 믿기 어려움을 아시고, 우선 그에게 불요의교(不了義敎)를 설하신 것이다.

중생들은 부처가 되어 본 적이 없다. 분별하는 마음은 무분별이라는 지위에 올라 본 적이 없다. 그렇기에 중생들은 끊임없이 대상을 둘로 나누어 놓고, 좋아서 집착하거나, 싫어서 버리려고 애쓴다. 중생의 집착심은 끝도 없이 이어진다.

그렇기에 어렵게 불법을 듣더라도 도무지 믿지를 못한다. 분별밖에 해본 적이 없는 이에게 무분별을 설하니 한 번도 가보지 못한 곳이라 못 믿는 것이다.

우리는 끊임없이 생각으로 이해하고, 분별하고, 구분하고, 정리하면서 살아왔는데, 불교에서는 법문을 듣되 생각으로 듣지 말라고 한다. 생각으로 이해하며 듣지 말라고 한다.

법문의 내용 또한 생각으로 이해되는 내용이 아니라, 도저히 알다가도 모를, 앞뒤가 맞지 않는 것 같은 알 수 없는 선문답을 말한다. 그것이 바로 생각, 이해, 분별로써는 안 되기 때문에, 그 분별과 생각을 멈추게 하려는 방편인 줄 모른다.

참으로 이 지혜는 아득하여 말하기가 어렵다. 어쩔 수 없이 비유로 설하지만 그 또한 쉬운 일이 아니다. 분별할 수 없고, 말로 할 수 없는 진리를 말이라는 분별의 도구를 이용해서 표현하는 것 자체가 허물이다. 그래서 어쩔 수 없이 말이라는 허망한 방편을 이용해, 방편으로 진리를 설한다. 그러나 그 말은 전부 다 방편이기에 그것 자체로 절대적인 진리인 그런 말은 없다.

중생에게 불성이 있다고 하면 중생들은 불성에 집착할 것이다. 불성이 진짜로 있다고 믿고 불성이라는 무언가를 찾기 위해 애쓸 것이다. 사실 불성은 있다고도 그렇다고 없다고도 말할 수 없다. 불성이 있다고 집착하는 이에게는 없다는 방편을 써서 그 집착을 깨주고, 불성이 없다고 집착하는 이에게는 방편으로 있다는 방편을 써서 그 집착을 깨줄 뿐이다.

불성이 있다고 하면 중생들은 그 불성에 집착하는 허물이 있고, 불성이 없다고 하면 중생들은 '그렇다면 이 세상에 진리도 없고 부처도 없구나' 하면서 허망해할 것이다. 양쪽 모두 허물이 있다. 그 두 가지 말 모두가 하나의 방편이기 때문이다. 방편이란 임시적으로만 효과가 있는 약일뿐이다.

이렇다보니 부처님께서 처음에 성도(成道)하신 뒤에 중생들에게 설법하지 않고 열반에 들고자 하셨다. 설법하려고 하니, 중생들이 그 말에 휘둘리고 그 말에 집착하여 말이 가리키고자 하는 낙처는 보지 못할 것이 분명했기 때문이다. 그렇다고 설법하지 않으려 하니, 중생들이 해탈할 기약이 없다.

그래서 부처님께서는 어쩔 수 없이 방편법을 빌어 중생의 근기에 따라 수만 가지 무수히 많은 방편을 쓰셨으니, 그 방편의 종류를『법화경』에서는 크게 세 종류로 묶어 삼승(三乘)이라고 했다.

여러 가지 임시적인 방편을 통해 중생들이 치우쳐 있는 분별을 깨주고, 집착을 깨뜨려 준 것이다.

중생들에게 처음부터 백 가마니의 짐을 짊어지게 하면 일어서지 못함을 아시고, 우선 그에게 한 되, 한 홉 정도의 가벼운 짐만을 지워 주신다.

처음부터 이 '하나의 진리'를 설하면 도저히 감당하기 어렵다는 것을 아시고, 보시와 나눔을 실천하라거나, 소소한 일상생활의 계율도 설해 주시고, 인과응보의 방편 설법을 통해 윤리 도덕적인 삶을 살도록 이끌어 주셨으며, 욕심과 집착의 해악을 설해 주셨으며, 그렇게 해서 조금씩 근기가 성숙해질 때쯤 되어 출세간법이라는 진리의 공덕을 설명해 주셨다. 그렇게 하여 결국 사성제라는 괴로움에서 벗어나는 방법, 즉 해탈의 법을 설하신 것이다.

이것이 바로 부처님의 대기설법(對機說法)으로, 시론(施論), 계론(戒論), 생천론(生天論), 제욕(諸欲)의 과환(過患), 출리(出離)의 공덕, 사성제(四聖諦)다.

요의교(了義敎)란 불법의 요지, 핵심을 곧바로 설하는 가르침이고, 불요의교(不了義敎)란 방편의 가르침을 말한다. 부처님께서는 먼저 불요의교를 설하시고, 그 뒤에 중생들의 근기가 어느 정도 성숙해지셨을 때 요의교를 설하셨다.

◉ 백장의 삼구법문

보통 가르침의 말에는 삼구(三句)가 서로 이어져 있으니, 초선(初善), 중선(中善), 후선(後善)이다. 처음에는 그가 좋은 마음을 내도록 해주어야 하고, 중간에는 그 좋은 마음을 부수도록 하고, 뒤에는 매우 좋은 것을 비로소 밝혀 주어야 한다. '보살은 보살이 아니라 이름이 보살이다'와 '법은 법도 아니고 법 아닌 것도 아니다' 등의 구절이 모두 이와 같다.

"풀을 베고 나무를 잘라 땅을 파고 개간하면, 과보를 받을 만한 죄가 될까요?"

백장이 말했다.

"죄가 있다고 단정적으로 말할 수도 없고, 죄가 없다고 단정 지어 말할 수도 없다. 죄가 있는지 없는지는 당사자에게 달려 있다.

만약 일체의 있느니 없느니 하는 분별법을 탐내고 물들어, 취사선택하려는 마음이 있어서, 삼구(三句 : 세 마디 말)를 투과하지 못한다면, 이 사람에게는 분명 죄가 있다고 말한다.

만약 삼구를 투과하여 마음이 허공과 같으면서도 허공과 같다는 생각을 내지 않는다면, 이 사람에게는 죄가 없다고 분명히 말한다."

앞에서 살펴보았듯이 석가모니 부처님은 중생들의 근기에 맞춰 처음부터 어려운 불법을 말씀하시기보다, 처음에는 보다 쉽게 근기에 맞는 방편법문을 설하시다가 차츰 그 방편을 여의고 참된 불법의 본질로 나아가도록 이끄셨다.

선에서도 마찬가지다. 백장은 이러한 방편이 3가지 구조를 가지고 있다고 하여 삼구(三句) 법문을 설하셨다. 모름지기 올바른 방편이라면 이 삼구를 모두 통과하여야 방편의 효과를 온전히 거둘 수 있다. 이를 백장삼구투과(百丈三句透過)라고 한다.

삼구의 초선(初禪)이란 '처음에는 그가 좋은 마음을 내도록 해주어야 함'인데, 이름과 교리, 견해를 세워서 삿된 분별에 빠진 중생들에게 올바른 길이 무엇인지를 보여준다.

예를 들면 분별과 집착을 버리고 깨달음의 길, 해탈 열반의 길로 나아가도록 이끌어 준다. 이 초선은 성문(聲聞)과 연각(緣覺)의 이승(二乘)의 경지로, 분별을 버리고 집착을 버리는 것이야말로 올바른 깨달음의 길이라고 굳게 믿어 무집착과 무분별을 실천하며 그 경지에 머물고자 노력한다.

다음으로 중선(中禪)이란 '그 좋은 마음을 부수도록' 하는 것으로, 이미 초선에서 해탈과 열반의 좋은 길을 보여 주었으나 중선에서는 그것조차 임시방편으로 거짓 시설된 것임을 깨닫게 하여 초선에서 내세웠던 이름과 교리, 견해를 끊어 버리게 한다.

방편으로 열반을 내세우는 것이 초선이라면, 바로 그 내세웠던 열반조차 방편이었음을 깨닫게 하여 방편을 버리고 곧장 본질로 나아가게 하는 것이다. 손가락을 버리고 곧장 달을 보게 하는 것이 곧 중선이다.

이 중선은 보살승(菩薩乘)의 경지로, 이미 분별을 버리고 집착을 버리도록 이끌었으나, 그 무분별과 무집착에도 머물러 집착하지 않도록 이끄는 것이라고 할 수 있다.

후선(後禪)은 '매우 좋은 것을 비로소 밝혀 주는 것'으로, 앞서서 방편을 세웠다가 다시 타파했던 것에 대해, 세우고 무너뜨린다는 생각조차도 모두 버리게 하여 방편이라는 틀에서 완전히 자유롭게 한다. 일체의 모든 격식을 타파하여 모든 것으로부터 자유롭게 된다.

이 후선은 곧 일불승(一佛乘)의 불지(佛地)를 말하는 것으로, 무집착과 무분별이라는 생각마저도 완전히 사라지게 하여, 특별히 무집착과 무분별의 실천을 해야겠다는 생각조차 없음에도 저절로 삶 그 자체가 자연스럽게 무집착과 무분별의 삶으로 피어나는 경지다.

불법의 가르침들은 대부분 이러한 삼구로 이루어져 있으니, 대표적으로 '보살은 보살이 아니라 이름이 보살이다'라는 『금강경』의 가르침이 그것이다.

먼저 초선으로 '보살'이라는 이타행과 자비, 무집착과 무분별, 깨달음과 열반이라는 대승불교의 이상적인 수행자 상을 내세워 일체중생들로 하여금 보살의 길로 나아가도록 이끈다.

다음은 중선인 '보살이 아님'을 설하는 것으로, 초선에서 내세웠던 보살이 곧 임시방편이었음을 깨닫게 함으로써 보살이라는 것에 조차 집착하지 않도록 한다.

끝으로 후선인 '이름이 보살이다'라고 설함으로써, 비로소 보살에도 보살이 아님에도 걸림 없이 마음껏 보살이라는 방편을 가져다 쓸 수도 있고, 버릴 수도 있게 만들어, 실체적으로 보살이 있는 것이 아니라 '이름이 보살'이었음을 깨닫게 하여 자유자재로 보살을 쓰면서도 보살에 걸림이 없어지는 경지다.

'법은 법도 아니고, 법 아닌 것도 아니다' 또한 마찬가지다. 처음에는 법을 드러냄으로써 이 불법이라는 깨달음의 세계가 있다는 것을 중생들에게 일깨워준다. 그러나 중선에서는 법이라는 것조차 하나의 방편이었을 뿐임을 깨닫게 하여 법에도 집착하지 않게 한다. 그런 뒤에 다시 '법이 아닌 것도 아님'을 밝힘으로써, 다시금 법이라는 방편에 휘둘림 없이, 있다거나 없다는데 사로잡히지 않은 채 참으로 묘법

(妙法)을 자유자재하게 쓰도록 이끌어 준다.

법은 법도 아니고 법 아닌 것도 아니기에 있다고 할 수도 그렇다고 없다고 할 수도 없지만, 전혀 없는 것은 아니기에 '묘법'이라고 부른다.

이처럼 불법의 모든 방편의 가르침은 이러한 삼구를 투과해야 한다. 죄가 있는지 없는지를 묻는 질문에 백장은 삼구를 투과하지 못한 사람에게는 분명 죄가 있지만, 삼구를 투과하여 마음이 허공과 같으면서도 허공과 같다는 생각에 사로잡히지 않는 이에게는 죄가 없다고 분명하게 말한다.

방편에 대해 삼구로써 온전히 깨달아 삼구를 투과하였다면, 죄라는 것이 본래 자성이 없음을 깨닫기에 본래 죄가 없음을 설하여 이참회(理懺悔)를 설해도 좋다. 그러나 삼구를 투과하지 못한 이에게, 즉 방편에 대해 올바른 공부가 안된 사람에게 어설프게 '죄가 없다'고 설하면 그는 제멋대로 죄를 지으며 살게 될 것이다. 이런 사람에게는 죄가 있다고 분명하게 말함으로써 그 죄를 참회하도록 이끌어 주어야 하니, 사참회(事懺悔)가 어울린다.

『천수경』의 사참회게는 '아석소조제악업 개유무시탐진치 종신구의지소생 일체아금개참회(我昔所造諸惡業 皆由無始貪瞋痴 從身口意之所生 一切我今皆懺悔)'라고 하여 '아득한 옛적부터 지어온 모든 악업, 시작 없는 탐진치(貪瞋痴)로 말미암아 신구의(身口意) 삼업(三業)으로 지었사오니, 이 모든 것을 제가 이제 모두 참회하옵니다'라는 게송이다.

☺ 부처가 말할 줄 모를까봐?

　만약 처음의 알음알이를 가지고 헤아려 분별하면, 이를 일컬어 정결(頂結 : 상투를 틀다, 머리카락을 정수리에 묶다)이라고 하고, 또 정결에 떨어졌다고도 한다. 이것이 모든 번뇌의 근본이다. 스스로 분별심을 일으켜 포승줄도 없이 스스로를 묶는다.(無繩自縛) 바로 이러한 분별심 때문에 세간이라는 이십오유(二十五有 : 윤회하는 존재계를 25가지로 나눈 것)에 결박되고, 다시 일체의 번뇌의 문으로 흩어져 거기에 결박당한다.

　뜻과 말을 이해하여 아는 것을 추구하지 말라. 이해하고 아는 것은 탐냄이니, 도리어 병이 될 뿐이다. 다만 있다거나 없다고 하는 모든 것들로부터 벗어나고, 또 벗어났다는 분별에서도 벗어나, 삼구 밖으로 빠져나간다면, 저절로 부처와 차별이 없을 것이다. 이미 본래 부처라면, 부처가 말할 줄 모를까봐 염려하지 말라. 다만 부처가 되지 못한 채, 유무(有無)의 일체 분별에 빠져 참된 자유를 얻지 못할까봐 두려울 뿐이다.

　불교와 선에서는 알음알이를 가지고 헤아려 분별하는 것을 정결(頂結)에 떨어졌다고 하여, 일체 모든 번뇌의 근본으로 본다. 식(識)이라는 분별심, 분별의식이 스스로에게서 일어나 스스로를 얽어맨다.
　중생의 괴로움은 누가 밖에서 묶거나, 누가 괴로움을 만들어 낸 것이 아니다. 스스로 자기의 분별심으로 제 스스로를 묶은 것일 뿐이다. 무승자박(無繩自縛), 혹은 자승자박(自繩自縛)이라고 하여, 자신을 묶은 포승줄이 전혀 없음에도 중생들은 스스로를 의식의 포승줄로 묶어 스스로 괴로워하고 있다.

이러한 분별심 때문에 일체의 세간, 삼라만상, 온 우주가 생겨났으며, 일체의 괴로움과 번뇌에 사로잡힌다.

만법유식(萬法唯識)이 그것이다. 일체 삼라만상 만법은 오로지 자기의 분별의식에서 나왔다. 지금 자신이 처한 상황이 괴로운 것인지, 즐거운 것인지는 전적으로 자기의 의식에 달린 일이다.

똑같이 연봉을 몇 천만 원을 받으면서 어떤 이는 스스로를 부자라고 여기고, 어떤 이는 가난하다고 여긴다. 몇 천만 원이라는 연봉 속에 고정적으로 많다거나 적다는, 부자라거나 가난하다는 어떤 절대적인 것이 없기 때문이다. 그것은 오직 자기의 의식에서 만들어지는 것일 뿐이다. 그래서 유식무경(唯識無境)이라고 하여, 오직 식이 있을 뿐, 바깥 경계는 없다고 설한다.

분별심으로 분별하여 이해하고, 뜻과 말을 이해해서 아는 것을 추구하는 것은 도리어 병이 될 뿐이다. 아무리 분별을 잘한다고 할지라도 그것은 병이다.

중생들의 첫 번째 분별이 바로 '있다거나 없다'는 분별이다. 이 우주는 있을까? 없을까? 나는 있을까? 없을까? 내가 겪고 있는 이 괴로움은 실제로 있는 것일까? 없는 것일까? 순간순간 인연 따라 올라오는 이 느낌과 감정, 생각들은 실체일까? 아닐까?

이 모든 있다거나 없다는 생각은 말 그대로 허망한 하나의 분별일 뿐이다. 그 분별심 때문에, '있다'고 생각하고, '없다'고 생각하는 그 분별심 때문에 '있다'고 느껴지는 것들에 실체감을 부여하고, 의미를 부여한 채, 좋은 것은 더 많이 가지려고 집착하고, 싫은 것은 없애버리려고 애쓰는 취사간택이 벌어진다.

바로 그 '있다'거나, '없다'고 하는 분별이 원인이 되어 일체의 모든 판단분별과 취사간택이라는 일체의 괴로움이 연기되는 것이다.

있다거나 없다고 하는 모든 것들로부터 벗어나고, 또 벗어났다는 분별에서도 벗어나, 삼구 밖으로 빠져나갈 수 있어야 비로소 부처와 차별이 없을 것이다.

부처가 말할 줄 모를까봐 염려하지는 말라. 부처가 되고 나면, 일체 모든 것이 공하여 아무것도 남아 있지 않고, 완전히 무집착과 무분별이 되어 아무런 삶에 대한 의욕도 없고, 생각도 없으며, 나아가 말 한 마디 못하는 바보가 되는 것일까 하고 걱정할 것은 없다.

부처의 무분별은 전혀 분별하지 않는 것이 아니라, 분별할 것은 다 분별하면서도 그 분별에서 놓여나는 것이다. 말 그대로 삼구를 투과하여 자유자재하다.

다만 있고 없음이라는 일체의 분별에 빠져 대자유를 얻지 못할까봐 두려울 뿐.

☸ 만 냥의 황금을 써도 좋다

"사문들이 말하길, '나는 부처님 가르침에 의지해 하나의 경과 논, 선과 율, 지식과 이해를 배우고 있으니 시주(施主)의 네 가지 공양을 받기에 어울린다'고 하는데, 정말 그렇습니까?"

백장이 말했다.

"살피고 행동함에 있어 하나의 소리와 색깔, 냄새와 맛 등 있거나 없는 온갖 것들 하나하나에서 털끝만큼의 티끌 번뇌에도 오염되지 않고, 오염되지 않음에 머물지도 않고, 또 머물지 않는다는 생각도 없다면, 이 사람은 하루를 먹고 마시는데 만 냥의 황금을 써도 좋다. 그러나 있고 없는 삼라만상의 일체법을 대할 때 육근의 대상에 대한 애착과 탐욕을 전부 쓸어내는데 털끝만큼이라도 처리하지 못한 것이 있다면, 나아가 시주에게 쌀 한 톨, 실 한 오라기라도 구걸한다면, 하나하나가 짐승이 쟁기를 끌고 무거운 짐을 짊어지는 것과 같이 그에게 전부 되갚아 주어야 할 것이다. 불법에 의지하지 않았기 때문이다."

견성하여 이 법에 철저해지면 하루를 먹고 마시는데 만 냥의 황금을 써도 좋지만, 털끝만큼이라도 분별망상이나 집착이 남아 있다면 시주에게 쌀 한 톨, 실 한 오라기라도 보시 받지 말라. 그렇게 받은 보시라면 전부 되갚아 주어야 할 빚일 뿐이다.

깨닫고 난다면 황금 만 냥을 쓴들 아무런 상관이 없다. 황금 만 냥이 전부 '이 하나의 법'일 뿐이요, 바다에서 일어난 파도일 뿐이기 때문이다. 황금 만 냥을 써도 전혀 쓴 바가 없기 때문이다.

그러나 이 법에 철저해지지 못하고서, 시주자들을 삿되게 얽어매어 자신에게 보시하도록 만든다면 그에게는 한 톨의 쌀이라도 주지 말라는 것이다.

요즘 삿된 종교인들은 스스로를 진리를 깨달은 것처럼, 혹은 무슨 신통이 있는 것처럼, 뭔가를 보는 것처럼, 다 아는 것처럼 현혹시켜 자신 앞에 무릎 꿇게 하고 보시를 강요하는 경우가 의외로 많다. 상담을 하다 보면 그런 분들에게 당했다는 사람, 그분이 이러저러하게 말하는데 그것이 맞느냐 하고 묻는 사람들이 상당수 있는 것을 보고 깜짝 놀랄 때가 많다.

고가(高價)의 천도재를 만병통치약처럼 강요한다거나, 특별한 자신만의 기도법을 행하면 치유가 되고, 문제가 해결된다고 과도하게 홍보하며 광고를 하는 사람 등 온갖 다양한 외도들이 불법 안팎에서 활발하게 활동 중이다.

시주와 보시는 삿된 곳에 행하면 그것이 삿된 쪽으로 쓰여 공덕이 되지 않는다. 물론 당연히 그런 삿된 행위를 하는 스님의 형색을 한 이들에게 그 모든 잘못이 있지만, 아울러 신도님들 또한 바르게 깨어 있어서 바른 정법, 바른 수행자, 바른 도량, 바른 승가에 바르게 보시하는 성숙한 불자 의식이 필요하다.

10
황벽희운
黃蘗希運

(?~856)

(1) 전심법요(傳心法要)

⊙ 부처가 저절로 눈앞에 나타난다

모든 부처와 일체 중생이 오직 하나의 마음일 뿐, 다른 법은 없다. 이 마음은 처음부터 생겨난 바도 없고 사라진 적도 없으며, 푸른색도 아니고 누른색도 아니며, 모양이나 형상도 없고, 있고 없음에 속하지도 않는다. 새로운 것도 아니고 오래된 것도 아니며, 길지도 짧지도 않고, 크지도 작지도 않으며, 일체의 모든 한계와 이름과 자취와 상대를 벗어났다. 지금 이대로가 그대로 진실하다. 생각을 움직이기만 하면 곧 어긋난다. 마치 허공과 같아 그 끝이 없으며 헤아릴 수 없다.

오직 한마음(一心)이 부처이니, 부처와 중생이 전혀 차별이 없다.

중생은 모습에 집착하여 밖으로 구하니 구할수록 더욱 잃게 된다. 부처가 부처를 찾고, 마음을 가지고 마음을 잡으려 하니, 아무리 오랜 겁(劫)을 지나더라도 끝내 얻을 수는 없다. 생각을 쉬고 분별을 잊으면 부처가 저절로 눈앞에 현전한다는 사실을 모른다.

이 마음이 곧 부처이며, 부처가 곧 중생이다. 중생일 때도 이 마음은 줄지 않고, 부처일 때도 이 마음은 늘지 않는다. 육도만행(六度萬行)과 갠지스 강의 모래알 같은 온갖 공덕을 본래 스스로 구족하고 있으니 수행에 의지하여 무언가를 더 할 것이 없다. 그저 인연을 만나면 베풀고, 인연이 없으면 고요히 쉴 뿐. 만약에 이것이 바로 부처임을 확실히 믿지 못하고 모습에 집착하여 수행함으로써 공덕과 효과를 바란다면 전부 망상일 뿐, 도(道)와는 서로 어긋난다.

지견을 구하는 자는 쇠털같이 많지만, 도를 깨닫는 자는 쇠뿔처럼 드물다.

불교에서 불성, 자성, 본래면목, 마음, 법을 찾으라고 하니 우리 현실의 삶과는 전혀 다른 별도의 그런 것이 있는 것으로 착각한다. 그러다보니 그런 것 몰라도 잘 살았는데, 왜 굳이 불성을 찾아야 하느냐고 반문한다.

불성, 자성, 마음, 법은 나 자신과 별도로 존재하는 다른 법이 아니다. 이 세상을 떠나서 따로 있다거나, 저쪽 서방세계 어느 쪽에만 있는 것이라서, 발견하면 좋고 안 해도 상관없는 그런 것이 아니다.

이것은 곧 나 자신의 본래자성이다. 나의 근원이다. 내가 누구인지에 대한 답변이다. 이 세상이 무엇이고, 삶이 무엇인지, 내가 죽으면 어디로 가는지, 나는 어디에서 왔는지, 이 현실의 온갖 문제들의 실체는 과연 무엇인지, 내가 느끼는 괴로움의 진실은 무엇인지 하는 그런 나 자신과 직접 연결된 생생한 현실적인 주제다.

'이것'이야말로 가장 나와 가까이 있다. 아니 가까이 있다고 할 수도 없이, 내가 바로 이것이고, 삶이 바로 이것이고, 우주가 바로 이것이다. 이것을 빼고는 한 티끌도 이 우주에는 존재할 수 없다.

그래서 이 가까운 것을 '마음'이라고 이름 붙이기도 한다. 모든 부처와 일체 중생이 오직 하나의 마음일 뿐, 다시 다른 법은 없다.

이 마음은 생겨나거나 사라지는 것이 아니다. 어떤 색깔이나 모양이 있는 것도 아니고, 있거나 없는 것조차 아니다. 새로운 것이거나 오래된 것도 아니고, 길거나 짧지도, 크거나 작지도 않다.

우리가 생각으로 헤아릴 수 있는 그 모든 한계와 이름과 자취와 상대를 모두 벗어나 있다. 이렇게 경전과 어록에서는 '이것'을 다양한 말로 설명하고 있지만, 읽으면 읽을수록 도저히 이해되지 않을 것이다. 있으면 있고 없으면 없지 어떻게 있지도 없지도 않을 수가 있지?

이 부분에서 믿음이 필요하다. 이것은 생각으로 헤아려 알 수 있는 것이 아니기 때문이다. 논리적인 분별로써 가늠할 수 없다. 생각을 움직이기만 하면 곧 어긋난다. 마치 허공과 같아서 그 끝을 알 수 없으며, 헤아릴 수도 없다.

지금 이대로가 그대로 진실하다. 지금 여기에 이 하나의 진실이 있고 없음을 넘어 서서 있다.

바로 이 한마음이 부처이니, 여기에서는 부처와 중생이 전혀 차별이 없다. 중생이 곧 부처다. 내가 바로 부처다. 그러함에도 사람들은 나는 중생이니 내 밖에서 부처를 찾겠다고 찾아 나선다. 지리산으로, 계룡산으로, 인도로, 히말라야로, 끊임없이 진리를 찾아 나선다.

'부처가 뭐지?', '도가 뭐지?', '나는 누구인가?' 하고 끊임없이 나를 찾지만, 바로 그렇게 찾는 그것이 불성인 줄은 모른다. 불성이 없다면, 마음이 없다면 무엇으로 도를 찾고 부처를 찾을 것인가?

이 몸은 생각도 할 수 없고, 도를 구할 수도 없고, 밥을 먹거나, 길을 걷거나, 일을 할 수도 없다. 무엇이 그 모든 것을 다 하게 하는가? 바로 이것만이, 이 불성만이 그 모든 것을 일으킨다.

육체가 진짜 나인가? 감정이나 생각이 진짜 나인가? 육체나 느낌, 감정, 생각이 일어날 때 그것이 일어나고 있다는 사실을 알아차리는 것, 그 순수의식 그것이 진짜 내가 아닐까? 육체가 나인 것이 아니라, 여기에 육체라고 여길만한 무엇이 이렇게 생생하게 존재하고 있다는 그 어떤 첫 번째 자리의 앎, 의식 그것이 먼저 있다. 육체, 정신, 느낌, 생각이 나인 것이 아니라, 그것이 일어날 때 그것이 일어남을 알아차리는 분별 이전의 알아차림, 그것이 나다. 그것이 부처다. 그것은 늘 있는 것이지, 새롭게 만들어지는 것이 아니다.

그러니 부처가 부처를 찾으려면 어디에서 찾아야 할까? 밖에서 찾고자 애쓰면 애쓸수록 어긋난다. 다만 분별과 생각으로 인해 부처가 드러나지 않는 것일 뿐이니, 다만 생각을 쉬고 분별을 잊으면 부처가 저절로 눈앞에 현전한다.

본래 부처이기 때문에 우리에게는 부처의 모든 공덕이 본래부터 다 구족되어 있다. 수행에 의지하여 부처를 만들어내려고 애쓸 필요가 없다. 부처가 되기 위해 우리가 해야 할 것은 아무것도 없다. 부처가 되려고 애쓰는 그것을 회광반조(廻光返照)해 보라. 그것이 바로 부처다.

예로부터 이 깨달음의 길에서 알음알이와 생각, 분별과 지견(知見)으로 법을 구하는 자는 소의 털같이 많지만, 그중에 도를 깨닫는 자는 소뿔처럼 드물다고 했다.

아무리 헤아림으로는 안 된다고 해도, 중생은 평생토록 헤아림 외에는 해본 적이 없기 때문에, 습관적으로 헤아리고 분별하여 생각으로 부처를 찾으려 하기 때문이다. 바로 그 생각과 분별을 딱 멈추고, 곧장 보는 자만이 쇠뿔처럼 드문 자가 될 수 있다.

😊 요긴한 비결

이 마음은 곧 마음이 없는 마음(無心之心)이다. 일체의 모습(相)을 떠나면 중생과 부처는 아무런 차별이 없다. 다만 능히 무심(無心)할 수만 있다면 그것이 곧 궁극의 깨달음이다. 도를 배우는 이가 만약 곧장 무심하지 못하다면 아무리 오랜 겁(劫) 동안 수행한다고 할지라도 마침내 깨달을 수는 없다. 삼승(三乘)의 공덕과 수행에 사로잡히면 해탈하지는 못한다.

본래부처에게는 진실로 한 물건도 없다. 그저 허공처럼 텅 비어 통하고 고요하며, 밝고 미묘하며 안락할 뿐이다. 스스로 깊이 깨달아 들어간다면 곧장 바로 이것이다. 원만하게 구족되어 있어 전혀 부족함이 없다.

팔만사천 법문은 팔만사천의 번뇌에 대응하여 설한 것이니, 다만 가르쳐 교화하여 부처로 이끌기 위한 방편일 뿐이다. 본래 어떤 법도 없다. 벗어나는 것이 법이요, 벗어날 줄 아는 자가 부처이니, 다만 모든 번뇌에서 벗어날 뿐, 다시 얻을 법은 없다.

도를 배우는 자여, 만약 요긴한 비결(要訣)을 알고자 한다면, 다만 마음 위에 한 물건도 붙이지 말라.

범부는 경계를 취하고, 도인은 마음을 취하지만, 마음과 경계를 모두 잊어야 참된 법이다.

도를 배우는 자는 즉시 마음 없이 묵연히 계합할 뿐, 마음을 일으키려 하면 곧장 어긋난다.

만법이 오직 마음일 뿐이지만, 마음이라고 할 만한 것은 없으니, 다시 무엇을 구하겠는가?

결코 털끝만큼이라도 향하여 나아가려고 하지 말라. 만약 부처님이 마중하는 등의 여러 가지 좋은 모습을 보더라도 그것을 따라가려는 마음이 없어야 하고, 여러 가지 나쁜 모습이 나타나더라도 역시 두려워하는 마음이 없어야 한다. 다만 스스로 마음을 잊으면 법계와 같아져서 자재함을 얻게 된다. 이것이 요점이다.

본래 마음에 계합할 뿐, 법을 구할 필요가 없다. 마음이 곧 법이니.

본래면목, 불성, 자성, 마음, 법은 그렇게 이름 붙여진 무언가를 대상으로 찾아볼 수 없다. 그것은 있는 것도 아니고 없는 것도 아니다. 그 마음은 곧 마음 없는 마음이다.

불성을 어떤 대상이라고 여겨 찾아 나서려고 한다면 평생토록 찾아 헤매더라도 결코 찾을 수 없다.

본래부처에게는 진실로 한 물건도 없다. 그저 텅 비고 고요하며 안락할 뿐이어서 전혀 부족함이 없다.

다만 일체의 모습, 상(相), 분별상(分別相)을 떠나면 중생이 곧 부처요 부처가 곧 중생이다. 『금강경』에서 '약견제상비상 즉견여래(若見諸相非相 卽見如來)'라고 했듯이, 일체의 상이 상이 아님을 보면 곧 여래를 본다.

상을 떠나 무심(無心)할 수만 있다면, 분별없이 무심할 수 있다면 곧 궁극의 깨달음이다. 무심한 마음으로, 내가 없는 마음으로 법문을 들을 때 비로소 문득 본성을 체험할 수 있다.

온갖 방편의 수행과 공덕에 사로잡히면 해탈하지 못한다. 손가락에 사로잡히면 달을 볼 수 없는 것과 같다.

중생들에게 팔만사천 가지의 번뇌와 분별이 있으면 법문도 팔만사천 가지가 생겨난다. 사람들은 불법은 너무 어렵고, 경전도 양이 너무 많다고 하지만, 바로 그렇게 많은 이유가 중생의 분별이 많기 때문이다. 그 모든 분별과 번뇌에 대해 각각 부처님께서는 대기설법(對機說法)으로 그 사람이 처한 분별고뇌에 맞는 처방전의 법문을 설하신다. 그것이 바로 방편 법문이다.

이를 응병여약(應病與藥)이라고 하여, 병에 맞추어 의사가 처방전을 달리하는 것과 같이 부처님도 중생의 번뇌망상에 맞추어 방편법이라는 약을 처방하신다.

그러니 모든 법은 다만 중생의 번뇌망상이라는 병을 치유하기 위한 임시적인 방편의 약일뿐이다. 본래는 어떤 법도 없다. 부처님의 가르침에는 열반이나 해탈이라는 별도의 세계가 따로 있는 것이 아니다. 또 다른 극락정토나 천당, 유토피아나 신의 세계가 따로 있어서 그곳에 가야만 하는 것이 아니다.

그 모든 것은 바로 여기에 다 구족되어 있다. 다만 중생이 번뇌에 휩싸여 진리를 보지 못할 뿐. 그렇기에 부처님은 다만 중생의 번뇌망상을 깨뜨릴 뿐이다. 중생이 스스로 만들어 놓은 분별과 분별로 인한 취사간택심, 그리고 그 취사심으로 인해 파생되는 온갖 괴로움들에 대해 부처님께서는 다양한 방편으로 그들의 괴로움을 없애 주실 뿐이다.

이것이 바로 사성제(四聖諦)다. 이렇듯 중생이 괴로워하니(苦聖諦) 그 괴로움의 원인이 무엇인지를 알려주어(集聖諦) 괴로움의 원인을 제거하고, 괴로움이 제거된 뒤의 해탈의 길을 보여주며(滅聖諦), 괴로움을 제거하는 길(道聖諦)을 안내해 주는 것이 바로 고집멸도(苦集滅道) 사성제다.

이것이 전부다. 불교의 모든 가르침은 사성제에 전부 포섭된다. 괴로움을 해결해 주는 것이 불법이다. 괴로움이 사라지면 본래 있었던 원만구족하고 밝은 진리가 드러난다. 그 번뇌망상과 괴로움으로 인해 중생의 삶만을 허망하게 보고 살아오다가 번뇌망상과 괴로움이 타파되자 본래부터 있었던 부처가 드러나는 것이다.

이처럼 다만 모든 번뇌에서 벗어날 뿐, 다시 얻을 법이 있는 것은 아니다. 불교에서는 얻어야 할 법이 없다. 다만 없애야 할 번뇌망상과 분별심이 있을 뿐.

그러니 이 법을 깨달을 요긴한 비결을 알고자 한다면, 다만 마음 위에 한 물건도 붙이지 말라. 열반이니, 해탈이니, 자성이니, 불성이니 하는 그 어떤 것도 붙이지 말라. 그것은 중생의 번뇌에 상대하여 사용한 임시방편의 용어였을 뿐, 그런 어떤 실체가 따로 있는 것은 아니다.

범부중생은 대상 경계를 취하며, 경계에 집착하느라 법을 보지 못한다. 그러나 도인은 경계를 취하는 대신 마음, 법, 진리, 불성을 취한다.

처음 견성한 뒤에는 중생의 경계가 따로 있고, 이 부처의 경계가 따로 있는 듯이 느껴지기에, 세간은 싫고 이 출세간은 좋아서 자꾸만 세간을 버리고 출세간만을 취하려고 한다.

그러나 꾸준히 공부하여 보임을 이어가다 보면, 몰록 다시 한 번 불이법을 체험하게 됨으로써 결국 중생과 부처가 따로 있지 않았음을 깨닫게 된다. 세간이 곧 출세간임에 확고하게 자리 잡으니, 이제는 더 이상 세간적인 문제 상황에서 도망치려고 하지 않는다. 부처도 잊고, 중생도 잊는다. 마음도 잊고 경계도 모두 잊어, 비로소 참된 법이 드러난다.

이처럼 만법이 오직 마음일 뿐이지만, 마음이라고 할 것이 따로 없으니, 다시 구할 것이 무엇인가? 마음 없음에 묵연히 계합할 뿐.

털끝만큼이라도 부처를 향해 나아가려고 하지 말라. 부처를 구하려 하거나, 찾고자 하지 말라.

만약 이 공부 중에 부처님께서 자신을 찾아와 마중하는 등 여러 가지 신기하고 신통한 일이 생기더라도 그 모든 것은 헛것이니 따라가려 하거나 집착해서는 안 된다. 여러 가지 나쁜 모습이나 두렵게 만드는 일들이 생겨나더라도 마찬가지로 두려워할 것은 없다.

그 모든 것이 내가 만드는 환영이기 때문이다. 이 세상에는 오직 나 하나밖에 없다. 마음 하나, 자성 하나밖에 없는데 나를 괴롭힐 수 있는 자가 따로 있겠는가?

본래 우리에게 이미 구족되어 있던 그 마음에 계합하면 될 뿐, 다시 법을 구할 필요는 없다. 괴로움이 소멸된 자리가 곧 법이지, 따로 법은 없다.

⊙ 견문각지(見聞覺知) 하는 놈은 누구?

세상 사람들이 깨닫지 못하는 이유는 보고 듣고 느끼고 아는(見聞覺知) 것을 마음이라고 인식하기 때문이다. 보고 듣고 느끼고 아는 것에 뒤덮이게 되면 밝은 본바탕을 보지 못한다. 다만 곧장 마음이 없기만 하면 본바탕이 스스로 드러나니, 마치 허공에 태양이 뜨면 시방의 모든 세계를 두루 비춤에 장애가 전혀 없는 것과 같다. 도를 배우는 사람이 다만 보고 듣고 느끼고 아는 것을 잘 알아서 삶 속에서 행동하고 움직일 때 보고 듣고 느끼고 아는 것을 잘 비울 수 있다면, 마음의 길이 끊어져 들어갈 곳이 없게 된다. 다만 보고 듣고 느끼고 아는 곳에서 본래 마음을 깨달으라. 그러나 본래 마음은 보고 듣고 느끼고 아는 것에 속하지도 않고 그렇다고 그것을 벗어나지도 않는다. 다만 보고 듣고 느끼고 아는 곳에서 견해를 내지도 말고, 보고 듣고 느끼고 아는 곳에서 생각을 움직이지도 말며, 보고 듣고 느끼고 아는 것을 떠나 따로 마음을 찾지도 말고, 보고 듣고 느끼고 아는 것을 버리고 법을 취하지도 말라. 함께하지도 않고 떠나지도 않으며, 머물지도 취하지도 않으면, 종횡으로 자재하여 도량 아님이 없다.

세상 사람들은 부처님이 마음법을 전한다는 말을 듣고는, 마음 위에 따로 증명하고 취할 수 있는 한 개의 법이 있다고 오해한다. 그래서 마음을 가지고 마음을 찾게 되니, 마음이 곧 법이고 법이 곧 마음임을 알지 못하는 것이다. 마음을 가지고 다시 마음을 구한다면 천만 겁의 세월이 흐르더라도 마침내 얻지 못할 것이다. 즉각 마음이 없으면 곧장 본래의 법이다.

보고 듣고 느끼고 아는 견문각지(見聞覺知)를 누가 하는가? 보는 놈, 듣는 놈, 느끼고 아는 놈이 누구인가? 그것이 바로 불성이고 자성이다. 바로 지금 여기에서 이 모든 것을 보고 듣고 느끼고 아는 그 사실이 곧 마음이고, 자성이며, 불성이다.

그러나 보고 듣고 느끼고 아는 견문각지 하는 그것이 곧 불성이라고 이해하게 되면 그것은 불성이 아니다. 견문각지에 뒤덮이고, 사로잡히고, 집착하게 되면 밝은 본바탕을 볼 수 없다.

견문각지할 때 견문각지하는 것을 잘 비울 수 있다면 본바탕을 볼 수 있다.

견문각지 속에서 본래마음을 깨달으라. 자성은 견문각지에 속하지도 않지만 그렇다고 견문각지를 벗어나 있는 것도 아니다. 견문각지하는 곳에서 견해를 내어 헤아리지 말고 자성이 어디에 있나 하고 찾지도 말고, 그렇다고 견문각지를 버리고 다른 곳에서 법을 취하지도 말라.

보고 듣고 느끼고 아는 그것이 바로 마음이지만, 보고 듣고 느끼고 아는 그것이 바로 마음이라고 헤아려, 보고 듣고 느끼고 아는 가운데 자성을 찾으려고 애쓴다면 결코 자성을 볼 수 없다. 견문각지와 함께하지도 말고, 떠나지도 말라. 견문각지에 머물지도 말고, 취하지도 말라.

사람들은 자성, 불성, 마음이라고 하니, 따로 취하거나 얻을 수 있는 별도의 한 개의 법이 있다고 오해한다. 그래서 마음을 가지고 마음을 찾아 나선다. 그러나 마음을 찾아 나서는 바로 그것이 곧 법임을 알지는 못한다.

⊙ 마음을 제거하고 현실은 그대로 두라

어리석은 이는 현실을 제거하고 자기 마음은 제거하지 않지만, 지혜로운 이는 마음을 제거하고 현실을 제거하지 않는다.

어리석은 이는 현실적인 온갖 어려움들, 경계들, 상황들을 없애려고 애를 쓴다. 상황에 대해 좋고 나쁜 분별을 해놓고는 자기가 규정한 좋은 상황을 만들려고 평생토록 애를 쓰고, 자신이 만든 나쁜 상황을 없애기 위해 끊임없이 노력한다.

이처럼 외부 상황을 바꾸기 위해서는 그토록 지난한 노력을 다하면서도 자기 마음에서 세워 놓은 분별을 제거하려고 하지는 않는다. 이 모든 괴로움들은 외부 상황이 나를 괴롭혀서가 아니라, 내 마음의 분별심이 이 상황을 괴로움이라고 해석했기 때문에 생겨난 것이다.

이를 알기 때문에 지혜로운 이는 자기의 마음의 분별을 제거할 뿐, 현실을 제거하려고 하지는 않는다. 현실은 그대로 진실이다. 현실은 있는 그대로 여여하다. 삶에는 아무런 문제도 없다.

입처개진(立處皆眞)이요 촉목보리(觸目菩提)이고 제법실상(諸法實相)이다. 서 있는 그 자리가 곧 전부 진리의 자리이며, 눈에 보이는 것마다 전부 깨달음 아님이 없고, 삼라만상 제법 전부가 그대로 진리의 실상을 드러내고 있다.

그러니 현실이라는 진실을 제거할 필요는 없다. 다만 내 마음의 분별을 제거할 뿐.

⦿ 구함 없고 일 없는 사람

수많은 종류의 지식이 있더라도 구함이 없는 것만 같지 못하다. 구함 없는 것이 최상의 으뜸이다. 도인이란 곧 일 없는 사람이다. 일 없으니, 모두들 흩어져 돌아가라.

처음에는 물론 도를 구해야 한다. 발심(發心)을 해야 하고, 반드시

이 괴로움을 끝장내고 말리라는 서원(誓願)을 세워야 한다. 그것이 바로 방편이다. 방편으로 도를 구하라고 설하지 않는가?

그러나 결국 도를 구하는 끝에 다다르면 도를 구할 것이 없음에 이른다. 구한다는 것 자체가 벌써 둘로 나누어 놓는 이법(二法)이요, 불이법이 아니기 때문이다.

내가 나를 구할 필요도 없고, 소를 타고 소를 찾을 필요도 없으며, 서울에서 서울이 어디냐고 물을 것도 없지 않은가? 이미 깨달아 있음을 깨닫기만 하면 될 뿐, 분별을 제거하기만 하면 될 뿐, 또 다른 진리를 구하고 찾을 것은 없다.

그래서 구함 없는 것이 곧 최상의 으뜸이며, 도인이란 곧 일 없는 사람이다. 사람들은 분별심으로 끊임없이 좋고 싫은 것을 나눠 놓고, 좋은 것을 취하기 위해 열심히 노력하고, 싫은 것을 버리기 위해 열심히 뛴다. 그 취사간택심으로 인해 사람들에게는 일이 넘쳐난다. 그러나 분별심과 취사간택심만 없으면 곧 일 없는 사람이다.

⊙ 방편은 진실이 아니다

여래가 설하시는 것은 모두 타인을 교화하기 위해 마치 누런 나뭇잎을 황금이라고 여기게 하여 아이의 울음을 그치게 하기 위한 것일 뿐, 결단코 진실한 것이 아니다. 만약에 진실한 것을 얻었다고 한다면 우리 종문(宗門)의 선객(禪客)이 아니다. 그것은 그대의 본바탕과는 아무런 관계가 없다. 그러므로 경에서 말하길, '얻을 만한 조그마한 법도 진실로 없음을 일컬어 위없이 바르고 평등한 깨달음이라 한다.' 만약에 이 뜻을 참으로 얻었다면, 비로소 불도(佛道)와 마도(魔道)가 모두 잘못된 것임을 알 것이다.

여래의 설법은 전부 괴로움에 빠진 중생을 교화하기 위한 거짓의 임시방편일 뿐, 결코 진실한 것이 아니다. 중생이 스스로 허망하게 분별심을 일으켜, 특정한 대상을 집착하면서 그것을 갖지 못해 괴롭다고 여기다 보니, 부처님께서는 그 대상은 결코 진실한 것이 아니며, 집착할 만한 것이 아님을 설해주신다.

유(有)에 집착하는 이에게는 무(無)를 설하여 유에 대한 집착을 깨주고, 무에 집착하는 이에게는 유를 설하여 무에 대한 집착을 깨준다. 그러니 사람에 따라, 그 사람이 어디에 치우쳐 집착하느냐에 따라 유도 설하고 무도 설하는 것일 뿐이다. 절대적으로 유만이 진리라거나, 무만이 진리라고 설하지는 않는다. 그러니 무든 유든 거기에 무슨 절대적인 진리성이 깃들 수 있겠는가? 그것은 모두 진실하지 못하다.

중생이 돈에 집착해 괴로워하면 돈이 본래 공함을 설하여 돈에 대한 집착을 깨주고, 또 다른 중생이 너무 나태해 열심히 일도 안 하고 돈도 안 번다면 그 사람에게는 다시 열심히 일도 하고 돈도 벌고 경제적인 생활을 하도록 이끄신다. 이처럼 치우쳐 있는 이에게 그 치우침을 깨주기 위해 방편으로 설하는 것일 뿐, 돈을 벌라고 하는 것이나 돈을 벌지 말라고 하는 것이나 그것이 다 방편이지 어찌 진실일 수 있겠는가?

만약 진실한 것을 얻었다고 하는 자가 있다면 그는 참된 선객이 아니다. 이 법은 얻고 잃는 것이 아니기 때문이다. 본래 가지고 있던 것을 어떻게 얻을 수 있겠으며, 결코 잃을 수 없는 것을 어떻게 다시 잃을 수 있겠는가?

그러므로 경전에서는 '얻을 만한 작은 법도 진실로 없음을 일컬어 위없이 바르고 평등한 깨달음이라 한다'고 했다.

⊛ 문 앞의 찰간을 넘어뜨려라

아난이 가섭에게 물었다.

'부처님께서 금란가사(金襴袈裟)를 전한 것 외에 따로 무슨 물건을 전하셨습니까?'

가섭이 말했다.

'아난아! 문 앞의 찰간(刹竿)을 넘어뜨려라.'

이것이 곧 조사가 내세우는 것이다.

부처님께서 아난에게 법을 상징하는 가사를 전한 것 이외에 따로 어떤 법을 전하셨을까? 부처님께서 법이라는 어떤 특정한, 남들에게는 없는 것을 제자에게만 따로 전하셨을까? 이 법은 주고받을 수 있는 것이 아니다. 본래 누구에게나 구족되어 있는 것이니 그것을 다시 주고받을 필요는 없다.

문 앞의 찰간을 넘어뜨리라는 것은 곧 '나의 법은 이것이다' 하는 주장하는 바와 내세우는 바를 두지 말라는 말이다.

보통 사찰의 문 앞에는 그 사찰의 종지와 종풍, 종단 등을 깃대 모양의 찰간에 새겨 둠으로써, 이 절이 어떤 가르침을 선양하며, 어떤 사상과 교리를 가르치는 도량인지, 또 어떤 스승이 계시는 곳인지 등을 알아보기 쉽게 만들어 내건다.

그러나 이 법은 그렇게 내걸 만한, 주장할 만한 특정한 주의 주장이 없다는 것이다. 근원에서는 내세울 만한 단 한 법도 없기 때문이다. 그러니 문 앞에 있는 그 찰간을 무너뜨려야만 진정한 법이 드러난다.

(2) 완릉록(宛陵錄)

⊛ 견해가 있으면 곧 외도(外道)

따로 구할 필요가 없으니, 구함이 있다면 모두가 고통이다. 설사 갠지스강의 모래알 같이 많은 겁 동안 육도만행을 수행하여 부처님의 깨달음을 얻더라도 이 역시 구경(究竟)의 진실은 아니다. 왜 그런가? 이 것은 모두 인연으로 조작한 것에 속하기 때문이니, 그런 것은 모두 인연이 다하게 되면 무상하게 사라져 갈 것이다.

법이 본래 있는 것이 아니라고 하여 없다는 견해를 내지 말고, 법이 본래 없는 것이 아니라고 하여 있다는 견해를 내지도 말라. 있다거나 없다는 것은 모두 허망한 분별의 견해일 뿐이니, 이는 마치 눈 속에 낀 헛된 꽃과 같다.

조사의 문중에서는 다만 헤아림을 쉬고 견해를 잊음을 말할 뿐이다. 헤아림을 잊으면 불도가 크게 일어나고, 분별하면 마군(魔軍)이 세차게 일어난다.

부처도 중생도 모두 그대가 만든 허망한 견해일 뿐이다.

모든 견해는 전부 버려야만 한다.

어떤 견해도 없다면 무변신(無邊身)이고, 만약 견해가 있다면 곧 외도(外道)라 일컫는다.

조작함이 없이 마음 나는 대로 지내되, 공연히 마음을 쓰지는 말라. 진실을 따로 구할 필요는 없다. 다만 견해를 쉬기만 하면 될 뿐.

오직 말없이 계합할 뿐이니, 이를 무위법문(無爲法門)이라 한다. 깨닫고자 한다면, 다만 마음이 없음을 알아서 문득 깨닫기만 하면 된다. 만약 애써 배우고자 하면 더욱 멀어진다. 만약 둘로 분별하는 마음과 취하고 버리는 마음이 없어서 마음이 나무나 돌과 같이 된다면, 비로소 도를 배울 자격이 있다.

법은 따로 구할 필요가 없다. 이미 구족되어 있기 때문이다. 이미 구족되어 있는 것을 다시 구하고자 한다면, 불가능한 일이니 어찌 고통이 아니겠는가? 수억겁 동안 육도만행을 수행하여 깨달음을 얻더라도 '얻은 것'이 있다면 이 역시 구경의 진실은 아니다. 이 하나의 진실은 얻고 잃는 것이 아니기 때문이다. 생겨나고 사라지는 것도 아니고, 만들어지거나 없어지는 것도 아니다.

만약에 없던 것을 오랜 수행을 통해 깨달아 얻었다고 한다면, 그것은 새롭게 생겨난 것이고, 인연으로 조작한 것이기 때문에, 그런 것은 인연이 다하면 다시 사라지고 말 것이다. 생겨났다가 사라지는 것은 생멸법이지 불생불멸법이 아니다. 이 법은 생겨나고 사라지는 법이 아니지 않은가.

법은 견해로 파악할 수 있는 무언가가 아니다. 법에 대해 있다거나 없다는 견해를 내는 것은 모두 허망한 분별일 뿐이다. 이 조사선의 문중에서는 다만 헤아림과 모든 견해를 쉴 뿐이지, 따로 내세우는 것은 없다.

부처 또한 중생에 상대하여 만들어낸 허망한 견해일 뿐이다. 분별하면 중생이요, 분별이 사라지면 부처다. 그러나 분별이 사라진 사람에게 따로 부처라는 이름을 붙일 필요는 없다.

마치 병든 사람에게는 건강이 최고로 바라고 추구하는 바이겠지만, 건강한 사람은 스스로를 매일 같이 '건강한 사람'이라고 규정지을 것도 없고, 매일 아침 일어나서 스스로의 건강함에 감동하지도 않는다. 그저 건강하게 살 뿐이다. 건강하게 아무 일 없이 사는 것일 뿐이지, 따로 건강이라는 실체적인 무언가를 새롭게 만들어 내는 것이 아니다. 그저 병이 없는 아무 일 없는 상태일 뿐이다.

마찬가지로 해탈과 열반, 부처 또한 그저 분별이 없는 상태다. 아무 일 없고, 문제없고, 고통이 없으며, 번뇌망상과 분별이 없는 것일 뿐이지, 따로 부처라는 무언가가 있는 것은 아니다.

그러니 모든 견해는 전부 버려야만 한다. 어떤 견해도 없다면 곧 무변신보살이고, 견해가 있다면 곧 외도다. 그 어떤 견해도 내세우지 말라. 문 앞의 찰간을 무너뜨리라.

다만 견해를 쉬기만 하면 될 뿐, 따로 진실을 구할 필요는 없다. 이미 있는 진실을 뭐하려고 애써 다시 구하려 하는가? 추구하지 말고, 조작하지 말고, 그저 자연스럽게 일 없이 마음 나는 대로 지낼 뿐, 공연히 마음 쓸 것은 없다.

이 법은 무위법이요 무위의 법문이다. 무위란 억지로 애쓰거나 해야 할 것이 없다는 뜻이다. 이 공부에서는 애써서 배워야 할 것이 없다. 그동안 우리는 무위로써 살지 못하고 끊임없이 유위로 살아왔다. 어떤 유위인가? 분별의 유위다.

가만히 있지를 못하고 끊임없이 눈앞의 대상을 좋거나 나쁜 것으로, 옳거나 그른 것으로, 내 편과 네 편으로, 긍정이나 부정으로 둘로 나누어 놓고 그 가운데 하나는 취하고 하나는 버리느라 끊임없이 애쓰는 유위의 삶을 살아왔다.

바로 그러한 분별하는 유위의 노력만 없다면, 비로소 도를 배울 자격이 갖추어 진다.

☸ 희론(戱論)의 똥을 제거한다

"허망한 생각이 일어날 때에 부처는 어디에 있습니까?"
황벽이 말했다.
"그대가 지금 허망한 생각이 일어남을 깨달을 때에 바로 그 깨닫는 것이 바로 부처다."

"지금 바로 깨달을 때 부처는 어디에 있습니까?"

황벽이 말했다.

"그 질문은 어디에서 나오는가? 깨닫는 것은 어디에서 일어나는가? 말과 침묵, 움직이고 고요함, 그 모든 소리와 색깔이 전부 부처인데, 어디에서 다시 부처를 찾는가? 머리 위에 다시 머리를 붙이지 말라."

산과 강과 대지와 해와 달과 별이 모두 그대 마음을 벗어나지 않고, 삼천대천세계 온 우주가 전부 그대 자신 하나인데, 어디에 여러 가지로 분별될 것이 있겠는가?

"깨달음은 어느 곳에 있습니까?"

황벽이 말했다.

"깨달음에는 처소(處所)가 없다. 부처는 깨달음을 얻을 수 없고, 중생은 깨달음을 잃을 수 없다. 몸으로 얻을 수도 없고, 마음으로 구하는 것도 아니니, 일체중생이 곧 깨달음의 모습이다."

"발보리심(發菩提心)은 어떻게 내야 합니까?"

황벽이 말했다.

"보리는 얻을 바가 없으니, 그대는 다만 얻을 바가 없다는 마음을 내기만 하라. 결단코 한 법도 얻을 것이 없으면 그것이 곧 보리심이다. 보리는 머물 곳이 없고, 그러므로 얻는 자도 없다."

달마는 인도에서 와서 다만 하나의 마음법을 전하였고 모든 중생이 본래 부처란 사실을 곧장 가리켰으니 따로 수행할 필요가 없다.

지공이 말했다.

"세속을 벗어난 눈 밝은 스승을 만나지 못한다면, 대승의 법약(法藥)을 잘못 복용하게 된다."

옛날부터 가져온 모든 견해를 반드시 전부 내버려야 한다. 유마힐은 '가지고 있는 것을 전부 없애버렸다'고 했고,『법화경』에서는 '20년 동안 똥을 치우도록 하였다'라고 했다. 다만 마음속에 견해를 짓는 것을 없애기만 하라. 그것이 곧『법화경』에서 말한 '희론의 똥을 제거한다'는 것이다.

분별을 잊으면 부처의 길이고, 분별하면 마귀의 경계이다.

허망한 생각, 판단 분별과 번뇌 망상이 올라올 때 올라오는 그 생각을 바로 깨닫는 그것이 바로 부처다. 그렇다면 생각이 올라오는 것을 올라온다고 깨달을 때 그때 부처는 어디에 있는가?

바로 그 질문이 올라오는 출처를 살펴보라. 생각이 올라온다는 것을 알아차리는 그것은 어디에서 일어나는가? 부처는 어디에 있는지를 묻는 그 질문은 어디에서 나오는가?

그 모든 것이 부처다. 모든 말이 그대로 부처이고, 침묵하면 침묵하는 그것이 부처다. 움직일 때는 움직이는 그것이 부처이고, 고요할 때는 고요한 그것이 바로 부처다. 소리가 일어날 때 바로 그 소리 그 자체가 부처를 100% 드러내고 있다. 눈에 무언가가 보일 때, 바로 그 자리에서 부처를 확인할 수 있다.

산과 강과 대지와 해와 달과 별이 모두 마음이요, 불성이다. 삼천 대천세계 온 우주가 전부 그대의 본래면목이며 자성이고, 나 자신이다. 여러 가지로 나뉘는 것은 없다.

다만 보고 듣고 깨닫고 알고 움직이고 말할 때, 분별로써 보고, 분별로 듣고, 해석해서 알아차리고, 생각으로 말뜻을 헤아린다면 거기에서 부처는 확인되지 않는다.

깨달음에는 처소가 없다. 부처는 결코 깨달음을 얻을 수 없다. 중생은 결코 깨달음을 잃을 수 없다. 부처와 중생이 둘이 아니어서, 그것을 부처라거나 중생이라고 이름 붙였을 뿐, '그것'은 둘이 아니다.

깨달음을 얻겠다는 발심은 어떻게 할까? 물론 발심은 내 스스로 반드시 깨달음을 얻겠노라는 마음으로 해야 한다. 그것이 바로 방편이다. 그러나 공부를 지속해 가다 보면, 결국 얻을 바가 없다는 사실을 깨닫게 되니, 그것이야말로 참된 발심이다. 애써 얻고자 할 것도 없이 본래 얻어져 있었음을 깨닫는 것이다.

본래 깨달을 것이 없다는 깨달음을 어떻게 하면 얻을 수 있을까? 눈 밝은 스승을 만나야 한다. 눈 밝은 대선지식을 만나 그의 법문을 바르게 듣는다면 스승은 법문을 통해 저절로 중생들의 견해를 깨뜨려 줄 것이다. 제자는 그저 법의 회상에 앉아 법문을 들을 뿐, 아무것도 할 일이 없다. 스승이 당신이 가지고 있던 그 모든 견해, 분별망상들을 모조리 빼앗아 줄 것이기 때문이다.

견성을 하였다고 할지라도, 이 오랜 습과 견해의 똥을 치우는 데는 오랜 시간이 걸린다. 『법화경』에서는 20년 동안 똥을 치웠다고 하고,

『육조단경』에서도 혜능스님은 15년 동안 사냥꾼들 가운데에서 보임을 행하였다.

☯ 일상의 예법을 따를 뿐

황벽이 염관제안(鹽官齊安, ?~842)의 회상에 있을 때 대중(大中 : 당 16대 임금의 연호) 황제는 사미(沙彌)로 있었다. 황벽이 불전에서 불상에 절을 올리는데 사미가 말했다.

"부처를 구할 필요도 없고, 법을 구할 필요도 없으며, 중생을 구할 필요도 없는데, 스님께서는 절을 하여 무엇을 구하려 하십니까?"

황벽이 말했다.

"부처를 구할 것도 없고, 법을 구할 것도 없고, 중생을 구할 것도 없지만, 일상의 예법이 이와 같으니 그저 할 뿐이다."

"어떤 것이 견성(見性)입니까?"

황벽이 말했다.

"본성이 곧 보는 것이고, 보는 것이 곧 본성이다. 본성을 가지고 다시 본성을 볼 수는 없다. 듣는 것이 곧 본성이니, 본성을 가지고 본성을 들을 수는 없다. 만약 그대가 본성이라는 견해를 만들어 본성을 듣고 볼 수 있다고 한다면, 그것은 곧 하나의 다른 법이 생기게 된다."

부처를 구할 필요도 없고, 법을 구할 필요도 없다. 그러나 황벽은 절을 하고 예불을 모신다. 예불을 하고 절을 하는 일상의 예절은 지켜도 좋고 지키지 않아도 좋다. 거기에 어떤 절대적인 무언가가 있는 것은 아니다. 예불을 안 하면 부처님이 싫어하고, 절을 안 하면 부처님이 꾸중하시는 것은 아니다. 절을 많이 하면 할수록 더 큰 공덕이 쌓이는 것도 아니고, 절을 안 한다고 죄가 되는 것도 아니다.

다만 그렇다고 해서 일상의 예법까지 무시할 필요는 없다. 깨달으면 마음이 자유자재하여 그 어떤 경계에도 얽매이지 않는다. 나를 비롯한 온 우주법계가 그대로 부처님의 법신이기에 절을 하는 것은 내가 나에게 절을 하는 것일 뿐이다. 애써 할 필요는 없다. 그렇다고 하지 말아야 하는 것도 아니다.

이 세상은 세간법이라는 법규와 법칙에 따라 돌아가는 곳이니, 세간에서는 세간의 법을 마땅히 따른다. 따라도 좋고 따르지 않아도 좋지만, 그렇기에 마땅히 따라 주는 것이다.

출세간에서는 나와 너가 따로 없고, 네 것과 내 것이 따로 없지만, 세간에서는 명확히 네 것과 내 것이 구분된다. 그러니 깨달음을 얻은 사람이라 할지라도 너와 내가 따로 없으니 남의 물건을 함부로 가져다 쓰는 것은 아니다. 분별할 것은 똑같이 세간법대로 분별하고 산다.

그것이 바로 십우도(十牛圖)의 입전수수(入纏垂手)다. 깨달음이 원만해지고 나면 다시금 세상으로 나와 세상 사람들과 동사섭(同事攝)하면서 그들과 함께 울고 웃으며 평범하게 산다. 그들이 하는 대로 일도 하고, 함께 농사도 짓고, 배고프면 밥 먹고, 졸리면 자고, 세속의 예법을 그대로 따르며 세간에서도 출세간에서도 아무런 걸림 없이 산다.

어설프게 불법을 공부한 사람들이, 공(空)하다는 데 사로잡혀, 모든 것이 공하니, 너와 내가 둘이 아니라고 하며, 높고 낮은 것도 지키

지 않고, 예의범절도 지키지 않고, 기도하고 수행하는 것을 깔보기도
한다.

보는 것이 곧 본성이고, 듣는 것이 곧 본성이다. 그러나 본성이라는
견해를 지어내 '보는 것과 듣는 것이 곧 불성'이라고 한다면 그것은
삿된 하나의 견해일 뿐이다. 어떻게 말하더라도 전부 다 불성일 수 있
지만, 어떻게 말하더라도 견해로 지어 말한다면 전부 다 허물이 된다.

⦿ 사리 따위에 얽매여서야

"부처님의 사리는 본래 있는 것입니까? 쌓아서 얻은 공훈(功勳)입
니까?"

황벽이 말했다.

"본래 있는 것도 아니고, 공훈도 아니다."

물었다.

"본래 있는 것도 아니고 공훈도 아니라면, 어찌하여 여래의 사리
라는 정제된 부처님의 뼈가 남아 있습니까?"

황벽이 꾸짖으며 목소리를 높여 말했다.

"그대가 이런 견해를 내고도 선을 배우는 사람이라 할 수 있겠는
가? 그대는 허공의 뼈를 본 적이 있는가? 부처님의 마음은 허공과 같
거늘, 무슨 뼈를 찾는다는 말이냐?"

물었다.

"지금 이렇게 사리를 보고 있는데, 이것은 무엇입니까?"

황벽이 말했다.

"그대의 망상하는 마음으로 인해 사리를 보는 일도 있는 것이다."

부처님의 사리, 큰스님의 사리에 대해 보통 사람들은 위대한 인물의 몸에서만 사리가 나온다고 알고 있다. 이에 황벽은 꾸짖으며 말한다. 사리 따위의 상(相), 견해에 사로잡혀 있고서야 어찌 선을 공부하는 이라고 할 수 있겠는가?

지금 이렇게 매 순간 언제나 눈앞에서 삼라만상이라는 생생한 사리, 생생한 법신이 온전히 드러나 있는데, 그것을 보지 못하기 때문에 어리석은 중생은 사소한 작은 뼛조각에 의미를 부여하고 숭배한다. 바로 그 뼛조각에 대해 의미를 부여하고, 망상하고, 분별하고, 생각하고, 판단하는 바로 그 마음으로 인해 사리도 있을 뿐이다.

◉ 만 명 가운데 3명이 깨닫는다

"어떻게 하면 계급에 떨어지지 않습니까?"

"하루 종일 밥을 먹지만 한 알의 밥도 씹은 적이 없고, 하루 종일 오고 가지만 한 뼘의 땅도 밟은 적이 없다. 이러할 때는 나와 남이라는 개념도 없다. 하루 종일 온갖 일을 행하면서도 어떤 경계에도 속아서 얽매이지 않는다면, 비로소 자재한 사람이라고 한다.

순간순간 어떤 모습도 보지 말라. 과거, 현재, 미래를 분별하지 말라. 과거는 지나가지 않고, 현재는 머물지 않으며, 미래는 오지 않는다. 마음을 내려놓고 밖으로 나돌아 다니지 않아 태연히 집 안에 편히 앉아 지내며, 인연 따라 그저 흘러가면서 얽매이지 않는다면 비로소 해탈이라고 한다.

노력하고 또 노력하라. 이 문중의 천 사람, 만 사람 가운데 단지

3~5명만이 깨닫는다. 만약 정진하지 않는다면 재앙을 받을 날이 올 것이다."

　하루 종일 온갖 일을 행하면서도 한 가지 일도 행한 바가 없어야 자재한 사람이다. 매 순간순간 특정한 모습에 속게 되면, 그 상에 사로잡히고 만다. 그 어떤 것도 분별하지 않으면 아무 일이 없다.

　시간을 분별하지 않으면 과거, 현재, 미래도 없다. 사실 우리가 진짜로 생생하게 살아온 날들은 오로지 '지금 이 순간'이었을 뿐, 과거나 미래를 살아본 적은 없지 않은가? 지금 이 순간 또한 끊임없이 찰나 찰나로 흘러가니 어느 순간을 잡아 현재라고 이름 붙일 것인가? 그 모두가 분별이 만들어낸 허망한 착각일 뿐이다.

　깨달음은 대단한 무언가가 아니다. 그저 평범한 일과 속에 깨달음이 있다. 다만 분별 망상이 사라졌을 뿐, 현실적인 삶이 사라진 것은 아니다. 평범하게 태연히 집에 앉아 지내며, 인연 따라 흘러가면서도 그 어디에도 얽매이지 않는다면 비로소 해탈이라 한다.

　다만 이 해탈은 본래부터 주어진 것이며, 무위이기에 애써 노력할 것이 없고, 구해서도 안 된다고 할지라도, 그럼에도 불구하고 깨닫지 못한 중생이라면, 여전히 노력하고 또 노력해야 한다. 함이 없이 해야 한다.

　이 공부는 천 사람, 만 사람 가운데 단지 3~5명만이 깨달으니, 정진하지 않는다면 죽음이 다가와 나를 덮치고 말 것이다.

11
임제의현
臨濟義玄
(?~867)

(1) 임제어록(臨濟語錄)

◉ 눈앞에서 법문을 청해 들어라

배우는 자가 불법을 얻지 못하는 것은 그 병이 어디에 있는가? 그 병은 스스로 믿지 않는 것에 있다. 만약 그대들이 스스로에 대한 믿음이 부족하면, 곧 허둥대며 모든 경계를 따라 얽매이고, 온갖 경계에 끄달려서 자유를 얻지 못할 것이다.

그대가 만약 매 순간 밖으로 치달려 구하는 마음을 쉴 수만 있다면 바로 조사나 부처와 다르지 않다.

조사를 알고자 하는가? 다만 그대들은 눈앞에서 법을 청해 듣기만 하라.

배우는 사람이 믿음이 부족하면 곧장 밖으로 치달려 구하지만, 설사 구하여 얻는다 할지라도 그것은 모두 문자로 된 이름이요, 개념일 뿐이니, 마침내 살아있는 조사의 뜻을 얻지는 못할 것이다.

이 공부는 일단 스스로에 대한 믿음이 필요하다. 내가 바로 부처이며, 이 마음을 확인할 수 있다는 굳은 믿음이 기본 바탕이 되어 있어야만 공부가 순일해질 수 있다.

내가 바로 부처라는 자기 자신에 대한 확신과 믿음이 있다면, 자기를 버리고 매 순간 밖으로 치달려 구하는 마음을 쉴 수 있다.

부처를 알고자 한다면, 그리 어렵지 않으니, 조사선의 전통에서는 오로지 스승을 찾아 눈앞에서 법을 청해 듣는 것을 권한다. 이것이 조사선 최고의 수행이라면 수행법이다.

바른 선지식을 만난다면 밖으로 치달려 구하지 않게 하고, 자기의 본래부처를 확인하도록 이끌어 준다.

⊙ 선의 시크릿

이 사대(四大)로 이루어진 육신은 법을 말하거나 들을 줄도 모르고, 비장(脾臟)·위·간·쓸개도 법을 말하거나 들을 줄 모르며, 허공 또한 법을 말하거나 들을 줄도 모른다. 그러면 무엇이 법을 말하거나 들을 줄 아는가? 바로 그대들 눈앞에서 또렷하고 역력한 것이 하나 홀로 고고하게 밝으니 이것이 법을 들을 줄도 말할 줄도 아는 것이다. 만약 이러한 것을 볼 수 있다면, 곧 조사나 부처와 다르지 않다. 일체 모든 때에 이러함이 끊어지지 않는다면, 눈에 보이는 것이 모두 이것이다. 다만 분별로 인해 지혜가 막히고, 생각이 일어나 본체를 둘로 나누기 때문에, 삼계를 윤회하며 많은 종류의 괴로움을 받는 것이다. 이 산승(山僧)의 견처(見處)로 보자면, 깊고 깊지 않은 것이 없고, 해탈하지 않은 것도 없다.

그대가 삶과 죽음, 가고 머묾, 집착과 벗어남으로부터 자유롭고자 한다면, 지금 법을 듣는 그 사람을 알아야 한다. 이 사람은 모습도 없고 모양도 없고 뿌리도 없고 근본도 없으며, 머무는 곳도 없이 활활발발하게 반응하여 수많은 것들에 작용하지만, 작용하는 곳이 따로 정해진 것은 아니다. 이 사람은 찾으면 찾을수록 더욱 멀어지고, 구할수록 더욱 어긋나니, 이름하여 비밀(Secret)이라고 부른다.

이 산승의 견처에서는, 보신불(報身佛)과 화신불(化身佛)의 머리는 꺾어 버리고, 십지보살(十地菩薩)은 비천한 놈과 같고, 등각(等覺)과 묘각(妙覺)은 목에 칼을 차고 쇠사슬에 묶인 죄인 같고, 아라한(阿羅漢)과 벽지불(辟支佛)은 뒷간의 더러운 똥과 같고, 깨달음과 열반 또한 당나귀를 매는 말뚝과 같을 뿐이다.

일 없는 이가 귀한 사람이니 조작하지 말고 다만 평상심을 지니라. 바깥으로 구하러 다니며 할 일을 찾는다면 오해한 것이다. 그대는 찾아다니고 있는 바로 그것을 아는가?

마음이라는 법은 모양이 없으면서 온 우주를 관통하고 눈앞에 드러나 작용한다.

이 지수화풍(地水火風) 사대(四大)로 이루어진 육신은 사실 아무것도 할 줄 모른다. 이 몸은 법을 말하거나 들을 줄도 모르고, 내 몸속의 다양한 장기 기관들도 말하거나 들을 줄 모른다. 또 나를 둘러싸고 있는 허공 또한 법을 말하거나 들을 줄 모른다. 그럼에도 분명하게 법을 말하거나 듣는 무엇이 있다. 무엇이 법을 말하거나 들을 줄 아는가?

도대체 무엇이 이렇게 생각도 일으키고, 느낌도 일으키고, 보고 들으며, 몸도 움직이면서 다양한 삶의 활동을 이어가는가? 몸이 하는 것은 분명 아니다. 몸이 자기 혼자서 할 수 있는 것이라면, 죽은 시체라고 할지라도 스스로 몸을 움직이거나 생각하고 보고 들을 수 있어야 할 것이다.

바로 눈앞에서 또렷하고 역력한 것이 하나 홀로 고고하게 밝아 있으니 '이것'이 바로 법을 들을 줄도 말할 줄도 안다. 바로 이것을 확인하는 것이 조사선 학인들의 공부다.

'이것'을 확인한다면, 부처와 조사와 다르지 않다. 눈에 보이는 모든 것이 이것이고, 귀에 들리는 모든 것이 이것이다. 이 우주 삼라만상 가운데 이것을 벗어나는 것은 한 티끌도 없다.

다만 분별심으로 인해 본래 있던 지혜가 가로막혀 있으며, 생각이 본성을 둘로 나누어 놓았기 때문에 온갖 괴로움도 생기고, 중생이라는 착각의 삶이 시작된 것일 뿐이다.

깨달은 견처로 본다면, 이 우주 삼라만상 가운데 깨닫지 못한 것은 하나도 없다. 온 우주가 그대로 하나의 부처다. 부처를 벗어나는 것은 없다.

지금 법문을 듣고 있는 그 사람은 누구인가? 이 참사람은 모양도 없고 뿌리도 없고 머무는 곳도 없이 활활발발하게 반응하여 작용하지만, 작용하는 곳이 따로 없다. 이 참사람은 찾을수록 멀어지고, 구할수록 어긋나니, 언제나 바로 지금 이 사람이기 때문이다. 언제나 여기에 있는데 어떻게 이것을 다시 찾을 것인가?

이 참사람이 바로 시크릿(Secret)이다. 이 하나의 마음을 찾음 없이 찾는 것이야말로 참된 비밀이다.

이러한 견처에서는 부처님 머리를 꺾어 버리고, 십지보살을 비천한 놈과 같다고 하며, 아라한과 벽지불은 뒷간의 더러운 똥과 같고, 깨달음과 열반은 당나귀를 매는 말뚝과 같다고 할지라도 상관할 바가 아니다. 십지보살과 비천한 놈은 똑같은 부처요, 아라한과 더러운 똥이 똑같은 한 성품이며, 열반과 말뚝이 똑같은 불성의 현현이다.

이 견처에서는 깊고 깊지 않은 것도 없고, 높고 낮음도 없으며, 고귀하고 하찮은 것도 없다. 모두가 한바탕이요, 한마음으로 절대청정성을 지닌 불성 그 자체다.

그러니 이처럼 둘로 나뉘지 않는 청정한 이 하나의 마음을 깨닫는다면, 일 없이 한가하게 노닐 뿐이니, 무엇을 만들어 내려고 조작할 것도 없고, 다만 평범하게 삶을 살아갈 뿐이다. 만약 무언가를 바깥으로 찾아 나서며, 할 일을 찾는다면 그는 여전히 이것을 확인하지 못했다. 밖으로 찾아다니고 있는 바로 그것이 이것이다.

이처럼 마음이라는 법은 모양이 없으면서도 온 우주를 관통하여 여여하고, 언제나 매 순간 눈앞에 드러나 작용한다.

⊛ 수처작주 입처개진(隨處作住 立處皆眞)

불법은 애써 구하는 것이 아니라 단지 평상심을 유지하여 특별한 일이 없게 함이니, 추우면 옷을 입고 더우면 옷을 벗고 배고프면 밥을 먹고 졸리면 잠을 자면 되는 것이다. 어리석은 자는 나를 비웃겠지만 지혜로운 사람은 그 뜻을 안다.

옛사람은 '밖을 향해 공부하는 이는 모두 어리석고 미련한 녀석들이다'라고 하였다. 그대가 처해 있는 곳에서 주인이 된다면, 서 있는 바로 그곳이 진실할 것이다(隨處作主 立處皆眞).

대장부라면 본래 일 없음을 오늘 당장에 알라. 다만 그대들은 믿음이 부족하기 때문에 순간순간 찾아 구하고, 자기 머리는 버려둔 채 따로 머리를 찾는 일을 쉬지 않는다. 만약 원돈보살(圓頓菩薩)이라고 하더라도 법계에 몸을 드러내어 정토 속에서 평범함을 싫어하고 성스러움을 좋아한다면, 이런 무리는 취하고 버림을 아직 잊지 못한 것이고, 깨끗하고 더럽다는 분별이 남아 있는 것이다.

선종의 견해는 전혀 그런 것이 아니니, 곧장 지금일 뿐 다시 다른 시절은 없다. 산승이 설하는 바는 모두 한때의 병을 치료하기 위한 약일 뿐, 진실한 법은 없다. 만약 이와 같이 본다면 참된 출가라 할 수 있으니, 그는 하루에 만 냥의 황금이라도 쓸 만하다.

평상심이 곧 도다. 평상시에 늘 가지고 있고, 늘 쓰고 있는 것을 버리고 또 다른 것을 추구할 필요는 없다. 지금 있는 것만이 언제나 있기 때문이다. 불법은 애써 구할 것 없이, 단지 평상심으로 특별한 일이 없으면 그뿐이다.

인연 따라 행하되, 추우면 옷을 입고, 더우면 옷을 벗고, 배고프면 밥 먹고 졸리면 잠을 자면 될 뿐이다. 사람들 가운데 이렇게 하지 않는 이가 있을까? 없다. 누구나 이렇게 자유자재하게 마음 나는 대로 평범한 이 마음을 쓰며 살고 있다. 누구나 본래부처이기 때문이다.

여기에는 아무런 문제도 없다. 다만 이 평범한 사실을 버리고, 무언가 위대한 것, 신비로운 것, 대단한 것을 밖으로 찾아 나서려고 하니, 내 안에 이미 있었던 것을 확인하지 못하는 것일 뿐이다.

그래서 '밖을 향해 공부하는 이는 모두 어리석고 미련한 녀석들'이다.

매 순간 내가 서 있는 바로 그 곳에서 주인이 된다면, 서 있는 그곳이 진실한 곳임을 깨닫게 될 것이다.

내가 서 있는 지금 이 자리, 여기가 참된 진실의 자리다. 진리는 매 순간 여기에 완전하게 드러나 있다. 더 갈고 닦아서 만들어 낼 필요가 없다. 입처개진(立處皆眞), 서 있는 자리가 전부 다 참된 진리가 드러난 곳이다. 그러니 바깥으로 찾아 나서길 멈추고 지금 이 자리로 돌아와, 내가 서 있는 이 자리에서 주인으로 살아갈 뿐, 더 할 일은 없다.

대장부라면 이처럼 본래 모든 것이 진실하여 일 없음을 알겠지만, 사람들은 믿음이 부족하여 매 순간 밖으로 찾아 구한다. 머리를 달고 있으면서 머리를 찾는다.

만약 그 어떤 위대한 보살이라 할지라도 평범함을 버리고 성스러움을 쫓거나, 이 세상을 싫어하고 정토를 찾는다면 그는 아직 취하고 버림이 남아 있고, 깨끗하고 더럽다는 분별이 남아 있는 것이기에 진정한 공부인이 아니다.

선종의 가르침은 전혀 그런 것이 아니다. 곧장 바로 지금일 뿐 다시 다른 시절은 없으며, 곧장 바로 여기일 뿐 다시 다른 곳을 구할 것도 없다.

그렇다고 이러한 선종의 가르침에 대해 집착할 것도 없으니, 이 모든 말들은 다만 병을 치료하기 위한 임시방편의 약일뿐이기 때문이다. 삶 자체가 있는 그대로 진실할 뿐이지, 아무리 부처의 말이라고 할지라도 말이 진실할 수는 없다.

이와 같은 이라면 참된 출가라 할 수 있으니, 하루 동안에 만 냥의 황금을 쓰더라도 상관이 없다.

⊙ 시급히 선지식을 찾으라

이 산승의 견처에서는 부처도 없고 중생도 없으며, 옛날도 없고, 지금도 없다. 깨닫는 자는 곧장 몰록 깨달을 뿐, 시간을 필요로 하지 않는다. 닦음도 깨달음도 없고, 얻음도 잃음도 없다. 일체 모든 때에 다시 다른 법은 없다. 설사 이것을 뛰어넘는 하나의 법이 있다고 하더라도, 나는 그것을 꿈과 같고 환상과 같다고 말할 것이다. 이 산승이 설하는 바는 오직 이것뿐이다.

나의 견처로 보자면, 실제로 여러 가지 도리가 따로 없다. 쓰고자 하면 곧장 쓰고, 쓰지 않으면 그저 쉴 뿐이다. 예컨대 여러 곳에서 육도(六度)와 만행(萬行)을 말하면서 이를 불법이라고 말하지만, 나는

'이것은 장엄문(莊嚴門)이며 불사문(佛事門)이지 불법은 아니다'라고 말한다.

그대들은 육도(六度)와 만행(萬行)을 고루 닦는다고 하지만, 내가 보기에는 모두가 업을 짓는 일이다. 부처를 구하고 법을 구하는 것은 곧 지옥 갈 업을 짓는 것이고, 보살을 구하는 것 또한 업을 짓는 일이며, 경전과 가르침을 살펴보는 것 역시 업을 짓는 일이다. 부처와 조사는 일 없는 사람(無事人)이다.

도를 구하는 이들이여! 그대들은 이 꿈과 환영 같은 세계를 반려자라고 착각하지 말라. 머뭇거리는 사이에 곧장 무상하게 죽음으로 돌아간다. 그대들은 이 세계 속에서 어떤 물건을 찾고 구해서 해탈하려 하는가? 한술 밥을 얻어먹고, 옷을 기워 입으며 시간을 보내더라도 먼저 시급히 선지식을 찾아뵈려 해야지, 대충 시간만 때우면서 쾌락을 좇지는 말라.

옛 조사스님들의 견처는 참으로 깊고 깊어 가히 부처라 할 만하다. 일체의 모든 분별을 여의었으니, 거기에 부처라도 붙이지 않는다. 설사 그 모든 것을 뛰어넘는 유일한 최상의 '한 법'이 있다고 하더라도, 그 또한 조사스님의 안목에서는 한낱 쓰레기에 불과하다.
육도만행(六度滿行)이란 보살이 육바라밀(六波羅蜜)을 원만하게 닦는 것을 말한다. 그러나 그것조차 선사의 안목에서는 다만 불법을 꾸며주는 장엄문이며, 불사문일 뿐이지 참된 불법은 아니다. 한 법도 내세우지 않고, 모조리 불태워 버린다. 그 어떤 도리를 내세우지 않는다.

사실 육바라밀은 보시(布施), 지계(持戒), 인욕(忍辱), 선정(禪定), 정진(精進), 반야(般若)라는 각각의 바라밀을 열심히 닦고 또 닦아가다 보면 결국 그 육바라밀 수행의 결과 깨달음을 얻는 것이 아니다. 그것은 하나의 방편일 뿐이다.

공부가 된 입장에서 본다면, 저렇게도 말할 수가 있다는 것이지, 저 바라밀을 하나하나 닦아서 완성해야 한다는 말이 아니다.

견성의 순간, 깨달음의 순간 육바라밀은 몰록 실현된다. 삶 자체가 육바라밀이 된다. 억지로 갈고 닦으려고 애써서 만들어 내지 않더라도 저절로 이루어지는 것이다.

그래서 중생들이 열심히 갈고 닦으며 실천하는 육도만행이 선지식의 안목에서는 모두가 업을 짓는 일일 뿐이라고 했다. 부처를 구하는 것은 곧 지옥 갈 업이고, 보살을 구하거나 경전을 공부하는 것 역시 업을 짓는 일이다.

그 모두가 '구하고자 하는 것'이니, 이 공부는 구하는 공부가 아니다. 구하는 것은 '구하는 자'가 있고, '구해야 할 대상' 혹은 '구해야 할 상태'가 따로 둘로 나누어져 있다는 말이기에 분별법이고 이법이기 때문이다.

어쨌든 이런 법문은 말 그대로 일을 다해 마친 선사의 안목이다.

이런 말을 듣고, 참된 법은 이런 것이니 부처를 구하지도 않고, 경전을 공부하지도 않고, 육바라밀을 실천하지도 않겠다는데 집착한다면 그것 또한 하나의 치우침이다.

이 공부는 공부를 해서도 안 되지만 안 하면 영영 중생으로 남을 뿐이다. 안 하되 해야 하고, 하면서도 하지 말아야 한다. 어떻게 해야 겠다는 생각에 머물러서는 안 되고, 이러지도 저러지도 못하는 상황에 몰려 의식이 콱 막혀야 하는 것이다.

불법은 이처럼 부처를 구하고자 발심을 하라고 했다가 다시 부처를 구해서는 안 된다고 하며 빼앗는다. 그것은 진짜로 빼앗기 위해 빼앗는 것이 아니라, 참된 부처를 진정으로 주고자 빼앗는 것이다. 앞서 설명했던 삼구법문의 방식이다.

이것을 통해 이쪽과 저쪽 어디에도 치우치거나, 머물러 집착하지 않도록 중도로 이끄는 것이다. 어느 한쪽의 공부 방법을 선택하여, '이렇게만 행하면 되겠구나' 하고 정리를 하고, 그 방법에 머물러 행하게 된다면, 한쪽에 치우친 것이고, 취사간택한 것이기에 참된 중도가 될 수 없다.

그래서 불교에서는 '이것이다' 하고 딱 정해 주는 법이 없다. 어디에도 의식이 머물게 하지 않는다. 처음에는 이것이 도저히 이해가 안 될 것이고, 요즘 사람들은 이해가 안 되면, 그것을 공부하려 하지 않는다. 그러나 이 공부는 바로 그 이해를 막히게 함으로써 단박에 이해를 뛰어넘는 공부다.

처음에는 조금 어렵더라도 지극한 마음으로 공부를 하다보면, 시절인연이 저절로 성숙되어 애쓰지 않고서도 모든 것이 저절로 이루어지는 인연이 깃들 것이다.

이처럼 중도를 자유자재하게 세우기도 하고 부수기도 할 수 있는 중도를 빚는 솜씨야말로 선지식의 기량이요 견처다. 쓰고자 하면 곧 장 쓰고, 쓰지 않으면 그저 쉰다. 아무 일도 없지만, 모든 일을 다 행한다. 참으로 자유자재하니 오래도록 원만한 보임을 이룬 이가 아니라면 불가능한 견처가 아닐 수 없다.

이 꿈과 같고 환영과 같은 현실 세계를 사람들은 반려자처럼 끔찍이도 사랑하고 애착하지만, 그 모든 것들은 머지않아 곧장 무상하게 죽음으로 돌아간다. 영원한 것은 없다.

그러니 이러한 생겨나고 사라지는 꿈과 같은 생사법(生死法)의 세계 속에서 도대체 어떤 값진 물건을 구하려고 하는가? 이 세속에서의 행복과 값진 가치들은 전부 잠깐 일어났다가 사라지는 것일 뿐, 참된 것이 아니다.

가난하고 볼품없이 살더라도, 부자로 살며, 남들 인정받고 살고, 명예와 권력을 쥐는 삶보다도 더 중요한 것이 무엇인지를 시급히 깨달아야 한다. 그러자면, 생사법이 아닌 불생불멸법을 찾아야 하니, 그것은 선지식에게서 나온다.

시급히 선지식을 찾는 일이야말로 가장 시급한 일이다.

⊙ 대장부의 기상

그대들이 진리답게 살고자 한다면 대장부의 기상을 가져야만 한다. 깨진 그릇에는 좋은 음식을 담을 수 없듯이 자기의 분명한 마음의 중심도 세우지 못하고 이리 흔들리고 저리 흔들리면 결코 법다울 수 없다. 그릇이 크고 중심 잡힌 사람은 남들의 말에 현혹되지 않는다. 그대가 처해 있는 곳에서 주인이 된다면, 서 있는 바로 그곳이 진실 될 것이다.

보통의 어리석고 눈먼 스님들은 배불리 밥을 먹고 앉아서는 좌선하고 관수행을 하면서, 흘러나오는 생각을 꽉 움켜쥐고 일어나지 못하게 하려고 애쓴다. 시끄러운 것은 싫어하고 고요함을 찾으려고 하지만 이것은 외도(外道)의 법이다.

대장부란 남들의 온갖 말들에 이리저리 흔들리지 않고 자기의 분명한 마음의 중심이 오롯하게 우뚝 서 있는 수행자다. 언제나 서 있는 그 자리에서 주인이 되니, 타인들의 삶을 기웃거리며, 그들과 나의 삶을 비교하지 않고, 더 나은 삶을 추구하지도 않으며, 지금 이대로의 서 있는 이 자리가 곧 진실임을 깨닫는다.

마음에 그 어떤 비교나 분별도 없이, 지금 이대로의 나 자신에 충분히 만족하며, 있는 그대로의 현실을 온전히 허용하고 받아들인다. 일어나는 모든 일들에 완전히 마음을 열고, 자유자재하게 반응하며 삶을 평범하게 살아나간다. 아무런 일도 없지만, 해야 할 일들은 무엇이든 인연 따라 다 한다. 이와 같이 자기의 주인공으로서 진실한 진리의 삶을 매 순간 살아나가는 이가 바로 참된 대장부다.

요즘 시대에도 일반적인 스님들과 신도님들은 어리석고 눈이 멀어 배불리 밥 먹고 앉아서는 좌선하면서 올라오는 생각을 꽉 움켜쥐고 일어나지 못하게 하려고 애쓴다.

많은 신도님들과 상담을 하다 보면 공부 꽤나 했다고 하는 분들께서 가장 많이 하는 질문 중 하나가 '끊임없이 올라오는 생각을 버리지를 못해서 괴롭다'는 것이다. 어떻게 하면 그 생각을 없앨 수 있는지, 최신에 나온 과학적으로 검증된, 혹은 스님만이 가진 새로운, 생각과 싸워 이길 무기는 없는지를 묻곤 한다.

없다! 그런 것이 없을 뿐 아니라, 그런 싸움 자체를 할 필요도 없고, 생각을 없앨 필요도 없다. 생각은 아무런 문제가 아니다. 생각은 끊임없이 올라오는 것이 자연스럽다. 문제는 내가 그 생각에 끄달려 가며, 그 생각에 힘을 실어 주고, 그 생각에 집착하며, 그 생각을 진짜라고 믿고, 그 생각을 꼬리에 꼬리를 물면서 따라가는 것이 문제이지, 생각이 올라왔다가 사라지는 것은 전혀 문제가 아니다.

그냥 생각을 내버려 두라. 생각을 어떻게 해 보려는 생각을 완전히 포기한 채, 그냥 생각이 올라오도록 허용해 주어 보라. 싸워 이기려고 하지 말고, 함께 살기를 택하라. 그냥 놔두기만 하면 된다. 그것이 무위법(無爲法)이 아닌가? 생각을 상대로 무언가를 할 필요가 없다. 애쓸 필요가 없다.

생각을 상대로 싸워 이기려고 하고, 시끄러운 곳은 피하면서 고요한 곳만을 찾으려고 한다면, 그것은 외도의 법일 뿐이다.

⦿ 땅 위를 걷는 참된 신통

32상 80종호는 모두 환상일 뿐임을 분명히 알라.

그대들은 부처에게 육신통(六神通)이 있어서 불가사의하다고 말한다... 착각하지 말라.

무릇 부처의 육신통이란 색깔 세계에 들어가지만 색깔에 속지 않고, 소리 세계에 들어가지만 소리에 속지 않으며, 냄새 세계에 들어가더라도 냄새에 속지 않고, 맛의 세계에 들어가서 맛에 속지 않고, 감촉의 세계에 들어가서는 감촉에 속지 않고, 법의 세계에 들어가서도 법에 속지 않는 것이다.

이처럼 어디에도 의지하지 않는 도인은 비록 오온(五蘊)이라는 번뇌의 몸뚱이에 불과하지만, 곧 땅 위를 걷는 참된 신통을 행한다.

부처님에게는 32상 80종호가 없다. 외면적으로는 우리 중생들과 다른 점이 전혀 발견되지 않는다. 32상 80종호는 하나의 임시방편일 뿐이다. 방편은 있는 그대로 진실이라고 받아들여서는 안 된다.

사람들은 부처님이나 큰스님들은 불가사의한 육신통(六神通)이 있어서, 중생들은 하지 못하는 놀라운 능력을 발휘하거나, 상대방의 마음을 다 읽을 줄 알고, 천도의 능력도 남다르고, 내 미래도 다 어떻게 될지 알아서 어떻게 살라는 정답 같은 것을 번개같이 내려 줄 것이라고 믿는다. 착각하지 말라. 그것은 외도의 신통일 뿐이다.

참된 부처의 육신통은 색성향미촉법이라는 여섯 가지 경계를 대하면서도 그 경계에 속지 않고, 끌려가지 않고, 사로잡히지 않으며, 집착하지 않아, 경계에서 자유로운 것이다.

어떤 외부 경계에도 의지하지 않는 참된 도인은 비록 오온이라는 몸뚱이에 불과하지만, 참된 신통을 행하니 그것은 물 위를 걷는 것이 아니라 땅 위를 걷는 것이다. 물 위를 걷는 것은 병이지 신통이 아니다. 땅 위를 걷는 것, 숨을 쉬는 것, 말을 하는 것, 말을 듣는 것, 삶을 사는 것, 그것이 바로 참된 도인의 신통이다.

⊙ 천하의 큰스님을 알아볼 안목

출가자라면 먼저 도를 배워야 한다. 이 산승은 오래전부터 수십 년 동안 계율을 공부하기도 하고, 또 경전과 논서를 찾아 구하기도 하였지만, 뒤에 비로소 이것들이 세상의 고통을 구하기 위한 일시적인 약처방으로써 잠시 드러내 보인 말일 뿐임을 알았다. 그리고 나서야 비로소 일시에 이것들을 내버리고 곧장 도를 구하고 선에 참여하였다. 그 뒤 대선지식을 만나보고 나서야 비로소 도를 보는 안목이 밝아져서, 비로소 천하의 큰스님들을 알아보게 되었다.

임제스님처럼 일반적인 많은 스님들은 절에 들어와 오랜 기간 동안 계율도 배우고, 경전과 논서도 공부하며, 경율론(經律論) 삼장(三藏)이야말로 수행자가 해야 할 최고의 공부라고 여긴다. 그러다가 시간이 흐르면서 공부가 점점 더 익어가다 보면, 이 모든 것이 다만 일시적인 약처방이었을 뿐이고, 방편이었을 뿐임을 깨닫는다.

그러면서 경율론을 버리지는 않지만, 경율론 삼장에서 자유로워진다. 실체화하는 생각이나, 이것만이 전부라거나, 이것이 곧 진리라는 생각에서 벗어나, 이 경율론 삼장이 드러내고자 하는 낙처(落處), 귀결점(歸結點)이 무엇인지를 참구하기 시작한다.

드디어 달을 가리키는 손가락에만 관심을 가지다가, 문득 손가락이 방편이었음을 깨닫고는 '달'을 참구하는 것이다. 그것이 바로 참선(參禪)이며, 선에 참여하는 것이다.

이 정도의 방편과 본질에 대한 안목이 생겨나게 되면, 자연스럽게 선지식을 찾게 된다. 마음에서 준비가 되면, 신기하게도 외부에서도 준비를 시켜준다. 안팎이 둘이 아니기 때문이다.

이 정도의 안목과 발심으로 선지식을 찾다 보면, 늘 가까이에 있었던, 혹은 마음만 내면 찾을 수 있었던 선지식을 드디어 만나게 되고 법문을 듣게 되는 스승복이 찾아온다.

사실 내가 스승을 만나게 되는 것이 아니라, 내 안에서 천하의 큰스님을 알아보게 되는 안목이 밝아진 것일 뿐이다. 대선지식을 알아볼 안목과 지견이 열리는 자에게만 대선지식의 인연을 귀한 열매를 맺게 된다.

☯ 부처를 만나면 부처를 죽여라

그대들이 법다운 견해를 얻고자 한다면, 다만 다른 이들에게 속지만 말고, 안에서나 밖에서나 만나기만 하면 그 즉시 죽여라. 부처를 만나면 부처를 죽이고, 조사를 만나면 조사를 죽이며, 나한을 만나면 나한을 죽이고, 부모를 만나면 부모를 죽이고, 친척과 권속을 만나면 친척권속을 죽여야, 비로소 해탈하여 사물에 얽매이지 않고 벗어나 자재할 것이다.

'부처를 만나면 부처를 죽이고, 조사를 만나면 조사를 죽여라'라는 임제의 법은 그 어떤 것에도 상을 내세우지 말고 타파하라는 가르침이다. 부처라는 견해를 짓게 되면 그것은 중생에 상대하여 지은 말이니 분별일 뿐이다. 부처가 타파될 때, 곧장 중생도 타파될 수 있다.

참된 법은 그 어떤 언어에도, 그 어떤 모양에도, 그 어떤 사물에도 얽매이지 않고, 머물지 않고, 의지하지 않아, 일체의 만법으로부터 자유롭고 자재하다. 모든 것으로부터의 자유가 바로 이 법이다.

그것이 비록 부처이고, 해탈이고, 열반이며, 불이법이라고 할지라도 거기에 사로잡혀 '이것만이 진리'라고 집착해 있다면, 거기에 얽매인 것일 뿐, 참된 자유인이 아니다.

◉ 결코 따로 구하지 말라

그대는 온갖 곳에서 찾아 헤매는 마음을 쉬지 못한다. 그러므로 조사께서 말하기를, '애달프다, 대장부여! 머리를 가지고 머리를 찾는구나'라고 했던 것이다. 그대가 한마디 말을 듣고 곧장 자신의 마음을 돌이켜 비춰 보아, 결코 따로 구하지 않고, 그대의 몸과 마음이 조사나 부처와 다르지 않음을 알고, 그 즉시 일이 없다면, 비로소 법을 얻었다고 한다.

이미 완성되어 있는 줄 모르고, 이미 내가 바로 그것인 줄 모르고, 바깥으로 온갖 곳에서 찾아 헤매는 마음을 쉬지 못하는 것이 중생이다. 머리를 가지고 머리를 찾는다. 깨달음을 찾아, 온 세계를 돌아다니다가 결국 찾지 못하고 허망하게 집으로 돌아오니 바로 집 안에 깨달음이 있었다는 것이 바로 이를 뜻한다.

대선지식의 법문을 듣고 곧장 자신의 마음과 하나로 계합하면, 결코 따로 구하지 않으면서도, 부처와 조사와 하나가 된다. 비로소 즉시 일이 없어진다.

12

趙州從諗

조주종심

(778~897)

(1) 조주어록(趙州語錄)

😳 이미 부처가 된 거야

조주가 남전보원(南泉普願, 748~835)에게 물었다.

"무엇이 도입니까?"

"평상심이 바로 도다."

"그것을 향하여 나아갈 수 있습니까?"

"분별하면 곧 어긋난다."

"분별하지 않고 어찌 도를 알 수 있습니까?"

"도는 알고 모르는 것에 있지 않다. 안다는 것은 허망한 착각이고, 모른다는 것은 무기(無記)이다. 만약 참으로 분별이 없는 도에 도달하면 마침내 큰 허공과 같이 말끔하게 공하거늘 어찌 옳다 그르다 할 수 있겠느냐?"

"제가 부처가 되려고 애쓸 때는 어떻습니까?"
"엄청 고생을 하게 되겠지."
"부처가 되려고 애쓰고 노력하지 않을 때는 어떻습니까?"
"그렇다면 부처가 이미 된 거야."

평상심이 바로 도다. 우리가 모두 지니고 있는 바로 이 평범한 마음이 곧장 도다. 평상시의 마음이니 이 마음을 지니고 있지 않은 이는 없다.

그러니 어찌하여 이미 지니고 있는 평상심을 향해 나아갈 수 있겠는가? 평상심을 추구하여 얻을 수는 없다. 이미 구족되어 있기 때문이다.

추구하거나, 얻거나, 향해서 나아가려면 어떤 대상이 따로 있어야 한다. 둘로 분별되어 있어야 한다. 이것과 저것이 둘로 나누어져 있어야 이것에서 저것이 있는 쪽으로 나아가거나, 추구하거나, 얻을 수 있지 않은가?

더욱이 여기에서 저기로 가려면 애쓰고 노력을 해야 한다. 부처를 구하려고 애쓰면 애쓸수록 엄청난 고생이 동반된다. 부처는 구할 수 있는 것이 아니기 때문이다. 갈 저기가 따로 없는데도 불구하고 갈 곳을 정해 놓고 나아가려 하기 때문이다. 불가능한 도전을 하고 있으니 고생을 할 수밖에.

부처가 되려고 노력하지 않을 때는 바로 부처다. 지금 여기에 있기 때문이다. 이미 있는 것을 얻기 위해 노력할 필요는 없기 때문이다. 노력하지 않는다면, 이미 여기에 있다.

부처를 향해서 나아가고자 한다면 그것은 곧 분별일 뿐이다. 분별하면 곧장 어긋난다.

분별하지 않으면 어찌 도를 알 수 있느냐고? 반드시 분별하지 않아야만 도를 알 수 있다. 그러나 이 말도 방편일 뿐. 도를 알고자 한다면 어긋난다. 도는 알고 모르는 것에 있지 않다.

도를 알려고 하면 '아는 자'와 '아는 것'이 둘로 나누어져 있어야 한다. 그것은 분별이기에 어긋난 것이다.

참으로 분별없는 깨달음을 확인하면 말끔하게 텅 비어 공하니, 거기에는 옳다거나 그를 것이 없고, 알거나 모를 것도 없다. 그저 텅 비어 확연무성(廓然無聖)하여, 성스럽다고 이름 붙일 것조차 완전히 사라진다.

⊙ 뜰 앞의 잣나무

"달마가 인도에서 온 뜻은 무엇입니까?"
"뜰 앞의 잣나무니라."
"경계로써 사람을 가르치지는 않았으면 합니다."
"나는 경계로써 사람을 가르치지는 않는다."

"그렇다면 달마가 인도에서 온 뜻은 무엇입니까?"
"뜰 앞의 잣나무다."

달마가 인도에서 온 뜻이 무엇인가? 하고 묻는 것은 '법이 무엇입니까?'라고 묻는 그 당시의 하나의 정형구다. 이에 조주는 '뜰 앞의 잣나무'라고 답했다. 그러나 그 답을 들은 이는 말의 뜻을 따라가 뜰 앞에 서 있는 잣나무라는 경계를 답하는 줄 잘못 알았다.

선에서의 화두(話頭)나 공안(公案)에서는 경계를 말하더라도 그것이 경계를 말한 것이 아니다. 색즉시공(色卽是空)이듯, 색이 있는 바로 그곳에 공이 있는 것처럼, 경계를 말하지만 경계를 말한 것이 아니라 바로 색과 둘이 아니게 함께 있는 공이라는 참된 진실을 가리킨 것일 뿐이다.

그래서 조주는 나는 경계를 말한 것이 아니라고 했다. 그래서 다시 물었다. '달마가 인도에서 온 뜻은 무엇입니까?' '뜰 앞의 잣나무다' 이때 제자는 깨달았다.

똑같이 '뜰 앞의 잣나무(庭前栢樹子)'라고 답했지만 어리석은 이는 그 말의 의미를 머리로 헤아려 뜰 앞에 서 있는 잣나무라는 경계를 따라가기에 법의 당처(當處)를 보지 못한다. 그러나 경계를 따라가지 않을 때는 '뜰 앞의 잣나무'에서 법(法)이 드러난다.

잣나무까지 갈 것도 없이 '뜰'이라는 한 마디 말이 나오자마자 곧장 법이 드러난다. 마삼근(麻三斤)도 마찬가지고, 마른 똥막대기(乾尿橛)도 마찬가지다. 손가락을 하나 들어도 마찬가지다.

법은 이미 드러나 있다. 스승은 이미 드러나 있는 법을 다만 가리킬 뿐이다.

이때 머리로 헤아리면 법은 물 건너가고 제자는 다음을 기약해야 한다. 그러나 걱정 말라.

도대체 무슨 말을 하는 거지? 뜰 앞의 잣나무를 헤아릴 수도 없고, 생각할 수도 없고, 그 말을 듣고 이렇게 하지도 못하고 저렇게 하지도 못하고, 뭘 할 수 없게 만들어 놓으니 도대체 어쩌라는 건가? 바로 그것이다! 이러지도 저러지도 못해야 한다. 생각이 꽉 묶여야 한다. 그것이 화두의 목적이다.

답은 내야 하지만 답은 나오지 않는다. 그동안 해왔던 방식, 즉 질문을 듣고 그 답을 찾으려는 모든 인위적인 노력은 결국 실패할 수밖에 없다. 지속적으로 이런 질문에 꽉 막히는 시간이 늘어나다보면 그야말로 나무토막 같고, 힘이 축 빠지면서 저절로 생각이 힘을 잃게 된다. 그런 시간이 오래오래 지속되다가 결국 한 번 완전히 분별이 꽉 막히게 되면, 바로 그때 스승이 가리키는 법이 드러나게 된다.

뜰 앞의 잣나무라서 법이 드러나는 것이 아니라, 자기 안에서 시절인연이 무르익게 되면 그것이 무엇이 되었든, 그 어떤 말이 되었든, 행동이 되었든, 보고 듣는 그 어떤 것에서도 툭 트이는 날이 있는 것이다. 그것은 경계가 문제가 아니라, 내 안에 시절인연의 기연(機緣)이 드디어 좋은 때를 만났을 뿐이다.

그러니 무슨 말을 듣고 깨달았는지, 어떤 화두를 들다가 깨달았는지, 어떤 행동을 하다가 깨달았는지 그것을 탐구할 이유는 없다. 그것은 낙처가 아니기 때문이다.

⊛ 거리가 없다

"조주에서 진부(鎭府)까지 가는데 거리가 얼마나 됩니까?"
"300리다."
"진부에서 조주까지 오는 데는 거리가 얼마나 됩니까?"
"거리가 없다."

바른 선지식은 방편과 본질을 자유자재하게 쓸 줄 안다. 세속과 출세간을 자유롭게 오고간다. 법을 물으면 법으로 답하고, 일상으로 물으면 일상으로 답한다.

조주에서 진부까지 거리가 300리라는 것은 일상적인 물음이고 일상적인 답이다. 큰스님이라고 해서 늘 법만을 설하며 사는 것이 아니다. 매일 선문답만 하면서 살지 않는다. 선문답은 특별한 경우, 즉 제자가 법을 묻는 경우에만 한정하여 드러낼 뿐이다.

선지식이라고 해서 모르는 사람이 길을 묻는데, 법으로 답을 해서는 안 된다.

진부에서 조주까지 오는데 거리가 얼마나 되느냐는 질문에 만약 다시 300리라고 답했다면 그것은 그저 일상적인 대화다. 그런 대화가 이런 선어록에 실릴 일은 없다.

진부에서 조주까지 오는데 거리가 얼마나 되느냐는 물음에, 법으로 답을 한다. 순간 일상이 비일상적인 선문답으로 돌변하는 순간이다. 스승은 언제나 제자에게 제자의 긴장감을 늦추지 않고, 매 순간을 공부로 이끌어 주기 위해, 평범한 일상에서 순간 선으로 도약하여, 일상의 선법문을 펴신다.

법에는 거리가 없다. 진리에는 멀고 짧은 것이 없다. 오로지 여기 눈앞의 당처가 있을 뿐, 거기나 그때는 없다. 다만 지금 여기 목전에 있는 것만이 언제나 있을 뿐이다.

그렇지 않은가? 살아오면서 '그때'를 단 한 번이라도 살아본 적이 있는가? 혹은 '그곳'에서 살아본 적이 단 한 번만이라도 진짜로 있는가? 이것은 당장에 내 경험에서 우러나와 증명되지 않는가? 우리는 아무리 생각해봐도 시간적으로 과거나 미래를 살아본 적이 없고, 공간적으로 다른 공간에서 살아본 적은 없다.

다른 시공이 존재하는 유일한 이유는 내가 그것을 생각했을 때뿐이다. 분별했을 때만 과거나 미래와 현재가 분별되고, 여기와 저기와 거기가 분별될 뿐이다.

사실 시간과 공간은 없다. 아무리 먼 거리를 걸어간다고 할지라도 사실 우리는 먼 거리를 간 것이 아니라, 그저 내 발 위에 있었을 뿐이다. 땅 위에 있었을 뿐이다.

아무리 많은 세상을 보고, 여행을 하며 수많은 다양한 것들을 보았다고 할지라도 사실은 '눈앞'의 목전만을 경험했을 뿐이다. 대상을 따라가지 않으면, 색깔과 모양이라는 색경(色境)에 끄달리지 않으면, 언제나 '보는 것'만이 있을 뿐이다.

⊛ 삿된 법도 바르게 된다

형제들이여, 바른 사람이 삿된 법을 설하면 삿된 법도 그 사람을 따라서 바르게 된다. 삿된 사람이 바른 법을 설하면 바른 법도 그 사람을 따라 삿되게 된다.

다른 도량에서는 보기는 어렵고 알기는 쉽지만, 나의 이곳에서는 보기는 쉽고 알기는 어렵다.

본래 삿되고 바른 것이 따로 없다. 똑같은 일이 어떤 경우에는 선이 되고, 다른 경우에는 악이 될 수도 있다.

똑같은 여인의 손목을 잡았을 때 한 여인에게는 따귀를 맞을 것이고, 다른 여인에게는 키스를 받을 것이다. 같은 행위라고 하여 그 행위 자체에 결정적으로 선이나 악, 바르거나 삿된 것이 정해져 있는 것은 아니다.

바른 사람이 삿된 법을 설하더라도 그 사람이 바르기에, 바른 사람의 바른 의도에서 나온 것이기에, 그 삿된 법조차 그 사람을 따라서 바르게 된다. 삿된 사람이라면 아무리 바른 법을 설한다고 할지라도 그것은 삿된 사람을 따라 삿되게 된다.

깨달으면 모든 행위가 전부 계행(戒行)이고 청정한 범행(梵行)이 된다. 깨닫지 못하면 열심히 갈고 닦으며, 선을 행하고자 열심히 계율을 지킬지라도 그것은 참된 공덕이 아니다.

다른 도량에서는 이 하나의 진실한 본성을 보기는 어렵지만, 수많은 교리와 경전들을 공부하여 알기는 쉽다. 그러나 조주의 도량에서는 거꾸로 자성을 보기는 쉽지만, 알음알이로 파악하여 알기는 어렵다. 자성을 알 수가 없다.

아는 것, 분별하는 것, 알음알이로 헤아리는 것이 막혀야지만 자성을 볼 수 있기 때문이다.

이처럼 참된 수행처는, 참된 선지식은 지식을 늘려주고, 무언가를 알게 해주는 곳이 아니다. 오히려 아는 것을 꽉 막히게 하고 대신에 자성을 보도록 이끌어 주는 곳이야말로 참된 귀의처다.

요즘 사찰과 수행처, 온갖 명상 단체들을 보라. 지식을 늘려주고, 삼매를 체험하게 해주며, 불교교리를 가르쳐 주고, 경전의 가르침을 알게 해주는 곳들은 넘쳐난다. 그러나 조주의 도량 같은 곳은 찾아보기 어렵다. 자기 성품을 보게 해주고, 의식적인 이해를 꽉 막히게 해주는 도량을 만나기는 어렵다.

⚙ 풀을 가지고 황금을 만든다

스님이 상당설법하였다.

"이 일은 밝은 구슬이 손바닥 위에 있는 것과 같다. 오랑캐가 오면 오랑캐를 비추고, 중국인이 오면 중국인을 비춘다. 나는 한 줄기의 풀을 가지고 1장 6척의 황금신을 만들어 쓰고, 1장 6척의 황금신을 가지고 한 줄기의 풀을 만들어 쓸 수 있다. 부처가 곧 번뇌요, 번뇌가 곧 부처이다."

있는 그대로를 있는 그대로 비출 뿐, 헤아리거나 분별하지 않는다. 밝은 구슬, 즉 자성은 곧 거울과 같아 세상 만물을 그대로 비출 뿐, 해석하지 않는다.

지난밤 꿈속에 온갖 사람들이 등장하고, 온갖 일들이 벌어지고, 황금으로 거대한 성을 만들었다고 할지라도 그것은 결국 내가 꾼 '하나의 꿈'일 뿐이다. 그 모든 것들이 따로따로인 것처럼 보이고, 크고 작은 차이가 있는 것처럼 보이지만, 사실은 하나의 마음일 뿐이다.

이 자성의 바다에서는 지푸라기 하나와 우주 삼천대천세계가 둘이 아니다. 모두가 마음이라는 바다 위에서 생겨났다 사라지는 파도일 뿐이다. 파도가 아무리 크든 작든 그것은 결국 바다 위에 드러난 하나의 일이지, 차별될 것이 없다.

그러니 방편으로 풀 한 포기를 가지고 우주를 만든다고 해도 좋고, 손가락으로 태양계를 튕겨버린다고 해도 좋고, 한 모금에 태평양의 물을 다 마셔버린다고 해도 좋다. 그 모든 것이 서로 다른 일이 아니기 때문이다.

사소한 번뇌 하나가 곧 성스러운 부처님과 다르지 않다.

⊙ 벌써 따라갔네 따라갔어

"모든 것에 따라가지 않을 때는 어떻습니까?"
"그게 합당한 것이지."
"그것이 이 학인의 본분사이겠군요."
"벌써 따라갔네 따라갔어."

말 따라가고, 대상 따라가고, 경계 따라가는 것이 곧 중생의 끄달림이다. 그 어떤 것에도 따라가지 않는 것이야말로 합당한 수행자의 길이다.

그러나 '따라가지 않는 것이야말로 수행자의 본분사'라고 정리하고, 규정하고, 그 뜻을 그럴싸하게 여기게 된다면, 그것은 벌써 따라간 것이다. 머물러 집착하는 것이다.

수행자는 살얼음판을 걷는 것처럼 해야 하니, 아주 미세한 틈 속으로도 분별의 마군이 순식간에 들어와 점령해 버린다.

⊛ 옷 입고 밥 먹는 수행

"할 일을 다해 마친 깨달은 사람은 무엇을 합니까?"
"바르게 큰 수행을 한다."
"큰스님께서도 수행을 하십니까?"
"옷을 입고 밥을 먹는다."
"옷 입고 밥 먹는 것은 일상적인 보통의 일 아닙니까? 도대체 수행을 하시는 것입니까? 안 하시는 것입니까?"
"그대가 말해 보라. 내가 매일 무엇을 하고 있는가?"

할 일을 다해 마친 깨달은 사람은 말 그대로 더 이상 할 일이 없다. 그러나 아무런 할 일 없으면서도 모든 일을 다 행한다. 할 일을 다 해 마친 사람도 수행을 한다. 어떤 수행을 할까?

그저 추우면 옷을 입고, 배고프면 밥을 먹고, 졸리면 자고, 목마르면 물을 찾는다. 평상심으로 일상적인 일을 자연스럽게 그저 행하지만, 그 평범함 속에 무량한 만덕(萬德)과 모든 원만한 수행이 다 갖추어져 있다.

이것을 수행한다고 해야 할까? 수행하는 것이 아니라고 해야 할까? 말이야 어떻게 해도 상관이 없다. 수행을 하는 것도 아니고, 안 하는 것도 아니니까.

수행을 하고 있다면 벌써 어긋난다. 수행을 하지 않는다고 해도 어긋난다. 그럼 한 번 말해 보라. 무엇을 하고 있는가? 악!

◉ 대선지식이 제일 먼저 지옥에 간다

남자 무당 최씨가 물었다.
"훌륭한 대선지식도 지옥에 들어갑니까?"
"이 노승은 제일 앞서서 들어간다."
"대선지식께서 어찌하여 지옥에 들어갑니까?"
"이 노승이 들어가지 않았다면, 어찌 이렇게 당신과 만날 수 있겠는가?"

조주의 화법에는 깊은 통찰 위에 익살과 유희가 있다. 조주를 읽으며 순간순간 터져 나오는 웃음이란!

훌륭한 대선지식이 제일 앞서서 지옥에 들어간다. 지옥이 어디 있나? 바로 여기에 있다. 천상이 어디 있나? 바로 여기 있다. 정말 여기 있나? 없다. 정말 없나? 있다.

천상이 곧 지옥이고, 부처가 곧 중생이며, 번뇌가 곧 보리다. 당신이 곧 나고, 내가 바로 당신이다. 바로 여기에 당신과 노승이 있듯, 바로 여기에 천상과 지옥도 있다.

⦿ 참된 출가란?

"무엇을 출가라고 합니까?"
"높은 명성을 얻고자 하지도 않고, 그렇다고 더럽고 추한 것을 구하지도 않는 것이지."

출가란 높은 것도 낮은 것도 얻고자 하지 않고, 둘로 나뉜 것 중에 하나를 가려 택하는 취사간택을 하지 않는 것이다. 취사간택심을 버리는 것이야말로 출가자의 공부이니, 높은 명성을 취할 것도 없고, 더럽고 추한 것을 버릴 것도 없다.

참된 출가자는 성스러운 것, 높은 것, 최상의 것을 얻고자 하는 이가 아니라, 성스러운 것과 세속적인 것, 높은 것과 낮은 것, 좋은 것과 나쁜 것 등 그 모든 둘로 나뉘는 분별로부터 벗어나는 자다. 그 어디에도 발붙이고 머물러 집착하지 않는 자가 곧 출가자요, 출가의 정신이다.

출가는 말 그대로 집으로부터 뛰쳐나오는 것이다. 집은 무엇인가? 익숙하던 곳이고, 편안한 곳이고, 거기 머물러 살던 곳이다. 우리에게 익숙하고 편안하고 머물러 살던 곳이 바로 분별하는 삶이다. 분별하는 삶으로부터 뛰쳐나와, 한 번도 가보지 않았던 무분별로의 전환이다. 그렇다고 분별을 버리고 무분별을 선택하는 것은 아니다. 그렇게 되면 그것은 곧장 분별이 되어 버린다.

어디에도 머물 수 없으니, 머물러 있을 집이 없다. 그것이 바로 출가다.

좋은 것, 성스러운 것조차 선택하지 않는 것, 그 어디에도 머물지 않는 것, 그것이 곧 무주(無住)의 삶이고, 무분별(無分別)의 삶이며, 성스러울 것조차 없는 확연무성(廓然無聖)의 길이다.

⊙ 나도 부처님이 아니야

한 유학자가 스님의 손에 있는 주장자를 보고 말했다.

"부처님께서는 중생의 서원(誓願)을 물리치지 않고 들어준다는데 사실입니까?"

"그렇지."

"저는 스님의 손에 있는 주장자를 갖고 싶습니다. 괜찮습니까?"

"군자는 남이 좋아하는 것을 빼앗지 않아."

"저는 군자가 아닙니다."

"나 또한 부처님이 아니야."

한 유학자가 스님의 주장자를 갖고 싶다고 하며, 스님이라면 중생의 서원을 들어주고, 자비를 베풀어야 하는 자이니 마땅히 달라고 하고, 스님은 위트 있게 받아 넘기며 주지 않는다.

이런 일이 실제로 더러 생긴다. 스님은 중생을 위하는 자이니, 중생이 힘들어하면 다 들어주어야 하는 것 아니냐며 몇 시간이고 따로 시간을 좀 내 달라고도 하고, 어떤 분은 시도 때도 없이 전화를 해서 똑같은 질문을 지속적으로 하면서도 스님이니까 다 이해해 주셔야 하는 것이 아니냐고 도리어 따지기도 하신다.

스님은 이래야 한다는 자기만의 기준을 정해 놓고, 혹은 스님은 자비롭고 중생의 서원을 들어준다는 경전의 문구를 가져와서는 왜 당신은 이렇지 못하냐고 따진다.

부처님의 자비는 우리가 생각하는 그런 자비가 아닐 수도 있다. 사람들은 자신이 생각하는 자비를 강요하지만, 부처님께서는 도리어 자비가 아닌 듯 보이는 진정한 자비를 행하기도 하신다.

삶을 보라. 삶 자체가 그렇지 않은가. 삶은 그대로 진리다. 있는 그대로의 삶이 그대로 여법한 실상이다. 그러나 우리 중생들의 분별심으로 삶을 바라보면 삶은 문제투성이다. 남들보다 돈을 못 버는 것도 문제고, 남들보다 못생긴 것도 문제고, 남들이 나를 대하는 태도가 마음에 안 드는 것도 문제다.

그러나 있는 그대로의 실상은 아무런 문제도 없다. 우리가 의식으로 현실을 분별하지만 않는다면, 현실은 있는 그대로 완전하다.

중생들은 자기가 만들어 놓은 분별을 기준으로, 좋거나 나쁜 일이라고 판단한 뒤, 삶이 즐겁다거나 괴롭다고 해석한다. 그러나 삶은 그런 것이 아니다. 그 어떤 해석으로도 오염될 수 없는, 있는 그대로 완전한 실상이다.

삶 자체가 있는 그대로 완전한 자비와 지혜의 나툼이다. 내가 그렇지 않다고 여기는 경우만 빼면.

중생이 시비를 걸면 그것은 중생의 문제이지, 부처의 문제가 아니다. 또한 부처는 중생이 거는 시시비비에 넘어가지도 않는다.

나 또한 부처가 아니기 때문이다.

13 대혜종고 大慧宗杲

(1089~1163)

(1) 서장(書狀)

☺ 환상의 약으로 환상의 병을 치료한다

업을 지을 때도 환상이고, 과보도 환상이며, 깨달음도 환상이고 무명(無明)도 환상이며, 과거현재미래가 환상이니, 이런 잘못을 안다면 환상의 약으로 다시 환상의 병을 치료합니다. 병이 나아 약을 치우면 여전히 옛날 그 사람일 뿐입니다.

스스로 근기가 둔하다고 여기지만… 둔하다는 생각을 간직하여 다시 번뇌를 일으킨다면 환상 위에 다시 환상을 더하는 꼴입니다. 근성이 둔함을 아는 이것은 결코 둔하지 않습니다.

이 세상은 전부 환상이며 꿈이다. 업도 환상이고 과보도 환상이다. 무명도 꿈이고 깨달음도 꿈이다. 모든 것이 한바탕 꿈속에서 일어나는 일이며, 모든 것이 하나의 바다 위에서 일어난 파도와 같다.

이러함을 안다면 환상의 약으로 다시 환상의 병을 치료해야 한다. 설법도 환상이고, 방편도 환상이며, 부처님의 모든 가르침이 전부 다 환상의 약이다. 팔만사천 대장경과 모든 불교교리가 전부 환상의 병을 치료하는 약이다.

꿈의 스토리 안에서 이 사람이 저 사람에게 이 모든 것이 꿈이라는 사실을 일깨워 주어야 한다. 그러나 그렇게 꿈이라고 말하는 그 순간도 다 꿈이다. 꿈속에서 꿈을 깨야 하는 것이다.

환상의 병을 치료하고 나면, 꿈을 깨고 나면, 깨달음을 얻고 나면 갑자기 세상이 개벽을 하고, 놀랍고 신비로운 세계가 짠 하고 나타나는 것은 아니다. 갑자기 신통력이 열리고, 사람들의 마음을 읽고, 하는 것 마다 잘되고, 병도 다 낫는 것이 아니다.

그저 다시 본래 그 사람, 옛날 그 사람일 뿐이다. 다른 것은 모두 똑같다. 그대로 평상심이다. 다만 이 모든 것이 환상임을 이제는 알 뿐이다. 꿈을 꾸고 있음을 알기에 꿈속의 스토리에 더 이상 집착하지 않는다. 집착 없이 자유롭게 살아간다.

공부를 하다가 스스로 둔하다거나, 근기가 약하다거나, 아무리 해도 안 될 것 같은 자괴감에 빠질 수도 있다. 그러나 스스로 둔하다거나 근기가 약하다는 생각에 사로잡힌다면 다시 둔하다는 번뇌를 일으키는 것이니, 이는 환상 위에 다시 환상을 더하는 꼴이다. 둔하다는 것도 하나의 분별일 뿐이니, 이 자성의 근원에는 둔하거나 둔하지 않은 것이 없다.

근성이 둔하다는 것을 누가 아는가? 무엇이 근기가 약하다고 알고 있는가? 근성이 둔하다고 아는 이것은 결코 둔하지 않다. 둔하다는 그 생각을 따라가지 말고, 근성이 둔하다고 여기는 그 놈을 돌이켜 회광반조(廻光返照)해 보라. 그 자리는 결코 둔하지 않다.

⊛ 결정적인 뜻을 세워 서원하라

고요한 가운데 '수미산(須彌山)'과 '방하착(放下著)'이라는 두 개의 화두를 잊지 마십시오. 다만 발 딛고 서 있는 그 자리에서 착실하게 공부해 갈 뿐, 이미 지나간 일은 두려워하거나 생각하지 말아야 하니, 두려워하고 생각하면 공부에 장애가 될 뿐입니다.

다만 모든 부처님 앞에서 큰 서원(誓願)을 발하되, "바라옵건대 이 마음이 견고하여 영원히 물러나지 않고 모든 부처님의 가피에 힘입어, 선지식을 만나서 일언지하(一言之下)에 문득 생사를 잊고, 위없는 바른 깨달음을 증득하여, 부처님의 혜명(慧命)을 이음으로써 모든 부처님의 한없는 은혜에 보답하겠습니다"라고 하십시오. 만일 이와 같이 오래도록 계속한다면 깨닫지 못할 이유가 없습니다.

중생세계의 일은… 옆으로 밀쳐 두어도 좋습니다. 그러나 출세간의 반야심은 아득한 예로부터 익혀온 일과 서로 위배되니 선지식의 말을 조금 듣는다고 쉽게 이해되지 않습니다. 모름지기 결정적인 뜻을 세워 굳게 지켜나가야 합니다. 반야심에 깊이 들어간다면 중생사를 애써 물리치지 않아도 온갖 사마와 외도가 저절로 달아나고 항복할 것입니다.

이 공부는 지나간 일에 대해서는 문제 삼지 않는다. 지나간 일이란 없기 때문이다. 지나간 일을 두려워해서는 공부에 장애가 될 뿐이다. 모든 과거의 찌꺼기와 티끌들을 말끔히 비워버리고 다만 발 딛고 서 있는 지금 이 자리에서 공부를 시작하라.

먼저 부처님 전에 큰 서원을 발원하라. 이 마음이 굳어 결코 물러나지 않고, 선지식을 만나 법문을 듣고 언하에 깨달음을 증득하고, 부처님의 혜명을 잇고 은혜에 보답하겠노라는 발심, 그러한 참된 견성성불의 발원만 굳건하다면 깨닫지 못할 이유가 없다.

발심하는 것은 씨앗을 심는 것과 같으니, 깨달음의 결실에 있어 가장 중요한 것은 역시 발심이다. 발심한 뒤에는 될 수 있는 한 중생세계의 일은 옆으로 밀쳐 두는 것이 좋다.

물론 일상생활을 전혀 하지 않을 수만은 없겠지만, 인연 따라 일도 하고, 사람도 만나고, 해야 할 일은 최선을 다해 하되, 마음속에서는 언제나 이 마음공부를 최우선으로 삼아야 한다.

내 인생에 가장 시급한 것은 마음공부라는 굳건한 중심만 세울 수 있으면, 저절로 세간의 일들은 조금씩 줄여나가고, 어떻게든 마음공부할 수 있는 시간을 점점 더 확보할 수 있게 된다.

모든 삶의 중심에 마음공부가 있어서, 하루 종일 일을 하더라도 늘 마음속에 이 공부에 대한 갈증은 끊어짐 없이 지속적으로 이어진다. 겉으로는 중생세계의 일들, 직장의 일들을 다름없이 행하지만 마음속에서는 중생세간의 일들이 옆으로 밀쳐져 있고, 이 공부가 내면에서는 전면에 드러나 있다. 그것이 곧 화두를 들지 않아도 저절로 화두가 들려져 있는 상태다.

이 출세간의 지혜는 오랜 옛날부터 지속적으로 익혀와 습관처럼 딱 붙어 있어서 어지간해서는 떨어져 나가지 않는다. 선지식의 법문을 조금 듣는다고 이 법문이 금방 쉽게 이해되어지지도 않는다. 한 번도 가보지 못한 길을 안내하기 때문이다.

그래서 모름지기 이 공부를 하고자 발심한 이라면, 적당히 발심해서는 안 된다. 결정적인 뜻을 세워, 곧게 지켜나가야 한다.

발심이 굳고, 결정적인 뜻을 세워 화두를 의심해 나아간다면, 애써 힘쓰지 않더라도 저절로 중생사에 대한 관심이 줄어들고, 온갖 삿된 마장과 외도가 저절로 달아나게 될 것이다.

⊙ 간화선과 화두 드는 법

세간의 잡다한 일들이 있을 때는 그것을 배척하지 말고 다만 생각이 올라오는 곳에서 가볍게 화두를 들어 굴려보십시오. 그러면 크게 힘을 덜 것이고 또한 무한한 힘을 얻을 것입니다. 이처럼 공(公)께서는 화두를 들고 버티시되, 마음을 가지고 깨달음을 기다리지는 마십시오. 문득 저절로 깨닫는 때가 올 것입니다.

공부란 세간의 수많은 일들을 사량분별하는 마음을 '마른 똥막대기'라는 화두 위에 돌려놓고 분별의식이 움직이지 않게 하기를, 마치 흙이나 나무인형과 같이 해야 합니다. 깜깜하여 아무것도 잡을 것이 없음을 느낄 때가 좋은 소식입니다. 공에 떨어질까 두려워하지 말고, 과거와 미래를 생각하며 언제쯤 깨달을 수 있을까 하고 분별하지 마십시오. 이런 마음을 가진다면 곧 삿된 길에 떨어집니다.

'마른 똥막대기' 화두는 어떠합니까? 화두를 붙잡을 곳도 없고, 재미도 없고, 갑갑하다고 느낄 때가 도리어 좋은 소식입니다. 조심해야 할 것은 화두를 드는 곳에서 받아들이거나 긍정해도 안 되고, 일 없는 가운데 드러내어도 안 되고, 화두를 들 때는 있다가 들지 않을 때는 없다고 해서도 안 됩니다.

화두를 들 때에는 여러 가지 솜씨와 기량을 발휘할 필요가 없으니, 행주좌와(行住坐臥)에 언제나 끊어짐이 없게 하고, 희로애락(喜怒哀樂) 속에서 화두를 분별하지 마십시오. 화두를 들고 또 들며, 화두를 보고 또 봄에 이치의 길이 끊어지고, 재미도 없고, 마음이 답답함을 느낄 때가 바로 당신이 신명(身命)을 버릴 곳입니다. 반드시 기억하고 기억할 것은, 이와 같은 경계를 보고 물러서는 안 되니, 이와 같은 경계가 바로 부처를 이루고 조사가 되는 소식입니다.

하루하루 행주좌와 하는 가운데 차별 경계를 겪으며 힘이 덜어짐을 느낄 때가 바로 힘을 얻는 곳이니, 힘을 얻는 곳에서 도리어 힘을 덜게 됩니다. 만약 털끝만큼이라도 힘을 써서 지탱하려 한다면 그것은 결단코 사법(邪法)이지 불법은 아닙니다. 길고 멀리 보는 마음으로 '개에게는 불성이 없다'는 화두와 맞붙어 버티고 또 버티다가 마음이 어떻게도 할 수가 없어지면 홀연히 꿈에서 깨어난 듯하고, 연꽃이 피고, 구름을 헤치고 해가 나온 듯할 것입니다. 이때에 다다르면 저절로 한 덩어리가 됩니다.

일곱 번 넘어지고 여덟 번 쓰러지듯 번뇌망상이 올라오더라도 '무자(無字)' 화두만 지켜보되, 깨닫고 깨닫지 못하고는, 또 철저하고 철저하지 못하고는 상관치 마십시오.

대혜종고 스님은 흔히 간화선(看話禪)의 창시자라고 알려져 있다. 스님 이전까지 특별한 선 수행 방식 없이 스승과 제자 간의 법문과 문답 등을 통해 언하대오로 이어져 내려오던 조사선의 일반적인 선의 풍토에 '간화선(看話禪)'이라는 하나의 수행법을 구조화시켜 정착시킨 것이다.

현재 한국 불교 조계종의 종지 자체가 간화선을 중심으로 하는 선 수행 종단임을 볼 때, 대혜종고 스님의 가르침이 가지는 중요성이 얼마나 큰지는 쉽게 짐작 가능할 것이다.

간화선(看話禪)은 '화두(話頭)를 본다', '공안(公案)을 참구한다'라는 의미의 선으로, 화두 공안을 통해 몰록 돈오하도록 이끄는 수행이다. 물론 공안이라는 어구(語句)는 이미 8세기 말엽에 황벽희운이나 덕산선감 선사 등에게서 일부 사용되었다.

대혜스님은 조주선사의 무자(無字) 화두로 납자들을 제접하거나, 때로는 마삼근(麻三斤), 마른 똥막대기(乾屎橛), 일귀하처(一歸何處) 등의 화두를 두루 제시하면서 간화선을 체계화시켰다.

지금까지 달마에서부터 육조를 거쳐 임제, 조주에 이르도록 살펴본 선을 조사선이라고 할 수 있는데, 조사선은 스승의 법문 끝에 언하대오하여 몰록 돈오 견성함으로써 자신의 본래면목을 깨닫는 공부다. 직지인심 견성성불에서도 볼 수 있듯이, 스승이 마음을 지시하여 보여주면, 그 말끝에 곧장 돈오하여 견성성불하는 것이다.

바로 이러한 조사선의 가르침을 체계화하면서, 그 핵심을 잘 간직하여 계승한 수행법이 바로 대혜의 간화선이다. 조사선은 조사스님들께서 다양한 방편의 말로써 제자들로 하여금 온갖 시비 분별이 딱 멈추게 이끌고, 곧장 본래면목을 보게 해줌으로써, 계속해서 법문을 듣다 보면, 법에 대한 그리움과 갈증, 목마름이 깊고 깊어지다가 문득 어느 순간 스승의 법문 끝에 곧장 깨닫는 구조를 띄고 있다.

바로 이렇게 문득 깨닫는 순간 스승의 말끝에 돈오하는 것에 힌트를 얻어, 스승의 말길이 끊어진 법문의 말씀을 화두라는 형태로 정형화하여 그 화두를 통해 본래면목을 깨닫게 하는 수행의 방법을 만들었으니 그것이 바로 간화선이다.

불교에서는 제법실상, 입처개진, 촉목보리라고 하여 지금 이대로의 현실이야말로 참된 진리가 드러난 완전한 깨달음이라고 한다. 지금 이대로가 곧 불국토다. 깨달음은 없던 것을 새롭게 얻는 것이 아니라, 이렇게 이미 있는 깨달음을 그동안은 분별심으로 인해 보지 못하다가, 문득 확인하게 되는 경험이다.

도대체 이렇게 눈앞에 훤히 드러나 있다고 함에도 불구하고 나는 왜 보지 못하는 것일까? 본래면목, 불성, 자성, 마음, 법이 도대체 왜 확인되지 않는 것일까? 이것이 무엇일까? 참나는 무엇일까? 하는 질문에 답을 찾는 것이 곧 의심이고 의정이다.

'부처가 무엇입니까?', '도가 무엇입니까?'라는 질문에 선지식은 '마른 똥막대기'라고 하거나, '마삼근(麻三斤)'이라고 하거나, 손가락 하나를 들어 보인다. 그것이 곧 화두다. 바로 그것을 통해 선지식은 마른 똥막대기나 마삼근을 보여주려는 것이 아니라, 본래면목, 불성, 마음을 보여주고자 하는 것이다.

선지식은 '마른 똥막대기'를 통해 말라비틀어진 똥이 묻은 막대기라는 언어적인 이해를 시키고자 하는 것이 아닌, 불성, 자성, 본래면목, 마음을 곧장 가리켜 보이고 있는 것이다. '마른 똥막대기'는 마른 똥막대기라는 뜻이 아니라, 바로 불성을 100% 온전히 드러낸 것이다.

『반야심경』에는 '색즉시공 공즉시색(色卽是空 空卽是色)'이 있다. 색이 그대로 공이라는 것이다. 마른 똥막대기가 그대로 불성이다. 마삼근과 자성이 다르지 않다. 그래서 선지식은 마른 똥막대기를 통해 불성을 보여주고 있는 것이다. 이것이 바로 직지인심 견성성불이다.

그러면 제자는 그 답을 찾기 시작한다. 마른 똥막대기라는 화두를 들고 씨름을 한다.

그런데 화두에서 중요한 점은 '마른 똥막대기'라는 화두를 들되, 그것을 생각으로 헤아리지 말아야 한다는 점이다. 머리를 굴려서 '마른 똥막대기가 왜 불성일까?' 하고 알음알이를 내어서는 안 된다. 그저 모를 뿐이다. 도저히 알 수 없다는 사실 속에서, 그 모르고 답답하고 갑갑한 가운데에서 버텨야 한다.

그 모름의 의심을 지속시켜 알고자 애써야 한다. 마음으로 알고자 애쓰기는 하지만, 그것이 머리로 올라가서는 안 된다. 모르긴 하는데 머리를 쓸 수 없으니 답답하고 갑갑해 죽을 지경이 된다.

이처럼 참된 선은 '이렇게 해라'가 아니라, '이것도 안 된다', '저것도 안 된다'고 하여 이러지도 저러지도 못하고 쇠뿔에 갇힌 쥐 신세가 되도록 정신적인 감옥으로 몰아붙여야 한다.

간화선을 수행해야 하지만 다만 가볍게 늘 화두만을 들 뿐, 사실은 아무것도 할 게 없는 것이다. 그렇다고 아무것도 안 할 수도 없으니, 정신은 오도 가도 못하고 답답할 따름이다.

알고자 하지만 도저히 티끌만큼도 알 수 없으니, 어찌 해야 할 바를 모르게 된다. 이렇게 모르고 몰라서 답답해지다 보면, 그 모르는 의심이 점점 더 감정으로 체화되어 온 존재로 모르고, 가슴으로 알고자 하게 되니 그것이 바로 의정(疑情)이고, 나머지 온갖 생각들은 다 사라지고 오로지 그 의심과 의정만이 홀로 남게 되면 그것을 의단(疑團)이라고 한다. 화두의심이 말 그대로 똘똘 뭉쳐져 나라는 존재 자체가 곧 하나의 큰 의심덩어리가 되는 것이다.

이 의심덩어리, 의정과 의단이 분별의 의식이라는 벽을 뛰어넘고자 버티고 서서 맞부딪쳐 물러서지 않을 때, 도저히 그 벽을 넘을 수 없을 것 같은 절망감이 드니, 그때를 은산철벽(銀山鐵壁)이라고 한다.

그렇게 계속 화두의심을 지속시켜 나아가다 보면 어느 순간 시절인연의 때를 만나면, 순간 몰록 돈오견성하게 된다. 이것이 간화선의 깨달음의 구조다.

『서장』에서는 끊임없이 화두 수행에 대한 주의점을 설명하고 있다.

화두를 이처럼 들고 버티되, 마음을 가지고 깨달음을 기다리지는 말라. 보통 화두를 들고 있는 사람이 끝끝내 놓지 못하는 마음이 곧 이렇게 화두를 들고 버티다 보면 머지않아 깨닫겠지 하고 깨달음을 기다리는 마음이다. 그 마음이 여전히 남아 있는 동안은 깨달음은 오지 않는다. 그 마음이 벌써 하나의 번뇌 망상이고, 내가 깨닫겠다는 아상이며, 추구심으로 분별이며 취사간택심이기 때문이다.

이 화두 공부는 세간의 수많은 사량분별하는 마음을 '마른 똥막대기'라는 화두 위에 돌려놓고, 분별의식이 움직이지 않게 해야 한다. 마치 흙이나 나무 인형 같아야 하니, 도저히 모르겠고, 깜깜하여 아무것도 잡을 것이 없다고 느낄 때가 도리어 좋은 소식이다.

그럴 때 공에 떨어질까 두려워하지 말고, 언제쯤 깨닫게 될까 하고 분별하지 말라. 그러면 삿된 길에 떨어진다.

화두를 들고 있으면서도 붙잡을 곳이 따로 없고, 재미도 없고, 잘되는 것 같지도 않고, 갑갑하다고 느낄 때가 도리어 좋은 소식이다.

화두를 들 때 의식으로 애써서 추구하려고 하거나, 생각으로 솜씨와 기량을 발휘하여 노력할 필요가 없다. 다만 행주좌와 언제나 화두를 놓치지 말고, 희로애락 속에서도 늘 화두를 가볍게 들고 있되, 분별하지는 말라.

화두를 들고 또 들어 버팀에 이치와 생각의 길이 끊어지고, 재미도 없고, 마음이 답답해질 때가 당신의 신명을 버릴 곳이니, 이러한 때에 이르러 결코 물러서서는 안 된다. 이런 경계가 바로 부처를 이루고, 조사를 이루는 소식이다.

화두를 들 때 털끝만큼도 힘을 써서 지탱하려 한다면 이는 유위이기에 사법(邪法)이지, 참된 불법은 아니다. 이 점이 매우 중요하다.

사실 요즘의 간화선은 대혜스님의 간화선보다는 몽산스님의 간화선이 더 많이 주목받는 것이 아닌가 싶은데, 그 두 가지의 차이점이 바로 이 점이 아닌가 싶다.

대혜의 간화선은 여전히 조사선의 무위적인 가르침을 계승하여, 결코 힘을 쓰지 말도록 이끄는 반면에, 몽산의 간화선에서는 과도하게 열심히 노력하고 좌선하고 앉아 애쓰도록 하는 점이 물론 방편이겠으나, 유위에 치우친 감이 없지 않다.

화두는 며칠 만에 빨리 끝내고 말겠다는 마음으로 해서는 안 된다. 이 공부는 평생토록 지속되는 공부이지, 단시간에 끝낼 수 있는, 벼락치기가 가능한 공부가 아니다. 혹시 벼락치기로 견성까지는 어찌어찌하여 끝냈다고 할지라도 그런 공부는 너무 힘이 약해 금방 퇴전하고, 이후의 진짜 공부의 시작인 보임 공부에 힘을 받기 어렵다.

길고 멀리 보는 마음으로 '개에게는 불성이 없다'는 화두를 들고, 버티고 또 버티다가, 시간이 흐르고 또 흐르다가 보면, 마음이 어떻게도 할 수 없을 때가 되면 홀연히 꿈에서 깨어난다. 저절로 온 우주법계와 한 덩어리가 된다. 일불승(一佛乘)이 된다.

일곱 번 넘어지고 여덟 번 쓰러지듯 번뇌망상이 매 순간 올라오더라도 전혀 그 망상은 상관하지 말고, 다만 무자(無字) 화두만을 지켜보고 버티되, 깨닫고 깨닫지 못하는 것은 개의치 말라.

⊛ 화두 공부 시의 주의점

다만 전도된 망상과 사량 분별, 좋고 싫은 마음과 지견으로 이해하려는 마음과 고요함은 좋아하고 시끄러움은 싫어하는 마음을 따라가지 말고 한꺼번에 잡아 눌러둔 채, 그곳으로 나아가 어떤 스님이 조주 스님에게 "개에게도 불성이 있습니까?" 하니, 조주가 이르되 "없다"라고 했던 그 화두를 살펴보십시오.

이 한 글자는 수많은 삿된 지식과 잘못된 깨달음을 막아주는 무기와 같습니다. 이 무(無)자 화두를 들되, 유(有)니 무(無)니 헤아려도 안되고, 이치를 따져 이해해도 안 되고, 생각으로 사량 분별하여 알아맞히려 해도 안 되고, 눈썹을 치켜올리고 눈을 깜빡이며 힘을 주어서도 안 되고, 언어에 의지해도 안 되고, 그렇다고 일 없는 곳으로 도망쳐도 안 되며, 화두를 일으키는 곳을 향해 알려고 해서도 안 되고, 문자로 증거를 찾으려 해도 안 됩니다.

다만 하루 종일 행주좌와에 늘 '개에게도 불성이 있습니까?', '없다'라는 이 화두를 삶에서 떼어놓지 마십시오.

그 어떤 틀에도 갇히지 않고 자유로운 조사선을 구조화, 체계화, 정형화시켜 수행법으로 재조직함으로써 스승의 밀착 지도 없이도 혼자서 공부할 수 있도록 배려하여 방편으로 만든 수행법이 바로 대혜가 창시한 간화선이다.

이처럼 처음 대혜가 간화선을 창시했을 때는 조사선(祖師禪)의 가르침과 똑같되, 다만 재가자들이 절에 자주 찾아오지 못하고 어쩔 수 없이 집에서 수행하며 종종 찾아와 점검을 받을 수밖에 없는 경우에 일상생활 속에서 늘 이 선공부를 할 수 있도록 방편을 펴셨으니 그것이 바로 화두다.

이처럼 이 화두선, 간화선은 사실은 어쩔 수 없이 선지식과 가까이 할 수 없는 경우에 방편으로 만든 것이기에 모든 방편이 그렇듯 오해의 소지가 다분할 수밖에 없다. 가장 좋은 것은 선지식과 가까이에서 법문을 꾸준히 듣는 것이지만, 어쩔 수 없는 경우에 한해서 화두를 참구하는 것일 뿐이지, 화두 수행법만이 최고의 수행법인 것이 아니다. 화두는 스승과 함께 하지 못하는 이들을 위한 차선책으로 시작된 것이다.

그래서 오해의 소지와 간화선 수행에서 사람들이 실수할 수 있는 부분, 화두 수행의 주의점 등에 대해 『서장』에서는 계속해서 밝히고 있다.

어쩔 수 없이 그 어디에도 가둘 수 없고, 머물 수 없고, '이것이다'라고 할 만한 한 법도 내세우지 않는 불이중도의 조사선이 정형화되어 '간화선'으로 체계화되면서 부득이 방편을 필연적으로 지닐 수밖에 없는 허물 또한 어쩔 수 없이 떠안게 된 것이다.

그런 방편의 허물을 최대한 줄여주기 위해 대혜스님께서는 간화선 수행자들이 자칫 빠질 수 있는 병통(病痛)에 대해 세세하게 지적해 줌으로써 방편에 치우치지 않고, 본래적인 조사선의 자유로운 가르침을 드러낼 수 있도록 노력하였다.

무자(無字) 화두 수행의 대표적인 주의점이 있으니 다음과 같다.

첫째, 무자 화두를 들되 유(有)니 무(無)니 하고 헤아리지 말라.

개에게는 불성이 없다는 화두이니, 불성이 있을까 없을까 하고 머리로 헤아리지 말라는 것이다.

둘째, 이치를 따져 이해하지 말라.

화두의 의미를 이치로 헤아려 보고 머리로 이해하려고 애써서는 안 된다. 화두의 핵심은 생각과 분별, 헤아림의 길을 꽉 막히게 하고자 하는 것이기 때문이다.

셋째, 생각으로 사량 분별하여 알아맞히려 해도 안 된다.

생각으로 화두의 답을 알아맞히려고 해도 안 된다. 결코 생각으로는 화두의 답을 낼 수 없기 때문이다. 아이큐가 아무리 높은 천재가 와도 이것을 머리로 이해해서 답을 낼 수는 없다.

넷째, 눈썹을 치켜올리고 눈을 깜빡이며 힘을 주어서도 안 된다.

화두를 들고 의심을 이어가다 보면, 화두를 타파하고자 하는 욕심이 들어가기 때문에, 자기도 모르는 사이에 저절로 애를 쓰게 된다. 화두를 투과하려고 애쓰다 보니, 저절로 눈썹을 치켜올리고, 눈썹에 힘을 주고, 혹은 눈을 깜빡인다. 이 또한 병통이다.

다섯째, 언어에 의지해도 안 된다.

화두는 말머리라는 뜻으로 한 생각이 일어나기 이전 자리를 말한다. 그러니 말로 표현된 화두 또한 하나의 언어이지만, 그 언어를 드러내고자 함이 아니다. 화두라는 언어는 하나의 방편으로 세운 거짓 언어일 뿐, 화두의 낙처는 따로 있다. 언어에 의지하지 말고, 언어 너머의 귀결점을 확인해야 한다.

여섯째, 일 없는 곳으로 도망쳐도 안 된다.

화두를 머리로 이해해서는 안 되고, 견해를 내어서도 안 된다고 누
누이 강조하는 것을 보고는, 그렇다면 아무 일 없이 가만히 있으라는
말인가 보다 하고 아무 일 없는 속에 빠져서도 안 된다. 고요하고 편
안한 곳에서 화두도 들지 않고 멍하니 앉아 있다면 이 또한 병통이다.

일곱째, 화두를 일으키는 곳을 향해 알려고 해서도 안 된다.

화두를 일으키는 곳, 화두가 일어나는 곳이 어딘가를 살펴보면서
그곳을 보다보면 알 수 있겠지 하고 알음알이를 일으키는 것도 안 된
다. 이 또한 의식과 알음알이를 경계하는 말이다.

여덟째, 문자로 증거를 찾으려 해서도 안 된다.

경전이나 어록 등의 문자와 가르침의 내용 등을 끌어들여서 화두
의 답을 내려고 애쓰고, 이 상황을 이해하려고 애쓰는 등의 노력도 하
지 말라는 것이다.

이토록 주의점이 많은 이유는, 그만큼 강한 방편을 쓰다 보니 방편
의 허물 또한 함께 많아질 수 있어 부득이하게 일장일단(一長一短)으
로 주의점 또한 많아진 것이다.

이 말은 곧 간화선은 조사선과는 좀 달라서, 이러한 병통과 주의점
을 노련하고 주의 깊게 잘 받아들여 바르게 공부해 간다면 보다 쉽게
깨달을 수도 있겠지만, 자칫 잘못하면 삿된 길로 빠지거나, 유위의 허
물을 뒤집어쓰게 될 소지를 분명하게 지니고 있는 결코 쉽지만은 않
은 수행법이라 할 수 있다.

특정한 수행법을 내세운다는 것 자체가 무유정법(無有定法)이라
는, 또 한 법도 세울 것이 없다는 선의 기본 정신을 무너뜨리면서까

지 불가피하게 방편을 세운 것이기에 어쩔 수 없는 일이기도 하다. 그러나 대혜의『서장』을 잘 주의 깊게 공부해 나간다면, 그런 병통을 잘 대응해 나갈 수 있을 것으로 보인다.

문제는 이후에 우려했던 일이 벌어진다는 점이다. 간화선을 최대한 대혜의 가르침에서 보듯이 무위법으로 함이 없이 닦아 나가야 함에도, 후대에 들어와 간화선을 유위법적으로 좌선하면서 억지스럽게 애쓰고 노력해야만 하는 것으로 뒤집어 놓으면서부터 간화선의 효용이 점점 떨어진 것이 아닌가 한다.

선의 초기 조사선에서 무수히 많은 견성 도인이 출현했던 것에 비해, 간화선은 시간이 지날수록, 간화선의 본질이 훼손될수록 간화선을 통한 견성자가 가뭄에 콩 나듯 드문드문 나오는 것 또한 이를 증명해 준다.

⊛ 한 번도 접해 보지 못한 출세간의 공부

논리와 이성(理性) 위에서 재미를 얻거나, 경전의 가르침 가운데에서 재미를 얻거나, 조사의 언구(言句) 위에서 재미를 얻거나, 눈으로 보고 귀로 듣는 곳에서 재미를 얻거나, 발을 들고 걷고 움직이는 곳에서 재미를 얻거나, 생각하고 헤아리는 곳에서 재미를 얻은 적이 있다면, 이 일을 전혀 이룰 수 없을 것입니다.

만약 곧장 쉬고자 한다면, 마땅히 예전에 재미를 보던 곳을 전혀 상관치 말고, 도리어 붙잡을 수 없는 곳과 재미가 없는 곳으로 나아가 한 번 헤아려 보십시오.

만약 헤아릴 수도 없고, 붙잡을 수도 없으며, 붙잡을 만한 그 어떤 손잡이도 없어서, 이치의 길과 뜻의 길에는 전혀 심의식(心意識)이라는 일체의 분별의식이 작용하지 않음이, 마치 토목와석(土木瓦石)과 같음을 느낄 때, 공에 떨어질까 두려워하지 마십시오. 이곳이 바로 당신이 신명을 버릴 곳이니, 결코 소홀히 하지 마십시오.

총명하고 영리한 사람은 흔히 그 총명이 장애가 되어 도안(道眼)이 열리지 않아 접촉하는 곳마다 막히게 됩니다.

붙잡을 것 없고, 헤아릴 것 없고, 재미도 없는 곳에서 한 번 공부해 보십시오. 어떤 스님이 조주스님에게 묻되 '개에게도 불성이 있습니까?' 하니, '없다' 하신 조주무자(趙州無字) 화두를 총명한 사람은 심의식으로 이해하고 추측하고 헤아리면서 증거를 끌어와 법을 정리하려 하지만, 화두란 증거를 끌어옴을 용납하지 않고, 추측하거나 헤아리는 것도 용납하지 않으며, 심의식으로 이해하는 것도 용납하지 않음을 전혀 알지 못하는 것입니다.

이 공부는 재미를 얻는 공부가 아니다. 공부하는 것이 재미있다고 느낀다면 그것은 공부를 잘 해가고 있는 것이 아니라, 자기 알음알이 속에서 심의식이라는 분별로 정리하고, 머리로 체계를 세워 쌓아둔 것을 통해 느끼는 성취감 같은 재미일 경우가 많다. 이 공부는 그렇게 쌓는 공부도 아니고, 이해하는 공부도 아니고, 재미있는 공부도 아니다.

재미를 느낀다는 것은 그곳에서 재미있는 무언가를 붙잡고 거기에 머물러 즐거워한다는 것이기에, 이 법과는 어긋난다. 이 법은 그 어떤 것도 붙잡을 것 없고, 머물 수 없으며, 재미와는 상관없는 공부다.

헤아릴 수 없는 곳, 붙잡을 그 어떤 단 하나의 손잡이 같은 것도 없는 곳, 재미가 없는 곳으로 나아가 일체의 분별이 끊어지고, 스스로 마치 흙이나 나무, 기왓장이나 돌이 된 것처럼 텅 비고 꽉 막히며 답답하고 갑갑한 곳에서 맞붙어 버티는 공부다. 재미있는 곳이 아니라, 재미없고 갑갑하여 아무것도 헤아릴 수 없고 잡을 수 없는 바로 그 곳이 수행자가 온몸을 던질 곳이다.

헤아리고 정리하며 체계화하여 쌓아두기를 잘하는 영리하고 총명한 사람은 바로 그 총명함이 장애가 되어 도안(道眼)이 열리지 않는다. 바로 그 헤아림이 공부의 모든 것을 막아버린다.

참된 공부는 공부인을 이러지도 저러지도 못하게 만들어 버린다. 방편의 공부에서는 '이렇게 하라'거나, '저렇게 하라'는 지침이 있고 방법이 있으며, 심지어는 그 방법대로 하면 이런 결과가 나온다는 체계적이고 구조화된 방법론이 있지만, 바른 선에는 그런 것이 없다.

선의 방법은 곧 방법 없음이고, 선의 길은 이렇게 하지도 못하고 저렇게 하지도 못하도록 공부인의 의식을 꽉 막아 버리는데 있다.

요즘 제3의 수행법이니, 명상단체니 하여 다양한 곳에서 사람들에게 특정한 수행법을 명확하게 제시하며 이 수행 이 명상만 하면 일주일 안에 정확히 이 단계에 이를 수 있으며 그 비용은 얼마라고 제시해 준다.

그리고 그 단계가 끝나면 다음 단계는 이런 방법으로 며칠 동안 얼마를 내고 하면 이런 결과를 얻게 된다는 것이다. 단계마다 특별한 방법이 있고, 비용이 있으며, 그 결과를 꾸며내게 만든다.

이런 방식 자체가 바로 외도(外道)의 길이다. 분별의 길이 아닌가. 참된 수행, 참된 명상이라면 분별이 아닌 무분별의 길이다. 길을 통해 가는 것이 아니라 '길 없는 길'을 제시한다. 유위의 노력이 아니라 무위의 함이 없는 행이다. 단계가 아니라 몰록 깨닫는 돈오다.

의식으로 이해하고, 단계를 밟고, 저 사람의 단계보다 내 단계가 더 높다며 우월감을 느끼고, 특정한 방법을 따라가는 것은 생사법, 세속 안에서의 조작이며, 유위다. 그것은 세속법이다. 그런 방식은 반드시 결과를 만들어 낸다. 인과응보니까. 원인을 제공하면 반드시 결과가 나온다. 그러나 이 공부는 비인비과(非因非果)다.

사실은 삼매도 그렇게 조작으로 만들어진다. 특정한 명상을 특정한 기간 동안 하도록 하면, 그 명상이 원하는 특정한 삼매가 만들어진다. 그러나 그 삼매는 좌선에서 나오는 순간 깨지는 삼매다. 생사법으로 생겨났다가 사라지는 허망한 법이다. 참된 불생불멸법이 아니다.

이 공부는 조작하여 만들어내는 공부가 아니다. 본래 있던 것을 확인하는 공부다. 중생들을 유혹하여 영적인 더 높은 자리를 보장하는 공부가 아니라, 이미 당신들 모두는 최상의 부처 자리에 와 있음을 스스로 깨닫게 해주는 것이다. 이미 도착해 있다는 사실을 깨닫고 확인하게 해주는 공부이니, 당연히 도착하기 위한 방법이나 수행은 필요 없고, 단계도 필요 없고, 조작도 필요 없다.

조사선과 간화선은 붙잡을 것도 없고, 헤아릴 것도 없고, 재미도 없고, 단계도 없고, 조작도 없고, 그 어떤 것도 내세울 것이 없는 공부다.

조주스님에게 '개에게도 불성이 있습니까?'라고 물으니, '없다'고 하신 조주무자(趙州無字) 화두를 매 순간 들고 있되, 머리로 이해하고 추측하려 해서는 안 된다. 조주무자라는 의심을 풀기는 풀어야 하는데, 머리로 해서는 안 되니 그저 모르겠고 꽉 막힐 뿐이다.

경전의 특정한 문구에서 이 화두의 증거가 될 만한, 화두를 풀어낼 힌트가 될 만한 어떤 내용을 가져와 법을 정리하려 해서도 안 된다.

그저 모를 뿐이다. 의식이 꽉 막힌다. 분별심이 할 일이 없다. 재미도 없고, 발붙일 곳도 없고, 공부하는 것 같지도 않고, 그렇다고 안 하는 것도 아니고, 단계도 없고, 조작도 없다.

이 공부야말로 참된 공부다. 이 선공부, 명상공부는 출세간의 공부이기 때문에, 세속적인 방식으로 할 수 있는 공부가 아니다. 완전히 범주가 다르지 않은가. 출세간의 이 공부를 세간의 방식대로 이해하고, 조작하고, 방법을 따르고, 노력하는 등으로 풀어내려고 해서는 결코 출세간의 낯선 길에 다다를 수 없다.

출세간은 출세간만의 공부가 있다. 결코 말로는 다할 수 없고, 이해가 다다를 수 없는, 할 수도 없고 안 할 수도 없는, 하는 것도 아니고 안 하는 것도 아닌, 이러지도 저러지도 못하는 이 무분별의 공부, 바로 여기에 세간을 뚫어내고, 화두를 투과할 길 아닌 길이 있다.

14

지눌 知訥
(1158~1210)

(1) 수심결(修心訣)

⦿ 망상을 두려워 말고 알아차리지 못함을 두려워하라

고통의 삶에서 벗어나려면 본성(本性)을 찾는 길밖에 없다. 본성을 찾으려면 마음이 곧 본성이니 마음을 어찌 멀리서 찾으려 하는가.

성품은 본래 깨끗하여 본래 스스로 원만하니, 단지 망령된 생각만 여의면 곧 그대로가 부처이다.

능히 보고 듣고 지각할 수 있는 근원이 불성이다.

"성품(性品)을 보았다면 성인이니 신통변화를 나타내야 할 텐데, 요즘 사람들은 왜 신통변화가 없습니까?"

304

"함부로 미친 소리를 하지 말라. 정(正)과 사(邪)를 분별 못하면 미혹에 빠진다."

경에 이치로는 돈오하여 깨달음과 동시에 번뇌가 사라지지만 사실에는 차례차례로 없어진다 했다.

망상이 일어남을 두려워하지 말고, '알아차림'이 더딜까를 두려워하라. 망상이 일어나면 곧 알아차려라. 알아채면 없느니라.

『수심결(修心訣)』은 고려 지눌(知訥, 1158~1210)스님이 1198년에 지은 책으로 참선 수행의 지침서이자, 참선의 입문서로 널리 알려져 있다. 조사선의 가르침을 그대로 담고 있으며, 나옹(懶翁)스님이 1350년에 『몽산법어』를 이 땅에 소개하여 펴냈으니 아직 몽산의 간화선이 들어오기 이전이다.

고통에서 벗어나려면 자기의 본성을 확인하는 길밖에 없다. 그 외에 다른 것에서 행복을 찾고 고통에서 벗어나는 길이 있을까? 없다.

돈, 명예, 권력, 지위, 건강, 자녀 등 그 모든 것들은 잠시 우리를 행복하게 해줄 수는 있어도, 영원한 것은 아니다. 그것은 반드시 무너진다. 빠르고 늦고는 있어도 누구에게나 그 모든 것들은 결국 사라질 것들이다. 인연 따라 생겨난 것은 인연 따라 무너질 수밖에 없다는 것이 연기법이다. 이처럼 무너지고 사라질 것들을 불교에서는 생멸법(生滅法)이라고 한다.

생멸법에 아무리 목숨을 걸어 봐야 그것은 유한하니, 거기에는 영원한 즐거움은 없다. 결국에는 불생불멸하는 것만이 우리를 참된 행복, 지복의 길로 안내한다. 그것이 바로 우리의 본성이다. 그러니 본성을 찾는 길밖에 다른 길은 없다.

그런데 다행히도, 그 본성이 어디 멀리 있거나, 어렵게 힘들여 얻어야만 하는 것이 아니다. 감사히도 바로 이 마음이 본성이다. 바로 여기에 언제나 이렇게 있다.

그러면 그 본성은 과연 무엇인가? 본성은 어디에 있는가? 어떻게 하면 본성을 확인할 수 있는가?

성품, 본성은 곧 이 마음이니, 마음은 본래 깨끗하여 스스로에게 원만하게 구족되어 있어, 망령된 분별심만 여의면 곧 그대로가 부처다.

지금 이렇게 보고 듣고 지각하고 있지 않은가? 소리가 들리면 소리를 듣고, 눈을 뜨면 수많은 모든 것들이 보이지 않은가? 무엇이 그렇게 보고 듣는가? 그것을 지각하는 근원이 바로 불성이다.

성품을 보았다고 해서 신통력이 생기고, 변신술을 쓰는 것이 아니다. 그것이야말로 깨달음에 대한 환상이다. 깨달음에 대한 바르고 삿된 것이 무엇인지를 바로 알아야만 삿된 길로 빠지지 않는다. 신통력을 대단하게 여기면, 그는 깨달음의 길이 아닌 삿된 신통력의 길을 가게 될 것이다. 신통력은 생멸법이다. 잠시 생겼다가도 사라질 수밖에 없는 유한한 것일 뿐이다. 그래서 신통력 어쩌구 하는 말들을 '미친소리'라고 딱 잘라 말하는 것이다.

경전에 나오는 돈오의 깨달음은 깨달음과 동시에 공부는 끝난다고 한다. 부처를 보았고, 본성을 확인했다면 된 것이다. 그대로 부처다.

다만 오랜 업습(業習)과 생각하고 망상하는 습관은 시간이 흐르면서 차례차례로 없어진다. 업습을 조복 받는 기간이 필요한 것이다. 이것이 보임(保任)이며, 사실은 보임이 곧 수행이다.

망상이 일어나는 것은 두려워할 일이 아니다. 망상이 일어나지 않도록 하려고 애쓸 필요도 없다. 망상은 자연스럽게 일어나고 그것은 자연의 일부이기 때문에, 내가 어찌 해볼 수 있는 것이 아니다. 망상을 그냥 내버려 두라. 손써보려고 하지 말라. 그냥 받아들이고 허용해 주라.

다만 망상에 끌려가지만 말라. 망상에 힘을 실어 주고, 그 망상이 진짜라고 믿으면서, 꼬리에 꼬리를 물고 이어지는 망상의 놀이에 빠져들지만 말라. 그러나 사람들은 습관적으로 망상이 올라옴과 동시에 그 망상에 끄달려간다.

그러면 어떻게 해야 할까? 아무런 할 일은 없다. 다만 망상이 올라올 때 가볍게 바라봐 주면 된다. 다만 알아차리면 된다. 그냥 보는 것이지, 망상을 없애려는 의도를 가지고 볼 것도 없고, 망상과 싸워 이기려 할 것도 없고, 망상을 미워하는 마음을 가질 것도 없다. 그저 아무런 분별이나 판단 없이 그저 바라봐 주라.

올라왔음을, 그래서 여기에서 활동 중임을 알아차려 주기만 하라. 보기만 했는데, 이미 그것을 찾을 수가 없다. 알아채면 곧 사라진다. 이것이 바로 무분별의 힘이다. 좋아하거나 싫어하면 그 분별에 끄달려 가게 되지만, 좋고 싫은 것 없이 그저 있는 그대로 바라봐 주면 저절로 사라져 간다. 사라지지 않더라도 바라보게 되면 필요할 때 써먹으면서도 더 이상 꼬리를 물면서 그 망상에 휘둘리지 않게 된다.

15
몽산덕이
蒙山德異
(1231~1308)

(1) 몽산법어(蒙山法語)

🔅 몽산의 간화선

앉음에 단정함을 요한다. 첫째 수마(睡魔)가 오거든 마땅히 이 무
슨 경계인가를 알아차려야 하니, 눈꺼풀이 무거워짐을 깨닫거든 문득
정신 차려 화두를 한두 번 소리 내어 들어서 수마가 물러가거든 그대
로 앉고…

천만번 화두를 비추어 보고, 한결같이 채찍질하여 의심을 일으켜
오래 참구하면…

앉을 때 정신 차려 몸을 쭉 펴고 단정히 할지언정 등을 굽히지 말라. 머리를 우뚝 세우고 눈시울을 움직이지 말고 눈은 보통으로 뜨라. 눈동자가 움직이지 않으면 몸과 마음이 함께 고요해지리니.

좌선 중에 힘 얻음이 가장 많다. 공부해 나감에 처음부터 끝까지 고요함과 깨끗함 두 가지를 여의지 말지니, 고요하면 깨칠 것이요 깨끗하면 광명(光明)이 통달하니라. 빛을 돌이켜 반조(返照)하여 살피고 다시 관하다가 혼침과 산란이 오면 힘을 다하여 채찍질할지어다. 천 번 갈고 만 번 단련하라…

공부를 짓되, 화두를 들 때 뚜렷하고 분명히 하되, 마치 고양이가 쥐 잡듯이 하라…

공부를 짓되… 졸리면 송곳으로 찌르고 게으르지 말라.

일체 모든 함령(含靈)은 모두 불성을 가지고 있음에도 어째서 조주는 '없다'고 했는지 그 뜻을 참구해 보라(意作麼生).

『몽산법어(蒙山法語)』는 중국 원나라 몽산덕이(夢山德異, 1231~1308) 화상의 법문을 고려시대 나옹스님이 1350년에 편찬한 것으로, 이것이야말로 현재 한국불교의 주류라고 할 수 있는 간화선의 교과서처럼 읽히는 책이다.

물론 간화선의 주요 지침서는 대혜종고(大慧宗杲, 1089~1163)의 『서장(書狀)』과 고봉원묘의 『선요(禪要)』가 있다. 이 『서장』과 『선요』

는 과거 조사선의 큰 흐름과 기본적으로 일치하며 같은 취지의 가르
침이라 할 수 있다.

그러나 『몽산법어』는 다소 다른 취지의 가르침이 등장한다. 예를
들면 위에서 보듯이 앉아서 좌선을 하라고 가르치고 있거나, 화두를
소리 내어 들거나 천만 번 화두를 비추어 보고 채찍질하여 의심을 일
으키라고 하는 등의 유위(有爲)적인 공부법을 제시하고 있다. 심지어
좌선의 방법 내지는 주의할 점까지 '몸을 쭉 펴고 등을 굽히지 말고,
머리를 세우고 눈시울을 움직이지 말고 눈은 보통으로 뜨라'는 등으
로 자세히 가르치고 있다.

앞에서 보았듯이 대승불교와 선의 모든 어록에서는 좌선을 중요
시 여기지 않았다. 오히려 혜능이 신수의 좌선수행을 비판하며 육조
가 된 이후 선의 전통은 좌선 수행하는 묵조선(默照禪)과 북종선(北
宗禪)과는 거리를 두고 있었다. 간화선을 처음 창시한 대혜스님조차
좌선을 정신적으로 세간에 많이 끄달리는 사람들을 안정시키기 위한
일시적인 방편으로만 인정했을 뿐이다.

그럼에도 이렇듯 『몽산법어』에서는 처음으로 '좌선'을 하면서 화
두 드는 것을 중요시 여기는 '앉는 간화선'의 풍토가 시작되고 있다.
바로 이 『몽산법어』에서부터 현재 한국의 좌선 수행의 풍토가 비롯된
것이라고 보인다.

용맹정진으로 때로는 눕지도 않고 장좌불와(長坐不臥)로 꾸준히
정진해 나가며 화두를 들되, 졸리면 송곳으로 찔러 가며 채찍질하는
등의 이 몽산스타일의 수행 풍토는 유위적인 오랜 조사선과 초기 간

화선에는 전혀 없었던 분위기다.

좌선하는 마조에게 맷돌을 갈아 거울이 되지 않는 것처럼 좌선한다고 부처가 되겠느냐고 일갈했던 남악회양의 가르침이, 『몽산법어』에 오면 '좌선 중에 힘 얻음이 가장 많다'라고 바뀌고 있는 것이다.

그렇게 된 데에는 몽산의 간화선이 정토의 수행법과 북종의 좌선선정 공부, 그뿐 아니라 유교와 도교까지도 어느 정도 영향을 받아 만들어낸 초기 간화선과는 차이가 있는 몽산의 독자 스타일의 간화선이었기 때문이 아닌가 싶다.

화두를 드는 방법 또한 초기 대혜의 화두는 단지 '무자'를 들라(但擧箇無字), 무자를 참구하라는 것이었지만, 몽산의 조주무자 화두로 넘어 오면 '어째서 조주는 없다고 했는지 그 뜻을 참구해 보라(意作麼生)'는 것으로 바뀐다.

앞서 대혜의 간화선에서 주의점 8가지를 살펴본 것처럼, 간화선에서 가장 주의해야 할 점은 첫 번째가 '뜻'으로 헤아려 보면 안 된다는 점이다. 가장 해서는 안 될 일이 바로 그 뜻을 참구하는 것이다.

초기의 조주무자 화두는 '어째서 없다고 했을까' 하고 그 뜻을 참구하는 것이 아니다. 만약 그렇게 하는 것이라면, 마른 똥막대기 또한 왜 마른 똥막대기라고 했을까 하고 그 뜻을 참구해야 할 것이다. 화두는 그런 것이 아니다.

마른 똥막대기나 조주무자나 일귀하처만 화두가 아니라, 예를 들면 그 두꺼운 국어사전 첫 장의 첫 단어에서부터 끝 장의 마지막 단어까지 모든 말이 전부 화두 아닌 것이 없다. 화두에서는 그 말의 뜻은 전혀 상관이 없다. 말의 뜻을 따라가는 것이 아니라, 그 말이 나온 출처를 밝히는 것이기 때문이다.

그러니 조주무자에서 개가 있고 없음이라는 의미는 전혀 고려 대상이 아니다. 그냥 '무'이지, '왜 무라고 했을까?'라고 하게 되면 죽은 화두가 되어 버린다.

사실 모든 선의 핵심은 중생의 분별망상을 없애는 데 있다. 분별망상만 사라지면 본래 있던 자성이 드러나기 때문이다. 당연히 초기 대혜의 간화선은 초기 조사선의 전통과 같은 방식인 '분별망상의 제거'에 방점이 찍혀 있는 공부인데 반해, 몽산의 화두는 '의문', '의심'에 초점이 되어 있다.

16
고봉원묘 高峯原妙

(1238~1295)

(1) 선요(禪要)

◉ 고봉의 화두 타파

산승(山僧)이 옛날에 쌍경사에 있다가 돌아온 지 한 달도 안 되어 홀연히 꿈속에서 '만법귀일 일귀하처(萬法歸一 一歸何處)'라는 화두에 의정(疑情)이 돈발(頓發)하였다. 그로부터 잠자는 것도 잊고 끼니도 잊으며, 동서(東西)를 구분하지 못하고, 밤낮도 모를 정도가 되었다. 방석을 깔고 발우를 펴고, 대소변을 보고, 한 번 움직이거나 고요하거나, 한 번 말하거나 침묵하거나 간에 전부 오로지 '일귀하처?'할 뿐이었다.

더 이상 털끝만큼도 다른 생각이 없었고, 다른 생각을 일으키려 해도 끝내 일으킬 수 없었으니, 마치 못을 박고 아교를 붙인 것처럼 전혀 움직이지 않았다. 사람들이 많은 대중 속에 있을 때라도 단 한 사람도 없는 것 같았다. 아침부터 저녁, 저녁부터 아침까지 맑고 고요하고 드높아서 순수하고 청정하여 티끌 한 점 없었다. 한 생각이 곧 만 년이어서 모든 경계가 다 고요하고 나를 잊어버려 마치 바보와도 같았다.

어느덧 나도 모르게 엿새째가 되던 날, 대중과 함께 삼탑사(三塔寺)에 갔다가, 경을 읽던 중 머리를 들어 오조법연(五祖法演, 1024~1104) 화상의 진영을 보고는, 갑자기 앙산화상이 물었던 '이 송장 끌고 다니는 이 누군가?'라는 화두를 문득 타파하였다.

허공이 무너지고 대지가 꺼졌으며, 나와 세상이 함께 없어지는 것이 마치 거울이 거울을 비추는 것과 같았다.

고봉스님의 『선요』는 대혜스님의 『서장』과 함께 간화선 수행의 교과서와도 같은 필독서로써 한국 불교에도 큰 영향을 끼쳤다. 고봉스님께서 화두를 타파하신 공부인연을 들어보자.

홀연히 '만법귀일 일귀하처'라는 화두에 의정이 돈발하였다. 사실 화두를 드는 것도 하나의 시절인연이다. 인연이 무르익지 않으면 이 어려운 화두 공부를 하기가 좀처럼 쉽지 않다. 화두는 다른 수행과는 좀 달라서 억지로 화두를 들려고 해도 들어지지가 않는다. 선과 인연을 맺는 것이야말로 억지로 할 수 없는 자연스럽고 무위의 '홀연히' 인연되어지는 것이다.

물론 모두가 고봉스님처럼 화두가 딱 들리고 나서 이렇게 잠과 끼니도 잊은 채 밤낮도 모를 정도로, 매 순간 '일귀하처' 화두와 하나 되기는 쉽지 않고 또 그렇게 꼭 되어야만 하는 것도 아니다.

사람들은 모두 저마다의 공부인연이 있고 공부길이 있어서, 남들이 간 길이라고 해서 나에게도 똑같이 그런 일이 벌어져야만 한다고 여길 필요는 없다. 사람의 근기가 저마다 다르니, 공부의 길도 다 다를 수밖에 없다.

중요한 점은 털끝만큼도 다른 생각이 없었고, 생각을 일으키려 해도 끝내 일으킬 수 없었다는 점이다. 이것이 화두를 제대로 들었는지를 확인할 수 있는 첫 번째 요소다.

수많은 사람들 속에 있으면서도 단 한 사람도 없는 것 같고, 나조차도 잊어버려 마치 바보와도 같았으며, 생각이 일어나지 않는 것이 마치 못을 박고 아교를 붙인 것과 같이 하기를 엿새째가 되던 날 경을 읽다가 문득 머리를 들어 오조법연의 진영을 보다가 갑자기 문득 화두를 타파하였다.

조사선에서는 스승의 법문을 꾸준히 듣다 보면 스승은 법문을 통해 제자의 의식을 막히도록 해 준다. 법문을 들을 때 생각으로 헤아려 듣지 않고, 직지인심을 할 때 분별망상이 끼어들지 못하도록 이끌어 준다. 그러면서 법문을 통해 끊임없이 마음을 직지(直指)해 보인다.

그러면 제자는 도대체 알 수가 없다. 스승은 끊임없이 '이것이 부처'라고, '이것이 도'라고, 손가락 하나를 들어 '이것이 법이다'라고 설해 주시며, '뜰 앞의 잣나무'가 법을 100% 드러내 보여주고 있다고 설하신다. 듣고 있는 그것이 부처이고, 말하는 이것이 부처라고 말씀해 주신다.

그러나 제자는 도저히 알 수가 없다. 이해를 하려고 머리를 굴리다 보면 스승의 불호령이 떨어진다. 그저 가슴으로, 온 존재로 꽉 막힌 채 법문만 듣는 것이다. 본래면목을 확인하고는 싶고, 스승은 자꾸만 가리켜 보여 주시는데 제자는 여전히 모르겠고 꽉 막혀 있다. 이것이 바로 화두이고 의단독로(疑團獨露)다.

조사선에서든 간화선에서든 이러한 화두 혹은 스승의 직지에서 홀연히 강한 의심이 들고, 생각이 멎으며 확인하고자 하는 마음에 사무치고, 그러나 모르겠어서 답답함이 지속되다 보면, 빠른 사람은 고봉 스님처럼 7일 안에도 깨닫는다. 특히 간화선에서는 화두가 확 들리는 순간부터는 7일도 길다고 말하기도 한다.

간화선이 다소 강한 방편이다 보니 이처럼 빠르게 견성에 이를 수 있는 길이기도 하지만, 또한 그만큼 병통에 빠지지 않도록 각고의 노력 아닌 노력을 기울여야 한다.

⊛ 사자는 사람을 물고 개는 흙덩이를 쫓는다

사자는 사람을 물고 개는 흙덩이를 쫓는다.

개(韓盧 : 중국 전국시대의 명견)에게 돌을 던지면 개는 구르는 흙덩이를 쫓아가 입으로 문다. 두 번 세 번 계속해서 던져도 똑같이 던지는 흙덩이를 쫓아간다. 먹을 것이 아니고 돌이라는 것을 알 법도 한데 개는 계속해서 던지는 흙덩이를 따라간다.

그러나 사자에게 돌을 던지면 사자는 구르는 흙덩이를 쫓지 않고 돌을 던지 사람을 찾아 물어버린다.

중생들은 개가 흙덩이를 쫓아가듯이 끊임없이 생각과 분별이 올라오면 그것을 쫓는다. 그러나 지혜로운 자는 그 생각과 분별을 쫓는 것이 아니라 그 생각이 일어난 당처, 낙처를 바로 확인한다.

생각과 분별은 끊임없이 올라오지만, 실체가 있는 것이 아니어서, 왔다가 가는 허망한 것일 뿐이다. 그 생각에 끊임없이 속으면서도 또다시 생각이라는 흙덩이가 올라올 때마다 그 생각을 쫓아간다.

화두도 마찬가지다. 어떤 화두냐 하는 것이 중요한 것이 아니다. 화두에 담긴 의미가 중요한 것이 아니다. 거기에서 의미를 찾으려 하고, 머리로 헤아려서 알고자 하면, 그것은 흙덩이를 쫓는 개와 같다. 사자는 화두를 통해 그 화두라는 말을 따라 가는 것이 아니라, 그 화두가 가리키고자 하는 낙처, 본래면목인 자성을 곧바로 확인한다.

⊛ 결정적인 믿음으로 투과하라

무릇 참선이란 승(僧)과 속(俗)을 나누지 않고, 다만 하나의 결정적인 믿음을 요할 뿐이다.

분명하게 이 한 법의 낙처를 보고자 한다면, 다른 사람과 생사의 원수를 맺은 것과 같이 해야 한다. 한 칼로 두 동강을 내고자 하는 정도의 분한 마음이 일어나, 비록 짧은 기간 동안이라도 맹렬하고 날카롭게 채찍질하는 시절을 보내야 한다.

분명하게 깨닫고자 한다면 반드시 수승한 마음을 내어 대장부의 뜻을 발하도록 하라. 과거의 나쁜 지식과 이해, 기이한 말과 교묘한 언구, 선도(禪道)와 불법(佛法), 평생토록 눈으로 보고 귀로 들은 것을 가지고, 위급함과 죽음, 얻고 잃음, 나와 남, 시비(是非), 도달과 도달하지 못함, 철저함과 철저하지 못함을 돌아보지 말라. 크게 분발하여 금강으로 된 칼을 휘둘러 한 묶음의 실을 벨 때 단번에 끊어져 다시는 이어지지 않는 것처럼 하면, 곧 마음에서 혼침(昏沈)과 도거(掉擧)가 다 없어져, 털끝만큼도 막히거나 걸림이 없고, 더 이상 한 법도 생각에 걸리지 않아 마치 어린 아기와 같이 된다.

이 공부에는 승속(僧俗)이 따로 없다. 재가자든 출가자든 모름지기 하나의 결정적인 믿음과 발심을 일으킨다면 누구나 가능하다. 절 안에서만 가능한 것이 아니라 세상 속에서도 가능하니, 누구나 자기의 본래면목을 확인해야만, 일체 모든 괴로움을 여의고 대자유를 누릴 수 있다.

이 법을 확인하고자 하는 결정적 믿음과 발심이 확고하다면, 마치 원수 맺은 것이 있어 분한 것처럼, 한 칼로 두 동강을 내고자 하는 분한 마음으로 대분지(大憤志)를 일으켜야 한다. 대분지는 곧 왜 나는 이 법을 확인하지 못할까 하는 답답하고 분한 마음이며, 크게 분발하고자 하는 마음이다.

물론 이 대분지는 자칫 유위(有爲)나 조작으로 흐를 수 있으니 각별히 주의를 요한다. 너무 과도하게 분해하며 이 법을 확인하겠다는 집착에 치우쳐 있는 사람에게는 오히려 애쓰지 말고 자연스럽고 편안하게 공부를 하라고 하고, 반면에 너무 편하게 공부에 대한 열정이 없고 하는 듯 마는 듯 하는 사람에게는 대분지를 일으켜 큰 분발심을 내도록 해 주어야 한다.

조사선에서 이런 공부의 기간이 길어진 만큼 단단하게 공부의 길이 다져진다면, 간화선은 조금 더 짧은 기간 내에 화두를 몰아붙여 맹렬하게 채찍질하는 방편을 쓴다.

사실 이 공부에서는 무엇보다도 어쨌거나, 견성의 체험은 일단 한 번 있어야지만 바른 공부의 길로 들어설 수 있기 때문에, 어떻게 해서든 견성의 체험이 가장 중요하기에 이런 다소 유위적인 간화선이 등장한 것이리라.

다만 꾸준한 공부와 정진, 안으로 다져진 공부인연 없이 갑작스럽게 몰아붙여 며칠 만에 자기의 성품을 확인했다고 하더라도, 그렇게 공부한 사람은 그 힘이 약할 수밖에 없다. 머지않아 퇴전하거나, 공부가 다 되었다고 여겨 참된 공부인 보임은 소홀하기 쉽고, 또 극단적으로는 오히려 견성 이후에 바른 스승의 지도를 못 받고 자만에 빠지고, 머리로 헤아려 삿된 길로 들어설 수도 있다.

그러니 너무 빨리 가려고 애쓸 것도 없다. 어차피 보임 공부는 평생토록 해야 하는 공부이니, 천천히 가도 바르게만 꾸준히 공부해 가는 것이 더욱 중요하다.

이 공부를 시작하는 사람에게 주의할 점은, 과거에 배워왔던 온갖 세속의 지식과 그럴듯한 교묘한 언구들, 심지어 불교와 선의 경론에서 배워온 교리들, 삶 속에서 경험으로 배워온 것들 등 이런 모든 과거에 쌓아 놓은 지식들을 가지고 분별해서는 안 된다는 점이다.

얻고 잃음, 나와 남, 철저함과 철저하지 못함 등 그 무엇이 되었든 모든 둘로 나누는 분별에 대해서는 돌아볼 것이 없다. 금강으로 된 칼을 휘둘러 한 묶음의 실을 단번에 끊어지게 하듯, 그 모든 분별을 단박에 끊어 없애 다시는 분별이 발붙이지 못하도록 하라.

그렇게 하여 분별이 전부 끊어지고 나면, 혼침과 도거도 사라지고, 걸리거나 막힐 만한 그 모든 것이 없으며, 더 이상 한 법에도 걸리지 않아 꾸며내지 않는 갓난아기와 같아질 것이다. 완전히 순수해지는 것이다.

⦂ 금강권(金剛圈)과 율극봉(栗棘蓬)

걸어 다닐 때에도 의심덩어리, 앉을 때에도 의심덩어리, 옷 입고 밥 먹을 때도 의심덩어리, 대소변을 볼 때에도 의심덩어리, 견문각지(見聞覺知)할 때에도 모두 의심덩어리일 뿐이다. 그렇게 의심을 꾸준히 해 나감에 의심이 힘을 더는 곳에 이르면 문득 여기가 힘을 얻는 곳이다. 의심하지 않아도 저절로 의심이 들리고, 화두를 들지 않으려 해도 저절로 들려서, 아침부터 저녁까지, 앞뒤가 서로 연결되어 한 덩어리를 이루되 털끝만큼도 틈이 없다. 흔들어도 움직이지 않고, 쫓아도 가지 않고, 밝고 신령하여 늘 눈앞에 나타나 있는 것이 마치 물 위에 떠가는 배와 같아 전혀 손쓸 필요가 없으니, 여기가 바로 힘을 얻는 때다.

의심을 꾸준히 해 나감에 있어서 안팎을 한 덩어리로 만들어 하루 종일 털끝만큼도 틈이 없게 하여, 가슴에 가시가 걸린 것과 같고, 독약을 맞은 것과 같이 하라. 또 금강권(金剛圈)과 율극봉(栗棘蓬)을 결단 코 삼키고자 하라. 결단코 뚫어내고야 말겠다는 마음을 일으켜 평생의 기량을 다 쏟아부어 공부해 나간다면 자연스럽게 깨닫게 될 것이다.

　오로지 화두 하나를 의심하되, 그 화두의 말에 담긴 뜻을 궁금해 하지 말고, 화두 앞에서 그저 꽉 막혀 있으라. 화두를 의심하는 것도 아니다. 화두는 알 수 있는 언어가 아니니, 그저 모를 뿐이다. 화두를 모르기 위해 드는 것이지 알려고 의심하는 것이 아니다.

　그렇게 오로지 모를 뿐으로 화두 앞에 버텨 서게 되면, 하루 종일 행주좌와 무엇을 하든, 오직 의심덩어리 하나가 남게 된다. 꽉 막힌 답답함 하나가 감정화되어 가슴에 맺혀 의정(疑情)으로 박히게 된다.

　그렇게 해 나가다 보면 애써 의심하려고 하거나, 애써 화두를 들려고 하거나, 애써서 무언가를 하려고 하지 않더라도 저절로 힘이 더는 곳에 이르러 저절로 의심이 들리게 된다. 하루 종일 다른 일을 하더라도 오로지 이 의심 하나가 털끝만큼의 틈도 없이 눈앞에 나타나 있으니, 이때에는 전혀 힘쓸 필요가 없고, 손쓸 필요가 없다. 여기가 바로 힘을 얻는 것이다.

　의심이 한 덩어리가 되어 하루 종일 털끝만큼의 틈도 없어질 때는, 가슴에 가시가 걸린 것 같고, 독약을 맞은 것 같아, 꽉 막혀서 답답하고 갑갑하니 이것을 금강권(金剛圈), 율극봉(栗棘蓬)이라고 한다.

　금강권은 곧 금강으로 된 감옥에 갇힌 것처럼 이러지도 저러지도 못하고 꼼짝달싹 못하는 것을 뜻하고, 율극봉은 가시가 박힌 밤송이를 삼킨 것 같아서 꽉 막혀 답답하니 넘기지도 못하고 빼내지도 못하여 이러지도 저러지도 못하는 상태를 말한다.

바로 이렇듯 은산철벽(銀山鐵壁)에 갇힌 것 같은 상태에서 도망치지 말고, 결정심을 일으켜 반드시 뚫어내고야 말겠다는 마음을 내어 평생의 기량을 다 쏟아부어 공부해 나가게 된다면, 머지않아 저절로 깨닫게 될 것이다.

☉ 삿된 줄 알면 전부 쏟아 버려라

대저 학인(學人)이 처음부터 본분사(本分事)를 가리켜 줄 바른 스승을 만나지 못한 채 10년, 20년을 이리저리 떠돌며 혹은 참선하고 혹은 배우며, 혹은 전하고 혹은 기록하되, 남은 국과 쉰밥으로, 삿된 지식과 나쁜 깨달음으로, 배가 불룩하여 뱃가죽에 냄새나는 쓰레기를 쌓아 담아 놓은 것과 같다. 만일 콧구멍 있는 이가 냄새를 맡으면 속이 쓰리고 구토가 나올 것이다. 이즈음에 이르러 설사 잘못되었음을 알고 허물을 뉘우치며 새로운 삶을 살고자 한다면, 곧바로 밑바닥까지 다 기울여 쏟아내고, 3번, 4번 씻고, 7번, 8번 씻어 버려서 깨끗하게 비워내어 한 점 흔적도 없어야 반야의 신령한 약을 비로소 취하여 향하게 될 것이다.

우리가 그동안 공부해 온 것이 이와 같지 않은가? 우리는 처음부터 바르게 본분사를 가리켜 보여 줄 참된 스승을 만나지 못한 채 10년, 20년, 많게는 30년과 그 이상을 이 절 저 절, 이 수행 저 수행, 이 스승 저 스승을 찾아 떠돌며 때로는 기도하고, 명상하고, 수행하고, 염불하고, 독경하며, 또 때로는 불교대학이나 경전강의에 나가 배우고, 때로는 도반들에게 불법을 전해 주기도 하고, 혹은 좋은 글귀를 모아 적어

두기도 하였지만, 그 모든 것이 남들이 먹고 남은 국과 쉰밥이었고, 삿된 지식이거나 나쁜 깨달음이었고, 뱃가죽에 냄새나는 쓰레기를 쌓아 담아 둔 것과 같을 뿐이었다.

우리는 그동안 이렇게 쌓아 온 공부를 자랑스럽게 여기고, 대단하게 여겨 왔지만, 콧구멍 있는 이는 깨달은 자이니, 이런 지혜로운 이가 보기에는 속이 쓰리고 구토가 나올 뿐이다.

지금이라도 이렇다는 사실을 참으로 뉘우치고, 그동안 방편에 사로잡혀 낙처를 보지 못했음을 반성하고, 새롭게 바른 정법을 공부하겠다고 서원을 하였다면, 그동안 쌓아 올렸던 모든 불교에 대한 지식과 알음알이, 아상을 완전히 다 쏟아 버려야 한다.

한두 번으로는 되지도 않는다. 3번, 4번 혹은 7번, 8번이라도 씻고 또 씻어 버려서 깨끗하게 비워내어 한 점 흔적도 없어야만 비로소 그때 참된 반야의 산을 오를 수 있다.

⊙ 화두를 타파하지 못하는 10가지 이유

수행자들이 10년, 20년 내지는 일평생 동안 세상을 끊고 세속의 인연도 잊은 채 오직 이 일을 밝히고자 하지만, 투탈(透脫)하지 못하는 것은, 그 병이 어디에 있는가? 본분납승(本分衲僧)은 다음 중 그 원인을 한 번 찾아내 보라.

숙세(宿世)에 선근(善根)을 짓지 못한 것은 아닌가?

눈 밝은 스승을 만나지 못한 것은 아닌가?

하루 열심히 정진하고서 열흘 게으른 것은 아닌가?

근기가 하열하고 의지가 미약한 것은 아닌가?

번뇌 망상에 빠진 것은 아닌가?

공적(空寂)함에 빠진 것은 아닌가?

잡스러운 독이 마음에 들어간 것은 아닌가?

시절인연이 아직 미치지 못한 것은 아닌가?

화두 연구를 의심하지 않은 것은 아닌가?

증득하여 얻지 못하고도 증득하여 얻었다고 한 것은 아닌가?

사람들이 이 간화선이라는 화두 공부를 만나고서도 10년, 20년이 넘도록 화두를 투탈해 내지 못하는 이유는 어디에 있을까?

첫째, 숙세에 선근을 짓지 못한 것은 아닌가?

이 공부와의 선근공덕이 없는 경우다. 『법화경』에서는 만선성불 (萬善成佛)이라고 하여, 불성을 향해 작은 찬탄을 행하기만 해도 선 근이 되어 결국 성불할 수 있다고 설한다. 아무리 사소한 선근 공덕이라고 할지라도 그것이 다 성불의 원인이 된다고 설한다. 어린 아이들이 장난으로 모래를 모아 불탑을 만들어도 그 선근공덕으로 불도를 이룬다.

둘째, 눈 밝은 스승을 만나지 못한 것은 아닌가?

이 공부에서 가장 중요한 것은 역시 바른 스승을 만나는 것이다. 부처님께서는 바른 스승과 도반을 만나는 것은 깨달음의 절반을 얻는 것이 아니라, 전부를 얻는 것이라고 말씀하셨다. 이것은 말 그대로 완전한 사실이다. 공부인은 모름지기 평생토록 잘 수행하기를 발원할 것이 아니라, 대선지식을 만나기를 발원하기만 하면 된다.

셋째, 하루 열심히 정진하고서 열흘 게으른 것은 아닌가?

이 공부는 꾸준한 정진의 힘이 필요하다. 나무를 부딪쳐 불을 만들 때 불이 날 때까지 끊임없이 마찰을 시켜주어야 불을 얻지, 힘을 주다가 쉬고 또 비비다가 말고 쉬기를 반복한다면, 한때 아무리 열심히 마찰시키느라 힘을 많이 썼더라도 불을 얻지는 못한다. 마찬가지로 이 공부도 꾸준히 정진해야지, 화두를 하루 열심히 들었다가 며칠을 다른 일 하느라 완전히 정신이 팔려 놓아버리기를 반복한다면 화두를 투과하기는 어렵다.

넷째, 근기가 하열하고 의지가 미약한 것은 아닌가?

발심이 약하거나, 스스로 이 공부를 끝끝내 해 마치고야 말리라는 의지가 약하다면 이 공부는 마칠 수 없다. 이 공부는 반드시 해내야겠다는 굳은 발심, 결정적인 의지가 필수적이다. 다른 세속적인 공부나 이익이나 일들은 두 번째, 세 번째로 우선순위를 두고 오로지 이 문제를 먼저 해결하고 말리라는 마음으로 온 존재를 바쳐야 그나마 가능한 일이지, 한 번 해 보다 안 되면 말지라는 생각으로는 힘들다.

다섯째, 번뇌 망상에 빠진 것은 아닌가?

왜 아니겠는가? 당연히 번뇌 망상에 빠져 있을 것이다. 대부분의 공부인들은 바로 여기에서 헤어 나오지 못하느라 많은 시간을 보낸다. 처음 발심하고 스승님의 법문을 듣는다고 할지라도 한동안은 그 법문을 끊임없이 해석하고, 생각하며, 판단하면서 듣는다. 그 정도만 하면 그나마 낫고, 대부분은 법문을 듣다가 내면에서 올라오는 번뇌 망상에 빠져 마음으로 이리저리 과거로 미래로 활보하고 다니다가 다시 돌아오기 일쑤다.

여섯째, 공적함에 빠진 것은 아닌가?

공부를 하다하다 안 되니까, 애써도 안 되고, 머리를 굴려서도 안 되니까, 이제 마지막으로 해 볼 수 있는 것은 공적하고 아무것도 없는 상태 속에 빠져드는 것을 공부로 삼는 경우도 있다. 생각을 안 하고 멍 하게 앉아서 그저 시간만 보내는 것이다. 올라오는 생각을 전부 억누르고 앉아서 생각이 일어나지 않는 공하고 고요한 그 자리에 눌러앉아버리게 되면 공에 빠진 것이지, 그 또한 참된 공부는 아니다.

일곱째, 잡스러운 독이 마음에 들어간 것은 아닌가?

대표적인 마음의 독이 바로 삼독(三毒)이다. 탐진치 삼독심으로 들끓는 마음이라면, 먼저 그 탐진치 삼독의 불길부터 꺼버려야 한다. 이 공부는 먼저 참회와 용서, 비움과 내려놓음 등을 통해 마음에 쌓아두었던 모든 잡스러운 번뇌와 욕심, 화와 어리석음 등을 다 비우고 시작해야 한다. 이 공부는 청정하고 깨끗한 마음, 바른 발심으로 해도 될까 말까 한 공부다. 쉬운 공부는 결코 아니다. 모름지기 정성스럽게 온 존재를 바쳐, 신명을 바쳐 해야 한다.

여덟째, 시절인연이 아직 미치지 못한 것은 아닌가?

세상 모든 것은 다 때가 있게 마련이다. 씨앗이 제 아무리 꽃을 피우고 싶어도 봄이 오지 않으면 피울 수 없듯, 사람들도 저마다 자기가 꽃피울 적절한 시절인연의 때가 있다. 그때가 언제쯤 올지는 그 누구도 알 수 없다. 알 수 없는 것, 모르는 것만이 진실하다. 나의 시절인연이 언제인지는 누구도 알 수 없으니, 나는 공부를 열심히 했는데도 왜 안 되느냐고 괴로워할 필요는 없다. 나보다 더 열심히 하지도 않은 저 도반보다 왜 나는 뭐가 모자라서 안 되느냐고 답답해 할 것도 없다. 차분한 마음으로 그저 시절인연을 기다리며 묵묵히 정진해 나가다 보면 나에게도 꽃이 필 날이 반드시 온다.

아홉째, 화두 언구를 의심하지 않은 것은 아닌가?

화두를 의심한다는 것은 머리로 헤아려서 화두의 언구를 뜻으로 의심하는 것은 아니다. 화두가 들린다는 것은 곧 화두에 발심한 것이다. 화두라는 말, 언구가 중요한 것이 아니라, 자기 스스로 본래면목을 확인하고야 말겠노라는 강렬한 발원이 있다면, 스승의 가르침이 나에게 확인되지 않는 것에 대한 답답함이 저절로 생기지 않을 수 없다. 손가락 하나를 세우고는 이것이 법이라고 하는데, 왜 나에게는 저것이 법이 아닐까 하는 의심이 저절로 생기는 것이다. 보고 듣고 느끼고 아는 이 모든 것이 전부 부처의 드러남이라는데, 왜 내게는 그 모양만 보이고 모양 너머의 진실이 보이지 않을까 하고 늘 답답해하는 것, 갑갑하고 막막해하는 것, 그것이 바로 화두 의심이다.

열 번째, 증득하여 얻지 못하고도 증득하여 얻었다고 한 것은 아닌가?

이것은 수행자에게 있어서 매우 큰 죄로, 승가에서 가장 무거운 죄인 바라이죄(波羅夷罪) 중 대망어죄(大妄語罪)에 속한다. 깨닫지 못하고도 깨달은 척하는 죄다. 단순히 빨리 깨닫기를 바라는 마음 또한 그 이면에 아상(我相)이 있는 것이기에 깨달음에 방해가 되는데, 스스로 깨달았다고 말하고 다닌다면 그것이야말로 얼마나 큰 아집이고 교만이며 속임수인가? 그런 마음으로 어찌 깨달음을 얻을 수 있겠는가?

물론 어떤 이는 선정 삼매의 신비로운 체험을 하고 나서 스스로 깨달았다고 착각하는 이도 있는데, 그런 경험은 머지않아 곧 사라지고, 세속에서는 여전히 불만족과 괴로움이 있기 때문에 스스로 깨닫지 못했음을 분명하게 알 수밖에 없다.

열심히 화두 공부를 하는데도 불구하고 여전히 화두를 투과하지 못하였다면, 위의 10가지 중에 어떤 부분이 부족해서인가 하고 잘 살펴보라.

⚙ 선의 3가지 요소(三要), 대신근, 대분지, 대의정

착실한 참선을 말하자면, 결단코 모름지기 삼요(三要)를 갖추어야 한다. 그 첫 번째 요소는 대신근(大信根)으로 크게 믿는 것이니, 이 일은 수미산에 기대어 의지한 듯해야 한다. 두 번째 요소는 대분지(大憤志)로 크게 분한 마음이니, 아버지를 죽인 원수를 만나 일도양단(一刀兩斷)하듯 해야 한다. 세 번째 요소는 대의정(大疑情)으로 크게 의심하는 것이니, 마치 암암리에 지극한 일 하나를 해 마쳐서 그 일을 드러내야 함에도 드러내지 못한 때에 있는 것과 같다. 매 순간 이 삼요를 갖추게 된다면 기한 내에 공덕이 성취될 것이니, 옹기 속에서 도망치는 자라를 걱정하지 말라. 만약 그 하나라도 빠지게 된다면 비유하건대 다리 부러진 솥과 같아 끝내 쓸모없는 그릇이 되고 말리라.

『선요』에서 매우 중요시 되는 가르침 중 하나가 바로 이 선의 3요소인 삼요(三要)를 설한 부분이다. 이 세 가지 요소, 세 가지 마음이 적절하게 잘 유지가 된다면 깨달음을 얻는 것은 그리 어렵지 않다. 혹은 이 세 가지 요소 가운데, 어느 한 가지라도 투철하게 이루어진다면 그것이 돌파구가 되어 이 화두를 뚫어내기가 훨씬 수월해 진다.

첫 번째는 대신근, 대신심으로 크게 믿는 것이다. 불법에 대한 믿음, 불성에 대한 믿음, 내가 본래 부처라는 믿음, 그리고 이 공부를 통해 반드시 자성을 확인할 수 있다는 믿음이다.

이 세 가지 요소 중에 가장 중요하고 첫 번째인 것이 바로 대신심이다. 굳은 믿음이 있어야만 이 공부를 진행해 나갈 수 있는 힘이 확보된다. 이 공부는 그 어디에도 의지할 데 없고, 화두를 들고 나아가는 가운데에도 무언가 진척이 없고, 진도가 나가지 않으며, 다른 세속의 공부처럼 공부가 되고 있는지 안 되고 있는지를 전혀 알 수 없는 공부이기 때문이다.

막막하고 답답하며, 도무지 종잡을 수 없고, 손에 잡히는 것이 전혀 없는 깜깜한 길을 계속 걸어가야 하니 큰 믿음이 없는 사람이라면 이 길을 감당해 낼 수 없다.

철저한 믿음만 있다면, 이 공부는 끝끝내 해내 마칠 수 있다. 모든 것은 믿는 대로 이루어지기 때문이다. 부처를 믿으면 부처를 이루고, 세속의 특정한 성취를 믿으면 세속적 성취가 이루어진다.

두 번째로 대분지, 대분심이다. 크게 분한 마음을 내야 한다. 무엇이 분하다는 것일까?

선에서는 지금 여기에 완전한 깨달음이 이미 드러나 있다고 한다. 내가 바로 부처라고 한다. 다만 내가 어리석어 생각 속의 분별을 진실로 여기다 보니, 그 분별에 투영된 허망한 세계만 보일 뿐 부처의 세계를 보지 못하는 것일 뿐이다.

그러니 얼마나 답답한가? 얼마나 분한가? 내가 부처라는 굳은 믿음, 대신심이 있는 사람이라면, 당연히 내가 부처임에도 부처를 보지 못한다는 사실이 분하지 않을 수 없다.

부처님께서도 확인하셨고, 조사스님들께서도 확인하신 이 진리를 왜 나는 확인하지 못하는 것일까 하고 분심이 일어난다.

필자의 경우 세속적인 괴로운 일들이나, 사소한 마음의 걸림, 몸의 병 등 여여함에서 벗어나는 특정한 걸림이 생길 때마다 이렇게 괴로운 중생의 삶을 살아야 한다는 자체가 너무 답답하고 분했다.

이런 삶을 사는 것이 너무 싫고 벗어나고 싶다. 내가 부처가 아니라면 부처를 만들어 내기 어려울 테니, 아예 엄두도 내지 못하겠지만, 본래부터 이미 부처라는데도 불구하고 그것을 보지 못하고 있으니 이 얼마나 분하고 답답한 노릇인가?

세 번째 요소는 대의정, 대의심이다. 마음속에 큰 의심을 품고 있는 것이다. 내가 누구인지에 대한 의심, 삶은 무엇인가에 대한 의심, 나는 왜 나고 죽는지, 어디에서 왔다가 어디로 가는지, 이 우주의 근원은 무엇인지 등 삶의 근원에 대한 궁금함, 갈증, 목마름 그것이 바로 큰 의심이다.

굳은 믿음으로 신심을 내었고, 발심하여 깨달음을 공부하는 이라면 당연히 이 공부를 끝내고자 하는 마음이 생긴다. 그럼에도 여전히 공부는 지지부진하다. 자성을 확인하지 못한 것에 대한 답답함, 어떻게 해나가야 할지 막막한 것에 대한 갈증, 도무지 화두를 들라고 하는

데 어떻게 들어야 할지도 모르겠고, 구체적으로 어떤 방법으로 해 나가야 하는지를 자세히 가르쳐 주지는 않으니, 내가 행하는 이 수행이 옳은지 그른지도 모르겠고, 온통 아무것도 모르면서 계속 이 길을 가라고 하니, 이 얼마나 답답하고 목마르고 궁금한가? 그 답답함, 깜깜함, 목마름, 갈증, 모르겠음, 그것이 바로 의정이고, 의심이며, 화두다.

의식으로 '왜 무(無)라고 했을까?', '하나는 어디로 돌아갈까?', '나는 누구일까?' 하는 말뜻을 따라가면서, 그 의미에 대한 답을 찾으려고 하는 것은 참된 의심이 아니다. 간화선의 의심은 '뭐지?' 하고 그 답을 머리로 찾는 것이 아니다. 그저 뭔지 모르겠으니, 모르겠고 답답하고 울화가 치밀고 깜깜해서 이러지도 저러지도 모르겠는 꽉 막힘, 그것이 바로 의심이고 화두다. 이것은 가슴의 문제이지 머리의 문제가 아니다.

이상의 세 가지 간화선의 요소를 갖추게 된다면 반드시 깨달음의 공덕을 성취하게 된다. 이 세 가지 중 하나라도 빠지게 된다면, 다리 부러진 솥과 같아 쓸모없어진다.

17
서산휴정
西山休靜

(1520~1604)

(1) 선가귀감(禪家龜鑑)

☺ 여기 한 물건이 있다

여기 한 물건이 있는데 본래부터 한없이 밝고 신령스러워 일찍이 나지도 죽지도 않으며, 이름 지을 수도 없고 모양으로 그릴 수도 없다.

부처와 조사가 세상에 나오심은 마치 바람도 없는데 물결을 일으킨 것이다.

참선에는 세 가지 요건이 있으니, 첫째는 대신심(大信心)이고, 둘째는 대분심(大憤心)이며, 셋째는 대의심(大疑心)이다.

화두를 들되 알려고 하지도 말고 생각으로 헤아리지도 말라. 깨닫기를 기다리지도 말고, 생각할 수 없는 데까지 나아가면 더이상 갈 곳이 없어 마치 늙은 쥐가 쇠뿔 속으로 들어가 이러지도 저러지도 못하는 것과 같을 것이다.

중생 마음 버릴 것 없이 자성을 더럽히지만 말라. 바른 법을 찾는 것이 곧 삿된 것이다.

이 문 안에 들어오려면 알음알이를 두지 말라.
(入此門內 莫存知解)

모든 것이 실체가 없는 환상인 줄을 알면 번뇌로부터 곧 벗어난 것이므로 더 방편을 쓸 것이 없다. 환상을 여의면 곧 깨달은 것이므로 더 닦아갈 것도 없다. 마음을 내고 생각을 일으키는 것이나, 거짓과 참을 말하는 것이나 어느 하나 환상 아닌 것이 없다. 꿈속에서 병이 나서 의사를 찾던 사람이 잠을 깨면 근심 걱정이 사라지듯이, 모든 것이 환상인 줄을 아는 사람도 또한 그렇다.

수행하는데 가장 중요한 핵심은 보통 사람이 가지고 있는 번뇌와 망상을 없애는 것이다. 모름지기 생각을 비우고(止, 定) 마음을 비추어 보아서(觀, 慧) 한 생각 인연 따라 일어나는 것이 사실은 진리의 세계에서 보면 실체가 없어 공하기 때문에 아무것도 일어남이 없음을 믿어야 한다.

초기 조사선의 전통이 남송(南宋) 초기, 임제종(臨濟宗)의 대혜종고(大慧宗杲, 1089~1163)에 가면 간화선이라는 새로운 선의 수행법으로 정착된다. 화두공안이라는 의심을 통해 본래면목을 확인하고자 하는 선으로, 대혜 이후 오늘날까지 이 간화선은 선불교의 맥을 이어 왔다. 특히 한국 조계종을 비롯한 선불교 종단은 대부분 간화선을 표 방하고 있다.

『선가귀감(禪家龜鑑)』은 조선 중기 1564년 지어진 것으로 청허휴 정(淸虛休靜, 1520~1604) 스님께서 선종의 요긴한 지침을 모아 지은 책으로, 선종오가(五家)의 전등(傳燈)과 종풍(宗風)을 밝히며 특히 임제종에 대해 자세히 설하고 있지만 실천적으로는 간화선의 실수를 그 핵심으로 권하고 있다.

이 책이야말로 한국불교의 종합적인 수행 개론서라고 할 만하다. 그도 그럴 것이 휴정스님이 여러 경전과 조사어록 등 50여 권을 열람 하여 그중 중요한 것을 발췌하여 제자들을 가르치던 것이기 때문이다.

불성, 본성, 여래장, 부처를 여기에서는 '한 물건'이라고 표현했는 데, 이 한 물건을 확인하려면 가장 먼저 발심이 있어야 하고 발심한 수행자가 깨닫기 위해서 세 가지 요건을 설하고 있다.

이것은 고봉원묘(高峰原妙, 1238~1295) 선사가 『선요』에서 먼저 설한 것으로 간화선 수행에 있어 가장 중요한 요소다.

첫째는 대신심이다. 먼저 이 한 물건에 대한 믿음이 있어야 한다. 부처님과 부처님께서 깨달으신 법에 대한 믿음이 있어야 한다. 괴로 움을 소멸시킨 열반의 세계가 있음을 굳게 믿어야 이 법을 가까이하 고 발심하여 깨닫는 마음공부를 해나갈 수가 있기 때문이다.

둘째는 대분심이다. 눈앞의 목전에 이미 완성되어 있는 한 물건이 있다고 하는데 왜 도대체 나는 아무리 보려고 해도 볼 수가 없을까? 하고 좀 분한 마음을 내야 하는 것이다. 『선요』에서는 마치 부모를 죽인 원수를 만난 것처럼 당장에 원수를 한 칼에 두 동강 내리라는 분한 마음을 가지는 것처럼, 간화선에 임할 때는 대분심을 일으켜야 한다는 것이다.

셋째는 대의심이다. 과연 이 한 물건이 무엇일까? 이뭣고? 하고 궁금해하며, 답답해하며, 알고자 하는 마음을 내는 것이다.

이 부분에서 대분지를 자칫 오해하여 억지스럽게 노력하고, 분한 마음을 일으켜 수행을 조작하려고 해서는 안 된다. 『선요』에서는 조사선에서처럼 자연스럽게 무위행으로써 공부를 하기 보다는 대분심을 일으켜 좀 더 분발하도록 공부 방편을 쓰고 있다. 나태해져 있는 수행자에게는 이런 방편이 매우 유용하게 쓰이지만, 천편일률적으로 이 방편에만 고집을 하여 억지스럽게 분심을 내게 되다보면 상기병(上氣病)이 온다거나, 수행을 조작하거나 하는 등의 또 다른 문제가 생길 소지가 생길 수도 있다.

이 다음에 나오는 가르침은 '화두를 들되 알려고 하지도 말고 생각으로 헤아리지도 말라. 깨닫기를 기다리지도 말고, 생각할 수 없는 데까지 나아가면 더 이상 갈 곳이 없어, 마치 늙은 쥐가 쇠뿔 속으로 들어가 이러지도 저러지도 못하는 것과 같을 것이다'라는 부분은 아주 적절하게 간화선의 본래의 취지를 설하고 있다. 이것이 바로 조사선의 정신이면서 초기 간화선의 본래 정신이다.

바른 법은 다시 찾을 것이 없다. 다만 자성을 더럽히지만 않으면 될 뿐이다. 어떻게 자성을 더럽히는가? 수정구슬 바깥에 때가 끼면 수정구슬이 지저분해지는 것처럼, 분별심의 때가 끼면 자성이 더럽혀진다. 물론 그때에도 여전히 자성의 본질은 더럽혀지지 않은 채로 그대로다.

그래서 이 공부로 들어오면 가장 중요한 것이 알음알이, 분별심을 버리는 일이다. 의식을 일으켜 문제를 스스로 만들어내지만 않으면 곧장 부처다.

그러면 어떻게 해야 분별심이 버려질까? 애써서 분별심을 버릴 필요는 없다. 분별심은 일어날 수밖에 없고, 또한 부처가 되더라도 세상을 살아가려면 분별을 잘 사용해야 한다. 분별을 없애버리는 것이 아니라, 분별의 실체가 무엇인지에 눈뜨면 된다.

이 모든 것이 분별의식이 만들어낸 환상이었다는 사실을 깨닫게 되면 저절로 번뇌 망상에서 놓여난다. 분별심이 진짜인 줄 알았는데, 내가 의식하는 세계가 다 진짜인 줄 알았고, 내 생각에 중요하다고 여긴 것이 진짜 중요한 줄 알았는데, 사실은 그 모든 것이 분별의식이 만들어낸 환상이었을 뿐, 진실이 아니었음을 깨닫게 되면 분별을 쓰면서도 분별에서 벗어나게 된다.

꿈속에서 아무리 고통스럽고 괴로운 일들이 있었더라도 꿈을 깨고 보면 그 모든 문제가 더 이상 문제가 아니듯, 우리가 가지고 있는 이 세속의 모든 문제들 또한 그 모든 것이 꿈이라는 사실을 깨닫게 될 때 전부 사라진다.

이처럼 수행에 가장 중요한 핵심은 사람들의 번뇌와 망상을 없애는 것이다. 없앤다기보다는 번뇌망상의 실체가 환상인 것을 알아 번뇌망상에서 놓여나는 것이다.

생각과 번뇌망상을 비우고 멈추되, 아예 일어나지 않도록 하는 것이 아니라, 일어나면서도 실체 없이 꿈처럼 일어난다는 사실을 깨닫게 되면 저절로 번뇌망상이 멈추어진다. 싸마타(Samatha)가 되고, 지(止)와 정(定)이 갖추어진다.

번뇌망상이 올라올 때 곧장 그 번뇌망상을 따라가면서 해석을 붙이고, 에너지를 실어주고, 좋거나 싫다고 나누고, 좋은 것은 집착하고 싫은 것은 거부하게 되면 번뇌망상에 휘둘리는 것일 뿐이다. 그러나 번뇌망상이 올라오더라도 그것을 있는 그대로 비추어 보아서, 전혀 분별하지 않고 있는 그대로 관(觀)할 수 있다면, 번뇌망상의 진실이 공함을 깨닫게 되니, 관이 곧 지혜다.

이처럼 한 생각 인연 따라 생겨나는 것들은 진리에서 보면 전부 실체가 없어 공하기 때문에, 일어나도 일어남이 없다. 그러니 일어난, 생겨난 모든 것들에 대해 너무 스트레스 받을 것은 없다. 그것은 진짜로 일어난 것이 아니라, 인연 따라 환영처럼, 꿈처럼 일어난 것처럼 보인 것일 뿐이다.

18

초발심자경문

初發心自警文

(1) 계초심학인문(誡初心學人文)

🔅 처음 발심한 이를 경계하는 글

처음 발심한 사람은 나쁜 벗을 멀리하고 착한 이를 가까이하며 5계와 10계를 받아 지키되 열고 닫을 줄 알아야 한다.

만약 함께 공부하는 도반들을 속이고 업신여기거나 나는 옳고 너는 그르다는 시비를 따지려 든다면 그러한 출가는 안 한 바 못하니, 마음공부에 아무 이익이 없다.

세수하고 양치할 때 왝왝 소리를 내거나, 큰 소리로 코 풀고 침 뱉지 말며, 대중 행사 때는 차례를 어겨서는 안 되고, 걸을 때는 옷깃을 풀어헤치고 활개치지 말라.

생활도구는 가려 쓰며 모름지기 검약하고 만족하라.

예배하는 자신과 예배 받는 부처가 본래 둘이 아니어서 모두 진여성품이 인연 따라 나툰 것임을 굳게 믿고 관하며, 중생과 부처가 둘이 아니게 감응함이 헛되지 않아 물체에 그림자가 따르고, 소리에는 메아리가 따라오는 것 같음을 깊이 믿으라.

만일 종사(宗師)의 법문을 듣거든 절대로 내가 천 길 낭떠러지를 오를 수 있을까 하는 퇴굴심(退屈心)을 내거나, 늘 들을 수 있는 것이라는 용이심(容易心)을 내지 말라.

법문하는 스님을 업신여기지 말라. 그런 생각은 도에 장애를 가져오며 수행에 어려움이 되나니 지극히 삼갈지라.

설법을 들을 때는 살얼음을 밟고 가듯 간절히 귀를 기울여 깊고 깊은 소리를 들어야 한다. 마음속의 번뇌와 티끌을 밝히고 그윽한 뜻을 맛보도록 하라.

『초발심자경문(初發心自警文)』은 처음 출가한 행자(行者)와 학인(學人) 스님들이 공부해야 할 바를 적어 놓은 출가 스님들을 위한 불교 입문서로써 지눌스님의 『계초심학인문(誡初心學人文)』, 원효스님의『발심수행장(發心修行章)』, 야운(野雲)스님의『자경문(自警文)』이라는 세 가지 글로 이루어진 책이다.

주로『계초심학인문』은 스님으로서 사찰에서 생활할 때의 예의범절과 수행에 관한 내용이고,『발심수행장』은 수행의 방법과 중요성 등,『자경문』은 출가 대중이 지켜야 할 법규에 대해 쓴 것이다.

먼저 지눌스님이 쓴『계초심학인문』에서 선별한 위 내용을 보자.

처음 발심 출가한 사람은 좋은 도반을 가까이하고, 오계(五戒)와 십계(十戒)라는 계율을 받아 지키되 열고 닫을 줄 알아야 한다. 출가 대중이 함께 생활하느니 만큼 출가생활에서 가장 중요한 것은 대중에서의 예절이다.

그중 가장 중요한 것이 일체의 분별심이니 승속(僧俗)을 구분하여 차별하거나, 옳고 그르다는 시비를 따지는 것 등이다. 분별심을 조복 받으려고 출가를 했는데 출가해서까지 시비를 가린다면 그것은 출가를 안 하느니만 못하다.

심지어『계초심학인문』에는 세수하고 양치하고 말하고 코 풀고 침 뱉는 등의 매우 세심한 부분까지도 지침으로 적고 있다.

그런가 하면 예불하고 기도할 때의 마음가짐으로 예배하는 자와 받는 자가 본래 둘이 아니라는 불이법에 뿌리를 내리고 있어야 함을 설한다.

또한 가장 수행자로써 가장 중요한 부분인 법문 듣는 법을 밝히고 있다. 퇴굴심(退屈心)이나 용이심(容易心)이라는 양극단적 분별없이 헤아리지 말고 법문을 들어야 한다는 것이다. 퇴굴심이란 이 법문은 너무 어려우니, 내가 이해할 수 없다고 여기는 마음이고, 용이심은 이 법문은 너무 쉬워서 내가 이미 알고 있는 것이니 더 이상 배울 것이 없다고 여기는 마음이다. 이 양 극단의 마음을 내려놓고 법문을 들을 때는 처음 듣는 것처럼 마음을 비우고 들어야 한다.

공부인으로서 법문하는 스님에 대해 업신여기거나 판단, 평가하는 마음을 내어서는 안 되는 이유가 있다. 만약 이 스님이 나의 스승이라 굳게 믿고, 이 분께 공부를 배우겠노라고 믿는 선지식이라면 그분에 대해서는 분별하거나 평가해서는 공부가 익어갈 수가 없다. 스승의 일상적인 세세한 평상시의 말과 행동거지 등에 대해 일일이 내 기준과 잣대로 평가하게 된다면 결코 굳은 믿음으로 공부를 할 수 없다.

공부인의 잘못된 선입견 중 하나가 깨달음을 얻은 사람은 이래야 한다고 하는 자기만의 편견을 가지고 있기 때문에 그 기준에 맞으면 그 스님을 인정하고, 맞지 않으면 인정하지 않게 되는데, 그렇게 하다 보면 그런 분별심 때문에 내 공부를 할 수가 없다. 물론 모든 스님에게 그래야 한다는 것은 아니다. 적어도 내가 공부를 의탁해서 이 공부의 스승으로 삼겠노라고 하는 스승에게는 그래야 한다는 것이다.

왜 그런고 하니, 깨달음을 얻은 이는 평범한 우리들과 전혀 다를 것이 없기 때문에, 세속의 눈으로 보면 전혀 도인 같아 보이지 않기 때문이다. 신통 자재한 것도 아니고, 놀라운 능력을 발휘하는 것도 아니고, 모든 면에서 우리와 똑같이 평상심을 쓰고 있기 때문이다. 우리와 똑같이 짜장과 짬뽕 중에 어느 하나를 고르고, 이것과 저것을 판단한다. 겉으로 보기에는 똑같다. 그러나 그 내면의 자내증의 경계는 완전히 다르다. 그것을 행하지만 거기에 대한 집착과 번뇌가 전혀 없다. 해도 한 바가 없이 행한다. 완전히 걸림 없이 사는 것이다.

그러니 법을 설하는 스승에 대해 세속적인 세속사 하나하나를 가지고 이렇거니 저렇거니 내 잣대를 들이대 판단 분별하는 것은 공부인의 참된 자세가 아니다. 여전히 스승의 잘잘못을 판단하고 있다면 그 사람은 아직 여유가 많아서, 공부에 대한 간절함이 부족한 때문이다.

판단 분별없이 간절히 귀 기울여 이 법에만 관심을 가진다면, 그분의 생활사에 대해 궁금해할 겨를도 없이 오로지 법 이외에는 관심 가져지지를 않는다. 저절로 그렇게 된다. 이것이 공부인의 첫 번째 자세다. 이 세상의 그 어떤 세간사보다 이 공부가 가장 중요한 1순위가 되어야 하는 것이다. 그러면 저절로 이 공부에만 관심이 가지 사사로운 것들에는 관심 자체가 가지 않는다.

이런 마음으로 스승에게 의지해 법을 듣다 보면 스승의 마음과 내 마음이 공명하고, 이심전심(以心傳心)으로 통해 나도 모르는 사이에 스승의 본래면목의 마음자리에 물들게 된다. 내 본심(本心)이 스승의 본심에 정법훈습(淨法薰習)되는 것이다. 그렇게 시간을 보내는 것이 바로 수행이다. 별다른 수행이라는 방법이나 절차, 형식이 필요한 것이 아니다.

그래서 사실 이 공부에서 가장 중요한 것은 수행법, 경전, 방식이 아니라 스승을 찾는 것이다. 바른 스승만 찾는다면 공부의 절반이 아니라 전부를 얻는 것이다. 이제 더 이상 헤맬 것 없이 이 한 길로만 가면 됨을 깨닫기 때문이다. 이렇게만 되더라도 이 공부가 안정적인 안심의 길로 접어들게 된다.

(2) 발심수행장(發心修行章)

⊙ 발심하여 수행하라

모든 부처님들께서 적멸궁(寂滅宮)에 장엄해 계신 것은 수많은 세월 동안 욕심을 버리고 수행하신 결과이고, 중생들이 불타는 집에서 윤회하는 것은 탐욕을 버리지 못한 탓이다.

재물을 아끼고 탐내는 것은 악마의 권속이고, 자비심으로 보시하는 것은 법왕(法王)의 아들이다.

좋은 음식을 늘 먹더라도 이 몸은 끝내 무너지고, 좋은 옷을 입어 몸을 보호해도 이내 목숨은 다하고 만다.

100년이 잠깐인데 어찌 배우지 않을 것이며, 일생이 얼마나 된다고 닦지 않고 놀기만 할 것인가? 마음속의 애욕을 떠난 이를 사문이라 하고, 세상일을 그리워하지 않는 것을 출가라 한다.

사대는 곧 흩어지니 오래 산다고 할 수 없다. 하루도 아침부터 서둘지 않는다면 금방 저녁이 오지 않는가. 세상의 모든 즐거움은 고통이 뒤따르니, 어찌 탐할 것인가. 한 번 참으면 오래도록 즐거울 것인데 어찌 닦지 않겠는가.

잠깐 사이에 죽음의 문에 다다른다. 부서진 수레는 갈 수 없고, 사람이 늙으면 닦을 수 없다. 누우면 게을러지고, 앉으면 생각이 어지럽다. 그러면서 몇 생을 헛세월만 보냈는가. 이 몸이 얼마나 살겠다고 일생 동안 닦지 않는가. 몸은 반드시 마치고 말 것인데 내생은 또 어찌할 것인가. 어찌 급하고 급하지 아니한가.

원효의 『발심수행장』은 한국 불교사에 있어 출가수행과 발심 수행을 권고하는 글로써는 첫 문헌이다.

원효는 부처님께서 증득하신 깨달음을 얻기 위해서는 오로지 발심하는 길밖에 없음을 아시고, 발심 수행을 권하기 위해 이 글을 쓰셨다. 깨달음을 얻겠노라고 하는 발보리심, 그것이야말로 출가 수행자를 수행자일 수 있게 하는 가장 중요한 길이기 때문이다.

『발심수행장』에서는 중생들이 불타는 집에서 고통스럽게 윤회하는 것은 탐욕심 때문임을 간절히 설하고 있다. 아무리 좋은 음식, 좋은 옷을 탐내더라도 이 몸은 결국 무너지고야 만다. 100년 세월이 잠깐인데 어찌 공부하지 않고 놀기만 할 것인가?

잠깐 사이에 이생은 끝나고 만다. 아무리 오래 살 것 같아도, 세월은 금방 흘러 황혼에 이른다. 그러니 살아 있을 때, 젊었을 때 게으르지 말고, 마음공부를 통해 빨리 깨달아야 한다는 발심 수행을 지속적으로 권하고 계신다. 이 공부야말로 어찌 급하고 급하지 않은가.

세속에서 우리가 즐거움이라고 여기는 모든 것들은 머지않아 전부 다 사라질 것들일 뿐이다. 무상한 것이다. 잠깐 즐거움 뒤에 긴긴 고통이 있을 것들을 어찌 탐하겠는가.

이 공부의 길이 물론 그리 쉽지는 않겠지만, 한 번 참고 묵연하게 정진해 나간다면, 영원토록 참된 즐거움이 있을 것인데 어찌 닦지 않겠는가? 이 공부는 돈을 수백 억 벌거나, 사랑하는 사람과의 사랑이 이루어졌다거나, 집과 차를 산다거나, 진급을 하고 명예를 획득하는 정도와는 비교도 할 수 없을 정도로 참된 가치를 지니는 공부다.

어떻게 돈, 명예, 권력, 진급, 건강, 사랑 따위들과 비교를 한단 말인가? 그렇다. '따위'라고 했다. 이 공부의 공덕에 비한다면 이런 세속의 성취는 전부 다 따위에 불과하다.

그 모든 세속의 성취는 전부 100년도 안되는 이 짧은 세월 동안 잠깐 누리고 말 것들이며, 결국에는 그것이 무너지든, 내가 죽든 사라지는 것들일 뿐이기 때문이다. 그래서 한번 생겨나면 반드시 사라질 수밖에 없는 생멸법(生滅法)이다.

그러나 이 공부는 불생불멸법으로 생겨났다가 사라지는 것을 얻고자 하는 것이 아니다. 언제나 영원히 있어왔고 있을 나의 근본, 참된 자성을 찾고자 하는 것이다. 어찌 왔다가 가는 것과 영원한 것을 비교한단 말인가?

우리의 한 생이 긴 것 같고, 그 생애 속에서 내가 이루고 성취할 것들, 가지고 얻을 것들이 너무 달콤하고 많게 느껴지겠지만, 잠깐 사이에 죽음의 문에 다다른다. 이 사실은 죽음 가까이에 가신 분들만이 깨닫는다. 진급이 달콤한 것 같아도 진급에 떨어져서 회사에서 떠나는 사람만이 진급도 아무것도 아니라는 사실을 깨닫는다.

누구나 머지않아 죽음에 이른다. 부서진 수레는 더 이상 갈 수 없고, 사람이 늙으면 수행할 수 없다. 이 몸 길어봐야 얼마나 더 살겠다고 일생동안 닦지 않는가? 급하고 또 급한 줄 알아야 한다.

(3) 자경문(自警文)

🌀 스스로 경책하라

주인공(主人公)아! 내 말을 들어 보라. 많은 이가 도를 이루었거늘 어찌 그대는 고통 속에서 윤회하고 있는가?

이 말법시대에 성인이 가신 지가 아득하여 마구니는 강하고 법은 약해졌으니 많은 사람들이 잘못된 길을 걷고 있다. 남을 올바로 지도하는 이는 적고, 그르치는 이가 많으며, 지혜로운 이는 적고 어리석은 이는 많구나.

그대가 가는 길이 어긋날까 염려되어 내 좁은 소견으로 열 가지 문을 가려내어 경책하노니, 그대는 모름지기 믿고 지니어 어기지 말기를 간절히 바라노라.

1) 좋은 옷과 맛난 음식을 멀리하라.
2) 재물을 아끼지 말고 남의 물건 탐하지 말라.
3) 말을 많이 하지 말고 가벼이 움직이지 말라.
4) 착한 벗은 가까이하고 삿된 벗은 멀리하라.
5) 삼경(三更) 외에는 자지 말라.
6) 스스로를 높이고 남을 업신여기지 말라.

7) 재물과 색을 조심하라.

8) 세속사람을 너무 가까이 함으로써 미움과 질투 받지 말라.

9) 남의 허물을 말하지 말라.

10) 대중 가운데 평등한 마음을 가져라.

주인공아! 그대가 사람으로 태어난 것은 눈먼 거북이가 나무를 만난 것과 같거늘 인생이 얼마나 길기에 닦지 않고 게으름을 피우는가? 사람으로 태어나기 어렵고 불법을 만나기 어렵다.

저 모든 부처님과 조사들이 옛적에는 모두 우리가 같은 범부였으니, 그들이 이미 장부라면 너희 또한 그러하다. 스스로 하지 않을 뿐 능력은 다 갖추어져 있다. 옛 말씀에 '도가 사람을 멀리하는 것이 아니라, 사람이 스스로 도를 멀리한다'고 하였고, 또 이르길 '내가 지혜롭고자 하면 지혜로운 곳에 이른다'고 하였으니, 이 말씀이야 말로 진실하다. 능히 믿는 마음이 물러서지 않는다면 누구인들 견성성불하지 못하겠는가.

함부로 다른 사람의 허물을 말하지 말라. 언젠가는 반드시 나에게로 되돌아와 나를 손상시킬 것이다. 만일 다른 사람을 비방하는 소리를 듣거든 마치 나의 부모를 헐뜯는 것처럼 여겨라. 오늘 아침엔 비록 다른 사람의 허물을 말했지만 내일엔 반드시 나의 허물을 말할 것이다.

고려 야운스님의 『자경문』은 수행자가 스스로 자신을 경책(警策)하는데 도움을 주기 위해 쓰여 진 글이다. 자경(自警)이란 몸과 입과 뜻이라는 삼업(三業)을 늘 경계하는 것이다.

그대의 당처(當處)는 언제나 주인공이다. 그렇기에 『자경문』에서는 스스로를 경책하며 '주인공아!'라고 부른다. 수많은 이가 그동안 도를 이루었거늘 어찌 그대는 아직도 고통 받고 있는가? 지금의 세월은 말법이라 지혜로운 이는 적고 마구니는 많다.

그렇기에 야운스님은 10가지 스스로 경책할 만한 지침을 설하고 있다.

좋은 옷과 맛난 음식을 가까이 하면 옷과 음식의 달콤함에 속는다. 공부하기 바쁜데, 옷과 음식에 신경 쓸 겨를이 없지 않은가? 옷과 음식에 신경 쓴다는 것 자체가 이미 이 공부에 올인하지 않고 틈을 벌리고 있는 것이다.

재물을 쌓아두고 남의 물건을 탐하면 그 소유물에 사로잡힌다. 마음을 빼앗긴다. 수행자에게 재물과 탐욕이라니 그렇게 시간이 많은가? 공부하기에도 바쁘다.

말을 많이 하고 가볍게 움직일 것이 없다. 산처럼 묵연하게 행하라.

이 공부에서 선지식과 좋은 도반은 필수적이다. 공부에 전부라고 할 만큼. 하물며 삿된 벗이야 말할 것이 있겠는가? 친구가 욕심을 부리면 나도 욕심을 따라 배우고, 친구가 돈을 벌면 나도 돈을 벌게 되고, 친구가 공부를 하면 나도 공부를 하게 된다. 친구 따라 강남만 가는 것이 아니라, 친구 따라 불국토까지 가게 된다.

삼경(三更)은 밤 11시부터 새벽 1시까지다. 삼경 외에는 자지 말라니, 이건 좀 과했다. 삼경 외에 당연히 더 자도 좋다. 오히려 삼경에는 꼭 잠을 자고 있으라는 정도라면 이해가 된다.

공부를 열심히는 하되 잠까지 안 자 가면서 과도하게 한다면 그 또한 한쪽의 극단이다. 옛 스님들은 참선하며 졸까봐 이마 앞에 칼자루를 세워 놓고 졸지 못하도록 스스로를 경책했다고 하는데, 그럴 필요가 있나. 졸리면 자면 된다. 삶의 시간이야 얼마나 많은데 잠자는 시간까지 쪼개서 공부할 필요는 없다. 물론 내 생각이니, 이것이 절대라고 할 것까지는 없지만, 무엇이든, 아무리 좋고 옳은 것이라도 그것이 과해서는 안 된다.

스스로를 높이고 남을 업신여기는 것은 아상을 높이고, 타인을 존중하지 못하는 것이니 수행자에게는 크게 살필 일이다. 공부인은 나를 낮추고, 나를 내세우지 않아야 한다. 일체 모든 이들이 다 부처인데, 어떻게 부처님을 업신여길 수가 있겠는가.

재물과 색을 조심하라. 재색(財色)에 꽂히면 공부의 길은 바로 막힌다. 이 공부는 열심히 하는 공부라기보다는, 이 공부에 장애되는 것을 그저 치워내는 공부다. 다른 쪽에 신경 쓸 일을 최대한 줄이면 저절로 이 공부는 익어간다. 이 공부를 열심히 할 것이 아니라, 이 공부에 크게 방해되는 것들을 줄여나가라. 재색 같은 것.

수행자라면 세속사람이나 신도님들과 너무 가까이하게 되면, 타인의 질투와 시기, 미움을 받게 된다. 또한 세속의 잡스러운 일들이 관심을 끌게 되니 그만큼 이 공부에 매진하기 어렵다.

내 공부하기 바빠 죽겠는데, 남의 허물을 말할 힘이 어디 있나? 남의 허물은 남의 일이니 그에게 맡겨두고, 공부인은 우선 자기 공부부터 뚫어내는데 진력을 다해야 한다.

대중 가운데 평등한 마음, 즉 누구를 더 좋아하거나 더 싫어하지 말고, 차별하지 말고, 분별하지 말고 평등하게 대하라는 것이다. 대평등심이 곧 무차별심이다. 분별을 하면 곧 번뇌가 되기 때문이다.

인신난득(人身難得), 인간으로 태어나기가 얼마나 어려운지를 경전에서는 무수히 설하고 있다. 『잡아함경』에서는 맹구우목(盲龜遇木)과 조갑상토(爪甲上土)의 비유를 들어 설하신다.

맹구우목은 온 우주가 바다로 변했을 때 수명이 무량한 눈먼 거북이가 바다 아래에서 헤엄치며 살다가 문득 숨을 쉬기 위해 100년에 한 번씩 물 위로 올라오는데, 우연히 그 곳을 떠다니던 나무판자에 뚫린 구멍에 목이 낄 확률을 말한다.

조갑상토는 손톱 위의 흙이란 뜻으로 부처님께서 손톱 위에 흙을 퍼 올리고 이 대지의 흙과 이 손톱 위의 흙이 어떤 것이 더 많은지를 물으시고는, 인간으로 태어나기가 손톱 위의 흙 같이 적고, 아귀나 축생, 지옥에 태어나기는 저 대지의 흙과 같다고 설하셨다.

이토록 인간 몸 받아 태어나기 어렵고 또한 불법난봉(佛法難逢)이라 하여 사람으로 태어나도 불법을 만나기는 더욱 어렵다고 한다. 이토록 어렵게 인간 몸 받아 태어났고, 더욱이 불법을 만났으니, 지금 이 글을 읽고 있는 분이라면 놀라운 확률을 뚫고 지금 이 자리에 있는 것이다. 이런 시절인연(時節因緣)은 말 그대로 일대사인연(一大事因緣)이 아닐 수 없다. 어찌 깨달음을 다음 생으로 미루겠는가?

우리는 지금 이 생에서 당장에 깨닫겠노라고 발심해야 한다. 그것은 어려운 일이 아니라 너무나도 당연한 일이기 때문이다. 부처님과 조사스님들 또한 옛날에는 모두 범부였지만, 그들 스스로에게 이미 능력이 다 갖추어져 있었기 때문에 깨달음을 얻을 수 있었다. 우리도 그렇다.

깨달음, 도는 결코 우리를 멀리하지 않는다. 바로 곁에서, 바로 지금 여기에서 늘 눈 뜨고 확인해주기를 바라고 있다. 다만 사람이 스스로 발심하지 않음으로써 그 도를 멀리할 뿐이다.

'내가 지혜롭고자 하면 지혜로운 곳에 이른다'는 말처럼, 마음 낸 대로 이루어진다. 부처가 되리라 발심하면 부처가 된다. 내가 할 일은 다만 간절히 발심만 하면 된다. 나머지는 이 우주법계가, 진리의 당처가 알아서 해 줄 것이다. 발심만 할 뿐, 나머지는 우주법계에, 진리의 자리에 모든 것을 맡기면 된다. 얼마나 쉬운가.

깨달음이란 내가 어떻게 해서 얻는 것이 아니라, 거기에서 '나'가 완전히 빠져야 한다. 내가 뭘 하는 것이 아니라, 부처가 부처 스스로를 보는 것이고, 마음이 마음을 확인하는 것일 뿐이다. 그러니 이상의 내가 할 일은 오로지 발심밖에는 없다.

선어록과 마음공부

초판 1쇄 ㅣ 2018년 3월 20일
초판 2쇄 ㅣ 2020년 1월 23일

지은이 ㅣ 법상
펴낸이 ㅣ 이금석
기획 편집 ㅣ 박지원
디자인 ㅣ 김국회
마케팅 ㅣ 박지원
경영지원 ㅣ 조석근
펴낸곳 ㅣ 도서출판 무한
등록일 ㅣ 1993년 4월 2일
등록번호 ㅣ 제3-468호
주소 ㅣ 서울 마포구 서교동 469-19
전화 ㅣ 02)322-6144
팩스 ㅣ 02)325-6143
홈페이지 ㅣ www.muhan-book.co.kr
e-mail ㅣ muhanbook7@naver.com

가격 15,000원
ISBN 978-89-5601-367-1 (03220)